"博学而笃志,切问而近思。"
(《论语》)

博晓古今,可立一家之说;
学贯中西,或成经国之才。

复旦博学·复旦博学·复旦博学·复旦博学·复旦博学·复旦博学

主编简介

钟天朗：男，1956年8月出生，复旦大学经济系1983年本科毕业。中国体育科学学会体育产业分会学术处主任，上海体育学院经济管理学院教授，教学名师，师德标兵，硕士研究生导师。主要研究方向：体育经济、体育产业经营管理。曾在各类学术刊物及全国性学术会议上公开发表学术论文80多篇，其中在核心期刊发表论文20多篇。参与研究的各类课题有近50个，其中主持研究的课题有30多个。公开出版的教材或专著有20多本，其中独著或主编的教材或专著有10本。代表作有：《体育经济学概论》《体育经营管理——理论与实务》《体育服务业导论》《体育产业学科发展研究报告(2008-2011)》《体育消费研究》等。

博学·体育经济管理丛书
TIYU JINGJI GUANLI CONGSHU

■ 主编 钟天朗

体育经营管理
——理论与实务
（第三版）

复旦大学出版社

内容提要

本书是在第二版的基础上，根据近年来我国体育经营管理学科发展的实际和大学教学改革的需要而修订的教材。内容涵盖体育经营管理导论、体育市场、体育场馆经营管理、运动竞赛经营管理、体育俱乐部经营管理、体育广告经营管理、体育彩票经营管理、体育旅游经营管理、体育经纪人经营管理等。每章均附有相关的案例与案例思考题，对学生拓展视野、掌握实际案例很实用，是一本理论与实践相结合的体育经营管理教材。

适用对象：高等院校体育经济管理专业、社会体育专业、体育MBA学生，各级各类体育管理机构、体育组织、体育产业领域干部培训班。

总　　序

体育产业是在20世纪60年代随着世界经济和社会的发展、人们生活水平的提高、闲暇时间的增加而发展起来的。20世纪70年代以后，由于现代高科技的发展，进一步推动了体育产业的发展，从而增强了体育产业发展的活力。到了20世纪80年代，体育产业的发展进入了一个前所未有的高峰期，其影响扩展到全球。也就在这个时期，随着我国改革开放的推行、经济和社会的飞速发展和人民生活水平的迅速提高，体育产业也得到了相应的发展。国务院1985年颁布的《国民生产总值计算方案》开始运用三次产业分类法，将体育部门列入第三产业；此后，理论界特别是体育经济理论研究中普遍出现了"体育产业"这一提法。1992年6月，中共中央、国务院发布了《关于加快发展第三产业的决定》后，体育界也掀起了对体育产业、体育经济的研究热潮。体育经济是比体育产业外延更广的一个概念，它不仅包括体育产业的经济活动，还包括体育与经济的关系，以及与体育关系密切的一些经济活动。所以，参加体育经济研究的人员更多、更广泛，包括一些著名的经济学家，使这方面的研究取得了不少的成果。这些研究成果对体育产业的实践以及体育经济的发展都是十分有益的。

理论研究的发展和体育产业的实践，使相关人才的需求得到重视。许多体育院校、师范大学内的体育系科，甚至一些著名的综合性大学也办起了体育管理、体育市场营销等等有关的专业，使人才培养工作跟上了发展的需要。

但当我们冷静地分析自己所面临的现实时又发现，在目前的相关教育中，系统性的教材仍显不足。许多教学工作者编写了不少相应的教材，但往往都是为了满足某一门课程的需要，而作为一个专业来说，还应该有自己的系列专业教材，即使一时还不成熟也不要紧，可以在今后的实践中逐步丰富、完善。

我们就是出于这样的初衷,编写了这一套有关体育管理与体育经济的系列教材,可能很不完善,但我们愿意听取大家的意见,再作努力,逐步使它完善、成熟起来。

我们的每位作者在具体编写时,除了利用自己长期积累的资料和研究成果外(因为有些书的选题就是来自作者自己的博士论文),还大量引用了许多其他学者的研究结论和教学成果。如果没有这些教学、研究的成果,我们这套系列教材也就难以完成。所以这套书能够编写出来首先要对他们表示感谢。

在这套书的选题上,我们就自己理解的方方面面的内容,确定了13本书,对于目前体育管理与体育经济所包含的内容都尽量涉及。也许不准确,肯定还不全面,可是我们的目标是明确的,即建立一套适合中国体育产业发展实践的理论教学用书。

这套书是从教学需要出发而编写的。为了增强它的实用性和可操作性,在写法上不但增加了不少练习题,还引用了大量的案例,使阅读者不仅可以从理论上进行思考,还可从实践上作更深一步的探索。因此,它对在体育管理岗位上开展体育经济活动的所有人员也都有参考价值。

希望大家多提意见!愿我们共同努力,尽快地把我国体育管理与体育经济方面的教学用书编得完善、系统、科学!

上海体育学院教授　　胡爱本
博士生导师

目 录

第一章 体育经营管理导论 ··· 1
第一节 体育经营管理概述 ······································· 2
一、经营管理的一般含义 ··· 2
二、体育经营管理的含义及由来 ··································· 5
三、体育经营的基本要素和主要职能 ······························· 8
四、体育经营管理研究的对象和内容 ······························ 11
第二节 体育经营环境分析 ······································ 13
一、体育经营外部环境分析 ······································ 13
二、体育经营内部条件分析 ······································ 18
三、体育经营内外条件与环境的综合分析 ·························· 20
第三节 体育经营特征和经营风险 ································ 22
一、体育经营的特征 ·· 22
二、体育经营风险 ·· 23
第四节 体育经营程序及经营方针 ································ 28
一、体育经营程序 ·· 28
二、体育经营目标、经营思想与经营方针 ·························· 30

[本章思考题] ··· 35
[本章练习题] ··· 35
[本 章 案 例] 阿里体育：做中国体育的基础平台 ···················· 36
[案例思考题] ··· 38

第二章 体育市场 ·· 39
第一节 体育市场概述 ·· 40
一、体育市场的概念 ·· 40
二、体育市场的分类 ·· 42

　　　　　三、体育市场体系的构成及作用 …………………………………… 47
　　　　　四、国内外体育市场发展的概况 ………………………………… 51
　　第二节　体育市场的特点 …………………………………………………… 64
　　　　　一、体育服务消费品市场的特点 ………………………………… 64
　　　　　二、体育实物消费品市场的特点 ………………………………… 65
　　　　　三、体育要素市场的特点 ………………………………………… 66
　　[本章思考题] ………………………………………………………………… 68
　　[本章练习题] ………………………………………………………………… 68
　　[本章案例] 体育产业5万亿市场机遇何在？ …………………………… 68
　　[案例思考题] ………………………………………………………………… 71

第三章　体育场馆经营管理 ……………………………………………………… 72
　　第一节　体育场馆的含义及经营管理的任务 …………………………… 73
　　　　　一、体育场馆概述 ………………………………………………… 73
　　　　　二、体育场馆经营管理的任务 …………………………………… 77
　　第二节　体育场馆经营管理的方法及主要内容 ………………………… 78
　　　　　一、体育场馆经营管理的方法 …………………………………… 78
　　　　　二、体育场馆经营管理的主要内容 ……………………………… 81
　　[本章思考题] ………………………………………………………………… 85
　　[本章练习题] ………………………………………………………………… 85
　　[本章案例] 常州市积极探索　破解公共体育场馆运营难题 …………… 85
　　[案例思考题] ………………………………………………………………… 87

第四章　运动竞赛经营管理 ……………………………………………………… 88
　　第一节　运动竞赛概述 …………………………………………………… 89
　　　　　一、运动竞赛的含义及分类 ……………………………………… 89
　　　　　二、现代运动竞赛的经济特点 …………………………………… 90
　　　　　三、我国运动竞赛体制的改革 …………………………………… 94
　　第二节　运动竞赛的经营策划及经营内容 ……………………………… 95
　　　　　一、运动竞赛的经营策划 ………………………………………… 95
　　　　　二、运动竞赛的经营内容 ………………………………………… 96
　　第三节　运动竞赛资金支出及管理 ……………………………………… 102
　　　　　一、运动竞赛资金支出分析 ……………………………………… 102

二、运动竞赛资金的管理 …………………………………………… 104
　[本章思考题] ……………………………………………………… 107
　[本章练习题] ……………………………………………………… 107
　[本章案例] 北京2008年奥运会市场开发计划启动书 …………… 107
　[案例思考题] ……………………………………………………… 112

第五章　体育俱乐部经营管理 …………………………………………… 113
　第一节　体育俱乐部概述 ……………………………………………… 114
　　一、体育俱乐部的含义及产生的根源 ………………………………… 114
　　二、体育俱乐部的类型 ………………………………………………… 114
　第二节　体育俱乐部的经营管理 ……………………………………… 123
　　一、职业体育俱乐部的经营管理 ……………………………………… 123
　　二、商业体育俱乐部的经营管理 ……………………………………… 132
　　三、社区体育俱乐部的经营管理 ……………………………………… 138
　[本章思考题] ……………………………………………………… 143
　[本章练习题] ……………………………………………………… 143
　[本章案例] 中体倍力健身俱乐部的经营策略 …………………… 143
　[案例思考题] ……………………………………………………… 148

第六章　体育广告经营管理 ……………………………………………… 149
　第一节　体育广告概述 ………………………………………………… 150
　　一、体育广告的含义及特点 …………………………………………… 150
　　二、体育广告的产生与发展 …………………………………………… 151
　　三、体育广告的功能、优势和分类 …………………………………… 154
　第二节　体育广告的经营策划与经营管理 …………………………… 158
　　一、体育广告的经营策划 ……………………………………………… 159
　　二、体育广告的经营管理 ……………………………………………… 166
　[本章思考题] ……………………………………………………… 172
　[本章练习题] ……………………………………………………… 172
　[本章案例] 2015年秦皇岛马拉松赛招商细则 …………………… 172
　[案例思考题] ……………………………………………………… 181

第七章　体育彩票经营管理 ……………………………………………… 182
　第一节　体育彩票概述 ………………………………………………… 183

　　　　一、体育彩票的含义及性质 …………………………………… 183
　　　　二、发行体育彩票的社会意义 ………………………………… 184
　　　　三、体育彩票的种类及玩法 …………………………………… 185
　　　　四、国内外体育彩票的发展概况 ……………………………… 187
　　第二节　体育彩票的经营策划与经营管理 ……………………… 191
　　　　一、体育彩票的经营策划 ……………………………………… 192
　　　　二、体育彩票的经营管理 ……………………………………… 198
　　　　三、体育彩票的营销策略 ……………………………………… 201
　　[本章思考题] ……………………………………………………… 205
　　[本章练习题] ……………………………………………………… 205
　　[本 章 案 例]　让彩票为足球插上翅膀 ………………………… 206
　　[案例思考题] ……………………………………………………… 211

第八章　体育旅游经营管理 …………………………………………… 212
　　第一节　体育旅游概述 …………………………………………… 213
　　　　一、体育旅游的含义及发展概况 ……………………………… 213
　　　　二、开展体育旅游经营活动的必备要素 ……………………… 216
　　第二节　体育旅游的经营管理 …………………………………… 219
　　　　一、体育旅游市场的经营开发 ………………………………… 219
　　　　二、体育旅游的经营策划 ……………………………………… 220
　　　　三、体育旅游服务的经营模式与经营管理 …………………… 224
　　[本章思考题] ……………………………………………………… 226
　　[本章练习题] ……………………………………………………… 226
　　[本 章 案 例]　谁能在体育旅游这片万亿级蓝海中率先起航？…… 226
　　[案例思考题] ……………………………………………………… 232

第九章　体育经纪人经营管理 ………………………………………… 233
　　第一节　体育经纪人概述 ………………………………………… 234
　　　　一、体育经纪人的概念与分类 ………………………………… 234
　　　　二、体育经纪人的产生与发展 ………………………………… 236
　　　　三、体育经纪人的特征 ………………………………………… 240
　　　　四、体育经纪人的必备素质 …………………………………… 241
　　第二节　体育经纪人的主要经纪活动 …………………………… 245

一、运动员经纪 …………………………………………… 245
　　二、体育比赛的推广 ……………………………………… 248
　　三、其他经纪活动 ………………………………………… 253
第三节　体育经纪人的管理 …………………………………… 254
　　一、国家有关部门对体育经纪人的管理 ………………… 255
　　二、体育经纪人的行为规范与法律责任 ………………… 257
　　三、有关体育经纪人和体育经纪活动的管理规定 ……… 258
[本章思考题] ………………………………………………… 261
[本章练习题] ………………………………………………… 262
[本章案例]　体育经纪人：不仅仅是"拼缝"
　　　　　　——中国体育经纪人群体现状 ………………… 262
[案例思考题] ………………………………………………… 266

主要参考书目 …………………………………………………… 267
编后寄语 ………………………………………………………… 269
再版后记 ………………………………………………………… 270
第三版后记 ……………………………………………………… 271

第一章
体育经营管理导论

本章学习要点

- 体育经营管理的含义及由来
- 体育经营的基本要素和主要职能
- 体育经营环境分析
- 体育经营特征与经营风险
- 体育经营目标
- 体育经营思想
- 体育经营方针

体育经营管理是在我国社会主义市场经济条件下,体育产业部门面向市场,走体育产业化、体育商业化发展道路的重要举措。在当前我国体育产业部门运行机制转轨时期,加强对体育经营管理的理论与实践的研究,具有十分重要的意义。

第一节　体育经营管理概述

一、经营管理的一般含义

1. 现代企业经营理论

经营与管理是两个既有联系又有区别的概念。在现代经营管理中,企业经营是与企业的物质生产活动和生产的社会化相联系的。目前,国内外对经营与管理的关系有三种不同的解释,从而形成三种不同理论。

(1) 经营与管理等同理论。经营与管理等同理论认为,经营和管理是同一个概念。英语 Management 就包含管理、处理、经营、安排等意思。因此,从概念上说,给管理下的定义也可以用在经营上。它的定义是:通过计划、组织、协调、指导、控制等方面的职能和手段,合理地利用人力、财力、物力、市场、士气(职工的精神面貌)等条件,最大限度地满足社会需要,争取最好的经济效益。

(2) 大经营小管理理论。大经营小管理理论,是指经营包括管理。这种理论的代表人物是法国的管理专家、现代经营管理理论之父、欧洲科学管理运动的创始人法约尔。法约尔在 1916 年发表的《工业管理和一般管理》一书中认为:管理不同于经营,管理只是经营的六种职能活动之一。他认为,经营的六种职能活动是技术活动、商业活动、财务活动、安全活动、会计活动和管理活动。至于管理活动,又包含五种因素,即通常所指的计划、组织、指挥、控制和协调。其实这里法约尔讲的经营是指厂部一级的管理,而管理主要是指泰勒制下的车间一级的管理工作。

(3) 小经营大管理理论。小经营大管理理论的观点与大经营小管理理论正好相反,该理论认为:管理的范围很广,不仅企业单位,而且事业单位、机关、学校、各类社会团体都存在管理问题。自从人类出现了共同劳动,也就产生了管理,它将永远随着共同劳动的存在而存在。管理的主要功能是计划、组织、指挥、协调、控制。而经营则是由商品经济引起的一种调节或适应的职能,它随商品经济的发展而发展。而且,经营总是和营利相联系的,只有企业才存在经营。当然,随着市场经济的发展,事业单位实行企业化管理也存在经营的问题。

小经营大管理理论把现代企业管理看作由经营、管理、业务三部分组成。这三者既有区别,又有联系,"三位一体",构成了现代企业管理的整体。经营的主要任务是着眼于全局,解决关系到企业未来生存和发展的大问题。它要研究市场和用户需求,通过市场调研和经营预测来确定企业的经营目标、经营方针、经营策略,其实质是解决企业经营目标与经营环境、内部条件三者之间的动态平衡问题。因此,经营的主要功能是为使企业的全部经济活动达到总的预期目标而进行的选择理想方案、作出正确决策等一系列工作。管理的主要任务是按照企业经营决策的目标、方针和策略,对企业内部的人、财、物资源和供、产、销等生产经营的各环节进行合理的计划、组织和控制,运用科学管理的方法,提高生产效率,缩短产品生产经营的周期,减少物资消耗,提高产品质量,降低产品成本及资金占用,以提高经济效益。因此,管理的主要功能是执行,即利用科学的方法去研究和解决日常的、具体的战术性和执行性的问题,包括计划、组织、指挥、协调和控制。它的任务是正确处理企业内外之间以及人与人、人与物、物与物之间的关系,以保证企业目标的实现。业务指日常生产过程中的管理业务,它的主要任务是对企业生产活动的各个环节进行控制与信息反馈,以保证管理任务的完成。作为一个企业来讲,在市场经济条件下,经营、管理、业务三者是密切联系、相互交织渗透、不可分割的整体,讲管理离不开经营与业务,抓经营必然涉及管理,但现代企业管理的重点在经营,这一观点已被无数事实所验证。

2. 现代企业经营的概念

由于在理论上对经营与管理的关系有如上所述的三种不同的观点,所以对"经营"一词概念的解释也就各有所异。按照小经营大管理理论,对现代企业经营的具体含义,可作如下的解释:

现代企业经营是指企业从事商品生产或交换的经济活动。具体是指企业在进行物质生产或商品交换的经济活动中,搞好市场调研与经营预测,选定产品发展方向,制定长期发展规划,进行产品开发,开展销售与技术服务,达到预定的经营目标这样一个不断循环的过程。这种不断的循环发展是螺旋式上升的,它从市场调研、掌握用户需求变化方向、取得市场(消费者、用户)信息开始,对市场需求量作出预测,对生产经营作出决策与计划,通过销售和技术服务,满足社会需要,同时通过市场、用户的信息反馈,调查研究新的市场需求,进一步改进产品的设计、制造,生产出更加适销对路的产品投入市场。每一次经营循环的过程都将促进企业生产技术与经营管理水平的提高。

现代企业经营的重点是决策,其实质是解决企业外部环境、企业经营目标和企业内部条件这三者之间的动态平衡问题,是与企业命运密切相关的战略性问题。

3. 现代企业经营管理

小经营大管理理论认为,现代企业的生产经营过程,基本上是一个物质运动的过程。企业的全部物质运动过程,从性质和范围来看,可以看作是由生产活动和经营活动两大部分组成的。对经营活动过程的管理称为经营管理,对生产活动过程的管理称为生产管理。经营管理是重视外部环境的,以经营为中心、以决策为重点的决策性管理,其实质是解决企业经营目标与外部环境、企业内部条件三者之间的动态平衡问题。

广义的经营管理,是指以提高经济效益为目标,对企业的全部生产经营活动进行决策和组织实施的全部过程。

狭义的经营管理,是指从生产领域向两头延伸至流通领域的管理。向前延伸至产品生产以前的决策和计划,而为了进行正确的决策,必须进行市场调研和预测,为决策方案选优提供依据,并通过经营计划将决策方案具体化;向后延伸至产品生产出来以后的销售,包括售后的技术服务和获得新的市场信息进行反馈的过程(如图1-1所示)。

图1-1 经营管理图示

所以,对现代企业的经营管理可作如下定义:

现代企业经营管理,是指企业的各级各类经营者,为了保证企业的生存和发展并取得良好的经济效益和社会效益,运用现代企业经营的理论和方法,对企业的经营活动行使一定的管理职能(决策、计划、组织、指挥、协调、控制、教育、激励等),有效地实现预定目标的过程的总称。

现代管理理论认为,任何一项完整的管理活动,一般均由管理的主体、客体、目的和职能等四个基本要素构成。按照上述对现代企业经营管理下的定义,不难看出:现代企业经营管理的主体是企业各级各类经营者;现代企业经营管理的客体是企业的经营活动过程;现代企业经营管理的目的是保证企业的生存和发展,并取得良好的经济效益和社会效益;现代企业经营管理的职能是一定的管理职能,如决策、计划、组织、控制等。

二、体育经营管理的含义及由来

1. 体育经营管理的含义

体育经营活动,是指以营利为目的、以体育活动为内容、以商品形式进入流通领域的经营活动,包括各类体育健身、体育娱乐、体育训练、体育竞赛、体育培训、体育表演等经营活动。体育经营活动中的体育项目,包括国际体育组织认定的体育运动项目,国家体育总局批准开展、在国家体育总局的指导和有关体育项目协会的具体组织下开展的体育运动项目,以及具有增强体质、娱乐身心作用的民族、民间传统体育运动项目。

何谓体育经营?体育经营就是指体育经营单位运用各自所拥有的资源,面向市场,连续地进行体育商品生产和交换的有组织的经济活动。具体来说,体育经营就是体育经营单位运用各自所拥有的人力、物力和财力,以体育市场为出发点和归宿,进行体育市场调研和预测、选定体育产品发展方向、制定长期发展规划、进行体育产品开发、组织安排体育产品的生产、开展体育产品的销售和技术服务工作,以达到预定的体育经营目标的连续的体育商品生产和交换的循环过程。

体育经营管理,即体育产业部门的经营管理,是指以体育经营合理化为目的,为执行体育经营职能所从事的各种管理工作的总称。也就是说,通过应用现代管理的原理、方法和手段,对体育经营单位的经营活动行使一定的管理职能(决策、计划、组织、指挥、协调、控制、教育、激励等),以实现体育经营的最优化及经济效益的最大化。

你知道吗?

美国学者关于体育经营的定义

美国体育经营学家 Mullin 在 20 世纪 90 年代初,给体育经营下过这样的定义:"体育经营,是指为了满足体育消费者的需要和欲求,通过相互交换来完成的一系列活动。"这个定义包含了以下两个领域:第一,对体育消费者的直接体育商品、体育服务的经营;第二,通过体育活动,间接推销其他企业产品和服务的经营。

(资料来源:《体育产业学导论》,作者:李明,北京体育大学出版社2001年7月版)

2. 体育经营管理的由来

（1）体育经营管理是我国体育部门面向市场、走产业化发展道路的重要举措。党的十一届三中全会以前，我国政府对公共体育设施采用行政型管理的办法，即由各级体委进行集中统一的领导和管理。这种管理体制片面强调集中统一，基层单位缺乏自主权；过分强调行政手段，忽视经济手段和法律手段；分配上是体育单位吃国家的大锅饭，职工吃单位的大锅饭，经费来源是统收统支，从而造成"干多干少一个样，干好干坏一个样，干与不干一个样"，甚至"多干不如少干，少干不如不干"的奇特现象。这种行政型管理体制，虽然在历史上曾起过积极作用，但毕竟是产品经济条件下的管理体制，因而其弊端是显而易见的。实践证明，这种行政型管理体制造成了人们的依赖性，不利于调动积极性，不利于提高体育设施的使用率，不利于克服体育资金短缺的困难，更不利于解决体育商品生产中的供需矛盾。同时，这种行政型管理体制也与改革开放和迅速发展的社会主义市场经济体制不相吻合。因此，改革旧的体育管理体制就提上了我国体育改革的议事日程。

从1978年底党的十一届三中全会以后，我国社会经济进入了一个快速发展期。在各行各业改革的推动下，我国体育事业也进行了经济体制改革的探索。这一时期改革的初步探索，主要围绕两个方面：一是鼓励体育系统有条件的事业单位开展多种经营，扩大服务范围，积极增收节支，提出体育场馆要"多种经营，以副养体"，由事业型向经营型转变。同时，各省市体委都在不同程度上将一部分非经营性资产转为经营性资产，并相继成立了一些体育经营实体，如体育服务公司等。二是吸引社会资金，以赞助和联办的形式，资助体育竞赛活动和创办高水平运动队，相当一部分优秀运动队实现了与企业联办。这两方面的实践都取得了积极的成效，在一定程度上缓解了体育事业发展资金不足的矛盾，并且为后一阶段深化体育改革、大力发展体育产业积累了初步经验。

在邓小平同志1992年"南巡"讲话的指引下，党的十四大确立了我国经济体制改革的目标模式是建立社会主义市场经济体制。体育事业发展的社会经济环境由此发生了巨大变化。体育部门为建立与社会主义市场经济体制相适应的、符合现代体育运动发展规律的、国家调控、依托社会、充满生机与活力的体育体制和运行机制，加大了改革的力度。1992年全国体育工作的"中山会议"，吹响了我国体育部门体制改革的号角。1993年，全国体委主任会议制定了《关于培育体育市场,加快体育产业化进程的意见》,提出了体育事业要"面向市场,走向市场,以产业化为方向"的基本思路;1995年,国家体委下发了《体育产业发展纲要》;1996年,全国人民代表大会八届四次会议通过的《国民经济和社会发展"九五"计划和2010年远景目标纲要》进一步明确了体育要走"社会化、产业化的道路"。随着体育社会化和产业化方向的确立,出现了以下两个转变:一是发展体育产业的指导思想从"多种经营,以副养体"转向"以体为主,全面发展";二是发展体育产业的重点也从较多地注重经营创收的微观层面,逐步上升到与转换体制和转变机制结合起来的宏观层面,从经营创收转向推动体育事业向产业化方向发展上来。

从1997年以来,我国体育部门改革的主要成果是体育产业发展的规模迅速扩大。特别是经过1997年的八运会、2001年的九运会、2005年的十运会、2008年的北京奥运会以及20多年的足球职业联赛,已经将我国的体育产业全面推向了市场,体育经营单位的数量成倍增长,体育市场规模不断扩大,体育消费持续火爆,我国的体育经营活动呈现出一派喜人的景象,体育产业作为国民经济新的增长点的美好前景已经展现。

因此,经过30多年的改革与发展,我国体育部门已经逐步实现了管理体制的根本性转轨,即从行政型管理向经营型管理转变,走产业化发展道路。这也就意味着承认并确认了体育是一个产业部门。体育部门下属各单位(特别是体育场馆)是独立的或相对独立的经济实体或经营实体。各单位原则上都应参与社会主义体育市场的竞争,在竞争中增强自我生存、自我发展的能力,从而使体育产业的经营管理成为一个在理论和实践上必须着重研究的课题。

(2)体育经营管理也是我国体育市场迅速发展的必然要求。十一届三中全会以来,经过改革开放30多年的发展,我国的综合国力上了一个新台阶,社会生产力上了一个新台阶,人民的生活水平也同样上了一个新台阶。随着温饱问题的解决,老百姓的消费结构也开始从生存消费向发展消费和享受消费方面转化。因此,体育消费作为一种积极、健康、文明、有益的消费行为,开始逐步受到越来越多的人的青睐,从而导致了体育市场的不断拓展。同时,我国体育市场的竞争也相当激烈。这些营业性的体育经营单位,要想在激烈的体育市场竞争中站住脚跟、取得经营效益,就更需要学习和研究体育经营管理的理论和方法。

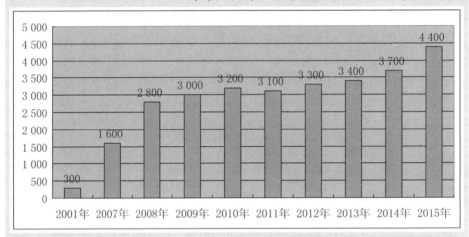

（资料来源：作者根据中国产业信息网《2016年中国健身俱乐部总数会员数量分析及发展趋势预测》及相关网站资料整理）

三、体育经营的基本要素和主要职能

1. 体育经营的基本要素

开展体育经营活动，要具备以下五个最基本的要素：

（1）人力资源。人是生产力中最活跃、最能动的要素，也是开展体育经营的关键要素。其中，人的能力、精神面貌及创造性等要素更为重要。人力资源包括两个部分：一部分是革命化、年轻化、知识化和专业化的领导班子，另一部分是又红又专的员工队伍，二者缺一不可。

体育经营管理需要的是既懂体育、又懂现代经营管理理论与方法的专门人才，其中各级各部门的经营管理人员最重要。经营管理者要有较高的素质、较扎实的经营管理知识和较强的经营管理能力，懂得科学的经营管理方法，能够协调各方面的关系，熟悉体育运动的规律和特点，了解员工的思想动态以及掌握思想工作的一般规律等。经营管理者素质的高低，对于能否调动员工积极性、完成各项任务、提高经营效益，具有十分重要的决定意义。

[相关链接]

体育经营相关人才的岗位职责、工作内容与岗位要求介绍

岗位1：赛事营销经理

岗位职责：
* 参与赛事立项期间的调研工作，提报目标赞助商或行业调研报告；
* 参与赛事招商计划的设计、制定；
* 依据赛事招商计划完成广告招商目标；
* 客户档案构建。

工作内容：
* 独立完成赛事广告招商的绩效目标，配合达成部门绩效目标；
* 配合参与赛事执行工作；
* 参与客户信息库的构建，提供详尽数据；
* 协同各部门，以公司战略为导向达成本部门目标；
* 配合其他部门完成工作任务。

岗位要求：
* 身体健康，热爱体育运动，立志投身体育事业，具备团队协作精神，拥有良好的语言沟通能力、文字表达能力，熟练使用办公软件；
* 本科及以上学历，2年以上相关岗位工作经验，持有一定广告资源；
* 持驾照、有实际驾驶能力更佳。

岗位2：赛事策划

岗位职责：
* 策划赛事及其他活动相关事宜，以市场诉求为前提，包装赛事产品；
* 分析赛事属性，根据调研信息，制定赛事产品计划；
* 与招商策划人员协作，制定赛事招商方案；
* 配合招商经理参与招商工作；
* 协同各部门共同完成赛事及活动执行工作。

工作内容：
* 根据广告主诉求，策划赛事推广包装方案及相关活动；

> * 独立完成方案计划书撰写,根据反馈信息及时修改;
> * 配合参与赛事执行、广告招商工作;
> * 参与客户信息库的构建、赛事执行标准体系建设,提供详尽数据;
> * 协同各部门,以公司战略为导向达成本部门目标;
> * 协助其他部门完成工作任务。
>
> 岗位要求:
> * 身体健康,热爱体育运动,立志投身体育事业,具备团队协作精神、出众的创造力,拥有良好的语言沟通能力、文字表达能力,熟练使用办公软件;
> * 本科及以上学历,2年以上相关岗位工作经验,有业内实际策划成功案例;
> * 持驾照、有实际驾驶能力更佳。
>
> (资料来源:《体育直聘|莱茵体育多个岗位招聘》,微信公众号:体育BANK)

(2) 财力资源。在商品经济条件下,财力资源即资金是体育经营活动中不可缺少的要素。经营单位准备开展体育经营所需的各种要素,如器材、设备和劳动力等,都需要相应的资金去购买,没有足够的必要资金,各种体育经营活动就无法开展。目前我国体育部门经营资金的来源主要有以下两条渠道:

① 国家财政拨款。《中华人民共和国体育法》总则第二条明确指出:"国家发展体育事业,开展群众性的体育活动,提高全民族身体素质。"这是以法律条文的形式规定了政府在发展体育事业中应负的责任。《体育法》之所以要明确体育事业发展中的政府责任,就是因为体育是关系到国民体质状况和健康水平的社会公益事业。在全社会推广和普及体育运动,有利于提高国民的身体素质,有利于改善人们的生活质量,有利于增强民族自信心、自豪感,有利于促进经济发展和社会稳定。同时,体育运动也是一国综合国力强弱和文明程度高低的重要标志。基于体育事业在现代社会正发挥着越来越重要的作用,政府逐年增加对体育事业的投入就是必要和必然的。《体育法》第六章第四十一条明确规定:"县级以上人民政府应当将体育事业经费、体育基本建设资金列入本级财政预算和基本建设投资计划,并随着国民经济的发展逐步增加对体育事业的投入。"

② 社会筹集。社会筹集包括集资、捐资和借贷三种形式。集资,是指体育事业单位经有关部门批准,从社会或单位内部职工中筹集闲散资金。捐资,是指体育事业单位接受国内社会各界、海外华人、国际组织和国际友人援助、赞助或

捐赠的资金。借贷,是指体育事业单位向银行或其他金融机构筹借资金。社会筹集的主要途径有:一是吸收企业赞助和各界捐赠;二是发行体育彩票;三是建立各种类型的体育基金会;四是银行借款;五是发行股票与债券;六是项目融资。

(3) 生产资料。体育经营单位在开展体育经营活动中所需要的建筑物、机械、工具和原材料都属于生产资料。生产资料作为生产的物质手段和条件,是体育经营不可缺少的物质要素。开展体育经营的生产资料主要包括各种场馆设施及体育运动器材设备等。

(4) 体育产品。提供体育产品是各体育经营单位开展体育经营活动的主要任务。这里的体育产品包括体育实物产品、体育服务产品和体育精神产品。体育实物产品包括运动器材、运动服装、运动饮料及各种运动营养补剂等;体育服务产品包括运动竞赛、体育表演、健身辅导、场馆服务等;体育精神产品包括体育报纸、杂志、图书、画册、影视录像等。体育经营单位总是围绕着一定的体育产品来开展自己的一系列体育经营管理活动的。

(5) 市场要素。在社会主义市场经济条件下,体育经营单位是体育商品的生产者和经营者,体育市场则是体育商品生产经营者的生存空间和天然活动场所,是体育经营环境中的基本条件和因素。对作为体育商品生产经营者的体育经营单位来讲,如果没有体育市场,那么体育经营就没有任何意义,更谈不上什么有效经营了。从体育经营投入来看,如果没有体育市场需求,体育经营单位就找不到有利的体育市场经营机会,那么体育经营活动就根本无从谈起;从体育经营产出来看,若无快速而大量吸收体育商品的广大的体育市场消费需求,体育经营单位就无法生存下去。所以,体育经营的市场要素,特别是体育市场的健全和完善是相当重要的。

2. 体育经营管理的主要职能

体育经营管理的职能,归纳起来主要有以下四个方面:一是通过市场调研,预测市场的需求和变化,确定体育经营单位的发展方向和目标;二是发现和创造有利于自己生存和发展的机会,有效地利用体育经营单位的一切资源,取得良好的经济效益;三是制定有效的对策,并不断提高自己适应体育市场变化的能力;四是解决好供、产、销方面的问题,协调好整个体育经营单位的经营活动,以实现自己的战略目标。

四、体育经营管理研究的对象和内容

1. 体育经营管理研究的对象

体育经营管理是以体育产业部门的整个经营管理活动及规律为研究对象

的。目前,我国的专家、学者对体育产业的界定存在不同的看法。但是,大部分专家、学者认为,体育产业可分为主体产业和相关产业等业态。

主体产业——包括体育健身、休闲、娱乐、运动竞赛、体育表演、体育培训、咨询、体育彩票、体育无形资产的开发等;

相关产业——包括体育器材、运动用品等的生产与销售。

体育产业经营管理要研究的重点是体育主体产业的经营管理活动及其规律。体育产业部门的经营管理活动,就是通过有组织的团体活动,将资金、劳动力和生产资料等要素作有效的结合,实行连续的体育商品的生产、交换和分配,实现体育经营的目标和目的。也就是说,要研究体育经营单位应该如何按照经营管理的客观规律,根据社会和市场的需要,树立正确的经营思想,拟定自己的经营目标、经营方针、经营战略及其实施途径,不断提高经营单位的经济效益和社会效益,尽可能地满足人们不断增长的体育消费需求等方面的理论问题和实践问题。

因此,体育经营管理就是对体育经营单位的整个经营活动进行决策、规划、组织和控制,以便提高经济活动的合理性和有效性,圆满地达到预定的体育经营目标和目的。通过研究体育经营管理,使我们能够揭示体育经营管理的客观规律,从而使我们的体育经营单位能够了解和掌握体育经营管理的客观规律,并按体育经营管理的客观规律来组织体育经营单位的体育经营管理活动,掌握体育经营管理的基本理论与基本方法,提高体育经营单位的体育经营管理水平,促进我国社会主义市场经济条件下体育产业的健康发展。

体育经营管理的任务是:通过对体育产业部门经营单位主体行为的研究,来揭示在实践上有用的体育经营管理的原则和方法。

2. 体育经营管理研究的内容

体育经营管理研究的内容是比较宽泛的,主要包括:体育场馆经营管理、体育竞赛经营管理、体育俱乐部经营管理、体育广告经营管理、体育彩票经营管理、体育旅游经营管理、体育经纪人经营管理等。

研究体育经营管理的指导思想是马列主义、毛泽东思想以及邓小平同志建设有中国特色的社会主义理论。研究体育经营管理的基本方法是唯物辩证法。常用的研究方法有:调查研究方法、科学实验方法、比较分析方法以及经济数学方法等。由于影响体育经营管理的因素很多,研究体育经营管理的目的又不完全相同,所以在选择研究方法时,要因时、因事、因体育经营单位而异,按需要灵活掌握。

第二节　体育经营环境分析

体育经营单位是从事体育商品生产和经营活动的自主经营、自负盈亏的经济组织。体育经营单位的经营活动不是孤立地进行的,而是与外部环境发生着各种各样错综复杂的联系,并受外部环境的制约。所以,体育经营单位要搞好经营活动,首先要进行经营环境的分析和研究,搞清当前和将来经营单位所处经营环境的状况,把握经营单位发展的有利条件和不利条件,为体育经营单位进行正确的经营决策提供依据,促使体育经营单位能长期稳定地发展。

一、体育经营外部环境分析

1. 体育经营外部环境分析的意义

(1) 通过分析可以预测和把握外部环境的变化趋势(即规律)。体育经营单位作为从事体育商品生产和经营活动的自主经营、自负盈亏的经济组织,其经营活动不是孤立地进行的,而是与外部环境发生着各种各样的错综复杂的联系,并受到外部环境的制约。所以,体育经营单位要搞好经营活动,首先要进行经营环境的分析和研究,要搞清楚当前和将来经营单位所处经营环境的状况,预测外部环境的变化趋势,把握外部环境的发展规律,从而为体育经营单位进行正确的经营决策提供依据。

(2) 通过分析可以为制定适应外部环境变化、有利于自己生存和发展的体育经营战略提供依据。商品经济愈发达,市场竞争愈激烈,外部环境变化愈复杂。体育经营单位的生存和发展,取决于它对外部环境变化的适应程度和应变能力,并以履行其肩负的使命、不断满足社会需要为前提。例如,体育经营单位的产品要适销对路、符合社会需要。这种需要和现实投资水平、购买力水平有直接关系。不同的阶段、不同的时期、不同的地区,有着不同的要求;需求和外部环境的变化有直接关系。体育经营单位要满足这种需要,实现自己的经营目标,就必须不断地了解现实,熟悉外部环境,掌握社会的现实消费需求,特别是要熟悉、分析未来社会环境的变化,准确地预测未来,以便适应未来的环境,满足社会的现实需要和潜在需要,使体育经营单位在变化的环境中求得生存和发展。因此,通过分析所处外部环境的优劣,可以为制定适应外部环境变化、有利于自己生存和发展的体育经营战略提供依据,从而促使体育经营单位长期稳定地发展。

应当注意:外部环境不等于外界。从经营管理的角度来考察,体育经营的外部环境并不是指整个外界事物,而仅指那些与体育经营活动有关联的外界事物的集合。因此,外界和外部环境不是同一概念,两者既有区别又有联系。对任何体育经营单位来说,外界都是一个,是相同的,但不同体育经营单位有不同的外部环境。外界诸因素对每个体育经营单位的作用和影响不一样,导致各体育经营单位所采取的行动也不一样。例如:体育场和体育馆、保龄球和乒乓球、足球和篮球等,它们之间的外部环境差别就较大,其经营目标和市场策略也就各有不同。

但是,外界和外部环境两者又有密切联系。商品经济的发展、科学技术的进步、政治形势的变化、经营结构的调整等,必然导致体育经营单位的外部环境不断向外界渗透、扩大。体育经营单位的生存和发展是以外部环境为条件的。从系统观点看,外部环境向体育经营单位输入生产经营过程所需的资源和信息,体育经营单位向外部环境输出体育产品或体育服务。

2. 体育经营外部环境因素

从体育经营的角度来看,体育经营的外部环境是指那些与体育经营单位有关联的外界因素的集合,包括直接环境因素和间接环境因素两大类。

(1) 直接环境因素。直接环境因素是指和体育经营单位有直接联系的,能给体育经营单位的经营活动带来直接影响的环境因素,又称市场环境因素。直接环境因素包括以下六个具体因素。

① 体育市场需求因素。在商品经济条件下,外部环境向体育经营单位提出的体育消费需求,主要是通过体育市场表现的,包括实物型体育消费需求和服务型体育消费需求。随着社会经济的不断发展和社会购买力水平的不断提高,社会对体育的消费需求将不断增长。不断地、深入地分析和研究体育市场体育消费需求的状况及变化趋势,对于促进社会主义宏观经济和微观经济的发展,满足社会对体育服务消费品和体育实物消费品的需要,实现社会主义生产目的,改善体育经营管理和提高体育经营的效益,都具有十分重要的意义。

② 竞争因素。竞争因素是指与体育经营单位平行存在或可以相互替代的各种外部环境因素。例如:同样的保龄球馆之间对客源的争夺;足球比赛现场观众与电视观众的替代;文化娱乐消费和体育消费的替代等。对竞争因素的分析,旨在了解主要竞争对手的实力和特长,发现潜在的竞争对手,了解其对本单位经营活动的威胁。内容包括竞争者的基本情况、竞争能力、发展方向等。

③ 资源因素。体育经营单位的全部经营管理活动,在某种意义上说,目的就是最大限度地节约运用本单位的一切资源以满足社会对体育产品消费的需要。体育经营单位的各种内部资源(包括人力、物力、财力等)是否能够从环境中顺利地获得,是影响体育经营活动成败的重要因素之一。目前我国的体育市

场体系尚不健全,从而给体育经营单位对资源的选择及利用带来不利的影响。

④ 国家政策因素。国家政策因素对体育经营单位的影响,主要表现为各种政策、法律与法规对体育经营行为的影响及制约。因此,作为一个体育经营单位,就应该经常地了解国家的有关方针、政策、法规和条例,并相应地调整自己的经营战略和经营策略。

⑤ 时间因素。余暇时间是人们进行体育活动及从事体育消费的最重要的条件之一。一般来说,不同的体育消费群体对体育消费的需求是不一样的;不同的时间安排,吸引的体育消费者也是不一样的。体育经营单位必须分析、研究社会余暇时间的构成及发展趋势、不同体育消费群体的余暇时间构成状况,从而针对不同的体育消费需求提供适销对路的体育商品,以满足社会的需要。

⑥ 体育消费水平因素。体育消费水平是指一定时期内社会按人口平均的体育消费资料的消费数量。体育消费水平表明一定时期内,人们体育消费需要的实际满足程度,即反映人们实际消费的体育消费品数量的多寡和质量的高低。通常情况下,人们体育消费水平的高低直接反映了一定时期内社会生产力和社会经济的发达程度,也反映了一定时期内社会体育意识的强弱状况,同时也反映了一定时期内人们对体育消费品的需求状况。体育消费水平和社会经济发展水平是成正比的。由于体育本质上是一种城市文化,一般来说,沿海地区、大中城市经济发展水平比较高,从而体育消费水平也比较高。中国目前90%以上是工薪阶层,因此健身、休闲、娱乐体育不能向贵族化发展。所以,体育经营单位要分析、研究社会的体育消费水平,根据社会一定时期内体育消费水平的高低来及时地调整自己的经营战略及经营内容;同时,要根据不同地区、不同体育消费群体的不同层次的体育消费水平来开展体育经营活动,以满足社会的需要。

(2) 间接环境因素。间接环境因素是指外界对体育经营单位的具体经营活动不直接发生影响的因素。相对于直接环境因素来说,间接环境因素属于更大范围的系统因素,它们往往是间接地或通过直接环境因素对体育经营单位产生影响的。间接环境因素包括以下四方面主要内容:

① 政治环境因素。政治环境因素是指与体育经营活动有关的一般的政治因素,包括政治制度、政治形势、政局情况、政治发展趋势等。这些因素常常影响体育经营单位的经营行为,尤其是影响体育经营单位的较长期的投资行为,政局不稳定会造成经营行为短期化。我国从党的十一届三中全会以来,政治局势稳定、政治路线正确、社会安定,政府制定了大量促进经济发展和改革开放的政策和法规,极大地推动了我国社会主义现代化建设的进程,也为我们开展体育经营活动创造了极好的社会政治环境。

② 经济环境因素。经济环境因素主要是指国际和国内经济形势、经济发展趋势等因素,这些因素会对体育经营单位的经营行为产生影响。如国家关于国民经济和社会发展速度和规模的决策、关于国民收入分配中积累与消费比例的决策、关于银行信贷利率的宏观调控决策等。这些因素常常是影响体育经营单位经营决策的重要环境因素。例如:宏观调控、紧缩银根、控制贷款规模、抑制通货膨胀,会造成企业借贷无门,资金匮乏;降低借贷利率,有利于企业降低成本,增加市场供应;对体育经营采取优惠政策,会促进经营者进入体育市场;若对体育经营活动课税过高,经营者无利可图,则会造成资本的投资信心不断降低,就没有人会愿意进入体育市场。

③ 社会文化环境因素。社会文化环境因素是指人们在特定的社会制度下所形成的道德观念、行为规范、民族习俗、宗教信仰、文化水平等。不同的民族、种族和国家,有不同的社会文化传统和社会生活行为准则,产生不同的风俗习惯和道德观念。此外,在同一个民族或国家内,不同的年龄、文化水平、职业及社会阶层,也会使人们的观念和行为产生差异,从而造成人们体育消费行为的差异。各种社会环境因素都会对体育商品的生产和消费产生不同的影响,从而影响体育经营单位的经营管理行为。例如:美国的篮球有市场,巴西的足球有市场。作为一个体育经营单位,就应该适应社会环境的需要,开拓自己的体育经营业务。

④ 技术环境因素。体育消费者的消费心理具有求新、求奇、求特、求刺激的特点,因此体育经营需要有创新意识。现代科学技术日新月异、发展迅速,是生产力中最活跃、最强大的因素之一,是推动人类社会经济发展和社会进步的主要动力。特别是在现代科学技术不断发展的时代,经济增长主要依靠技术进步。科学技术的飞速发展,既给有些体育经营单位提供了有利的发展机会,也给有些体育经营单位带来了威胁。体育经营单位要在竞争中求得生存和发展,必须经常了解科学技术发展的新动向,研究和掌握新技术、新工艺、新的体育消费项目,才能在竞争中保持自己的优势。

总之,体育经营单位只有对自己所处的经营环境进行认真、周密、细致的分析和研究,才能搞清自身所处环境的现状及其发展变化趋势,才能把握本单位发展和开拓市场的有利条件和不利因素,才能在经营活动中及时发现机会、利用机会、提高应变能力,适应体育经营环境的变化,使体育经营单位健康、顺利地发展。

3. 体育经营外部环境分析

(1) 外部环境的特点。要正确认识和分析体育经营单位的外部环境,首先必须掌握外部环境的特点。体育经营的外部环境一般说来具有以下四个特点:

① 复杂性。一般而言,体育经营单位的外部环境涉及整个国民经济。现代

企业系统相对于整个国民经济系统来说,是个子系统,在国民经济这个极其复杂的大系统中进行生产经营活动,必将受到许多复杂因素的影响,不仅包括体育经营场所选择、物资供应来源、产品销售去向、交通、地理等具体的物理因素,甚至还包括一些非物理因素,如党和国家的方针政策、政治形势、体育消费者的购买能力和爱好、社会风尚、意识形态等的影响。

② 关联性。体育经营单位进行外部环境分析,在看到环境因素复杂性的同时,还要看到各因素之间的关联性。一种社会经济现象的产生绝不会单纯地由某一种因素决定,而是由一系列相关的因素所决定。例如,足球中超联赛市场的观众人数(上座率)并不完全取决于运动员的水平,还受到球票价格、气候条件、比赛时间、比赛地点、电视转播等因素的影响。

③ 变动性。外部环境是客观存在并不断发展和变化的。在影响外部环境变动的诸因素中,有的因素是可控的(如比赛时间、地点的选择等),但绝大部分因素是不可控的,体育经营单位只能被动地适应它。同时,还必须认识到,划分因素的可控与不可控是相对的,而且还在变化。例如:有的因素对大型体育经营单位来说是可控的,但对小型体育经营单位来说则是属于不可控的;有的因素今天是可控的,明天可能就成为不可控的了。

④ 辩证性。体育经营外部环境的变化,一方面制约着体育经营单位的发展,另一方面也会给体育经营单位的发展带来机会。因此,经营单位必须善于利用机会,竭力排除和缩小不利的因素和风险。同时,还必须看到,体育经营单位的经营管理也会对外部环境有能动作用。为了适应客观环境的要求,体育经营单位可将外部环境因素分为必要条件和充分条件。这里所说的必要条件,是指那些维持体育经营单位生存的最起码条件,不允许与之相违背;这里所说的充分条件,是指与体育经营单位兴衰有关的机会因素,在条件允许时才予以充分考虑。

(2) 外部环境对体育经营单位经营的影响。外部环境对体育经营单位经营的影响,归纳起来,主要包括有利和不利两个方面。有利的外部环境,会使体育经营单位的长处(优势)得到更大的发挥,或者能弥补体育经营单位的短处(弱点)。这样的环境因素会给体育经营单位经营带来有利的影响,构成了体育经营单位经营良性循环的机会,它有利于体育经营单位达到预定的目标,取得更大的成就,促进体育经营单位更快的发展。不利的外部环境,会使体育经营单位的长处得不到发挥,或者突出了体育经营单位的弱点。这样的环境因素会给体育经营单位带来不利的影响,对体育经营单位构成了威胁,这就阻碍了体育经营单位的发展,严重时甚至会危及体育经营单位的生存。

面对不断变化着的环境因素,体育经营单位领导者必须科学地分析环境因素的改变对体育经营单位经营产生的影响,及时制定对策,采取相应措施。一方面,对体育经营单位现有的条件作某些调整,或提高素质,改善体育经营单位的内部条件,增强体育经营单位适应环境的能力,这样,可以避免或减少"威胁"给体育经营单位造成的损失;另一方面,要尽量利用一切可以利用的机会,以便在变化的环境中,仍能达到体育经营单位预定的目标。

(3) 外部环境分析的方法。体育经营单位外部环境分析的方法,主要有对外部环境的调研和预测两个方面。体育经营单位对外部环境的调研,主要是为了了解外部环境的过去和现实状况。调研的方法有:口头信息、书面信息、专题调研等。体育经营单位对外部环境的预测是一种综合性的技术经济预测,分为:一般环境预测、特定环境预测、技术预测、经济预测等。

二、体育经营内部条件分析

1. 体育经营内部条件分析的目的和任务

(1) 体育经营内部条件分析的目的。体育经营内部条件分析的目的,是为了结合体育经营单位经营外部环境分析的成果,正确地制定体育经营单位的经营战略和各项决策。了解和掌握体育经营单位经营的内部条件,对提高体育经营单位的经营管理水平有着十分重要的作用。

首先,通过对体育经营单位经营内部条件的分析,明确了体育经营单位的长处,就可以更好地利用和捕捉外部环境变化给体育经营单位带来的机会,以及更有把握地避开威胁,为体育经营单位的发展创造有利条件;其次,通过对体育经营单位经营内部条件的分析,看到了自身的短处,为不断提高体育经营单位的素质指明了方向。

(2) 体育经营单位内部条件分析的任务。体育经营单位内部条件分析的任务,归结起来有以下两条:一是要准确地弄清自己的长处和优势、短处和劣势;二是要进一步弄清楚造成短处和劣势的原因,为内部挖掘潜力指明方向、创造条件。

2. 体育经营内部条件分析的内容

体育经营单位内部条件分析的内容可多可少,可粗可细,主要取决于分析的目的和角度;而且,由于体育经营单位经营的项目和所处外部环境的差异,不同体育经营单位或同一体育经营单位在不同时期的主要矛盾也不一样,因而分析内容的多少及重点也会不同,要因地、因时而定。一般来说,体育经营单位经营内部条件分析的重点内容包括体育经营单位的经营管理水平、竞争能力、应变能力等方面。

（1）经营管理水平。经营管理水平主要反映在体育经营单位领导的素质、员工的文化水平和受教育情况、体育经营单位的管理体制和组织机构的建立、经营管理活动指挥系统的建立和健全情况。

（2）竞争能力。体育经营单位的竞争能力包括体育商品的生产能力和竞争能力、财务能力、销售能力等。

——生产能力，指体育经营单位在一定的生产技术条件下拥有的生产性固定资产在一定的时期内，所能生产的体育服务或体育产品的最大数量，主要反映在基本生产环节和辅助生产环节的生产能力上。

——产品竞争能力，包括体育经营单位体育产品竞争性的强弱，产品的市场需求程度，产品的价格、成本、质量、服务、商标、市场容量、市场占有率等方面。

——财务能力，反映在体育经营单位的资金拥有量及来源、偿债能力、盈利水平等方面。

——销售能力，指体育经营单位所拥有的销售渠道、服务网点、服务力量等。

（3）应变能力。应变能力主要是指体育经营单位适应环境变化的能力。反映在体育经营单位制定经营战略、研制开发新的体育产品、应用新工艺和新技术的能力，不断推进技术进步和技术改造的能力，生产指挥系统、市场营销系统、物资能源供应系统、人事组织系统、经济核算系统的适应性及相互间的协调性。

3. 体育经营内部条件分析的主要方法

体育经营单位内部条件分析的主要方法有以下六项：

（1）体育经营单位的经营管理状况分析。体育经营单位的经营管理状况分析，首先是对体育经营单位的概况进行分析。主要有员工的数量、机构设置及编制情况、体育经营单位对各类人员的培训能力、科技和管理人员知识更新的速度等。其次是对体育经营单位经营者的决策能力和组织能力进行分析。主要有体育经营单位经营者的自身素质（包括政治素质、文化素质、技术业务素质和身体素质）状况，对外部环境变化的判断能力、对本单位战略性问题的决策是否果敢善断、能否知人善任、是否善于团结和率领下属等。

（2）体育经营单位经济效益分析。体育经营单位经济效益分析，主要是通过对体育经营单位最近几年经济效益的实际水平与国家计划、行业平均水平、本单位历史最高水平的比较，评价本单位经营状况，找出差距，分析原因。

（3）体育经营单位形象分析。体育经营单位形象分析，主要是了解体育经营单位在消费者心目中的形象，了解市场对本单位经营项目及产品的评价。主要有产品或经营单位知名度分析。知名度是体育消费者对本单位或其经营内容等情况有所了解的人数比例。通过各地区知名度的对比,可了解体育经营单位及其产品或经营项目的影响力。

(4) 体育产品分析。体育产品分析是体育经营战略的主要依据。体育经营单位的竞争能力一般通过体育产品来显示,因此体育产品分析是体育经营单位内部条件分析的重点内容。体育产品分析的主要内容有:体育产品的市场地位分析、收益性分析、成长性分析、产品强度分析等。

(5) 体育经营单位经营实力分析。体育经营单位的经营实力,由该单位的生产能力、技术能力及销售能力三部分构成。体育经营单位的生产能力分析,主要关注该单位的综合生产能力、生产效率及对生产任务变更的适应性。在一般情况下,经营单位专业化程度高,则适应性弱;专业化程度低,则适应变化的能力较强。体育经营单位的技术能力分析,主要关注该单位在设计、开发、生产体育产品方面的技术力量和测试手段的完备程度。分析的内容主要有:新产品、新项目的开发能力,技术管理水平与获取技术情报的能力,更新产品的综合能力等。体育经营单位的销售能力分析,主要是在产品市场强度分析的基础上,以重点发展的体育产品或销路不畅的体育产品为对象,对其销售组织、销售渠道、促销活动、销售计划等进行分析,以发现销售活动中存在的问题及原因。

(6) 物资供应情况分析。体育经营单位的物资供应情况分析,主要是分析原材料、能源供应的稳定可靠程度及对本单位今后经营活动的影响等。

三、体育经营内外条件与环境的综合分析

体育经营单位的外部经营环境和内部条件之间是相互影响的,体育经营单位要制定正确的经营战略和策略,必须将两者结合起来进行综合分析。综合分析的方法主要有:优(劣)势分析法、威胁分析法、市场潜力分析法及 SWOT 分析法等。以下主要对 SWOT 分析法作一介绍。

SWOT 分析法也叫内外情况对照分析法,或称十字形图表法。该方法就是把体育经营单位外部环境中的有利条件(机遇)和不利条件(威胁),以及本单位内部条件中的有利条件(优势)和不利条件(劣势)都列在一张十字形图表中加以对照。这样既一目了然,又可从内外条件的相互联系中作出更深入的分析,从而明确经营单位的战略方向。可提出如下问题:本单位可用于发展机会的优点是什么?有无缺点限制或阻碍发展机会的利用?有无优点可使威胁转化为发展机会?有无缺点限制或阻碍威胁转化为发展机会?威胁因素是否阻碍优点的发挥?有没有机会因素可使缺点被排除或转化为优点?

[相关链接]

基于 SWOT 分析法下的可穿戴设备在体育领域的发展前景分析

可穿戴设备指直接穿在身上,或是整合到用户的衣服或配件的一种便携式设备。可穿戴设备不仅仅是一种硬件设备,更是通过软件支持以及数据交互、云端交互来实现强大的功能。而体育类的可穿戴设备主要是以手腕为支撑的手表类(智能手表、手环)、以脚为支撑的鞋类、以头部为支撑的眼镜以及其他一系列配件。这类可穿戴设备可以给高水平运动员以及运动爱好者提供以数据为基础的运动协助,达到提高运动水平、检测身体状态等作用。

通过 SWOT 分析,可穿戴设备的优势、劣势、机会、威胁如下:

	优势(Strengths)	劣势(Weaknesses)
内部条件	1. 应用前景广阔,建立体育运动新秩序 2. 行业竞争激烈,科技更新迅速 3. 将体育运动科技化,提升运动意识	1. 产品自身仍存在问题,如数据偏差大、续航不足、存在安全性问题等 2. 可穿戴设备背后的大数据分析开发不够 3. 设备特定性不足,不能满足多样需求,用户不愿意长期使用
	威胁(Threats)	机遇(Opportunities)
外部条件	1. 产品同质化严重,替代产品过多 2. 潜在市场需求不清,客户依赖性不高	1. 国家政策支持行业发展 2. 人们对于健康的消费需求持续增加 3. 职业体育俱乐部对可穿戴设备需求潜力巨大

通过对可穿戴设备的分析,内部优势主要从可穿戴设备应用前景广泛,可以改变个人运动习惯以及用数据支撑职业俱乐部的训练与比赛角度分析,内部劣势主要是产品自身仍存在缺陷,外部机会则体现在国家政策支持及运动趋势的大热,外部威胁主要在于产品同质化严重。

根据 SWOT 分析,得出的结论与建议有:1. 加快技术进步与创新,解决设备自身问题,如针对续航不足问题开发设备利用太阳能动能续航的功能。2. 建立法律法规对个人数据进行监管,未经本人同意不得泄露用户信息。3. 提升用户体验性,避免同质化。细化市场,迎合用户不同需求,提升用户黏性。4.深度开发分析可穿戴设备背后的大数据,为用户提供多样化的、有价值的数据指标。提高可穿戴设备的专业性。

(资料来源:《基于 SWOT 分析法下的可穿戴设备在体育领域的发展前景分析》,作者:蔡翊飞、牛艳楠,2015 年中国体育产业与体育用品业发展论坛文集)

第三节 体育经营特征和经营风险

一、体育经营的特征

体育产业部门进入经营型管理阶段之后的经营特征主要有以下三点:

1. 体育经营单位的外部经营环境具有快速多变性

体育经营是和社会经济环境紧密联系在一起的。社会经济环境包括政治环境、社会环境、经济技术环境、市场环境和资源环境等。在现代社会经济生产中,体育经营单位所面临的这些外部环境因素(如体育消费爱好、消费热点的转移等),特别是科学技术、经济和市场因素,具有速变性和多变性,这必然影响和制约体育经营单位的发展目标和经营活动内容。

2. 体育经营单位的经营活动只能是顺应和服从外部环境变化的要求

体育经营单位对快速多变的外部经营环境无能为力。也就是说,体育经营单位自身很少有支配外部环境变化的能力和力量,因而体育经营单位的经营活动只能主要是顺应和服从外部环境变化的要求,否则体育经营单位将难以维持其生存。

3. 根据变化及时调整经营决策才能求得生存和发展

体育经营单位要根据外部环境变化来及时调整其自身的条件和经营活动的内容,实现体育经营与外部环境要求的协调和平衡,以维持自身的生存和发展。

应当说,体育经营单位的经营活动与外部环境变化的要求之间所形成的矛盾和不协调性问题是经常发生的。因此,运用经营决策和经营计划等经营管理的职能,不断处理和解决这种不平衡性问题,就成了现代体育经营管理的中心课题和实质性内容。

所以,我国体育部门在经历了管理体制转型以后,即从行政型管理进入经营型管理阶段之后,其重点是解决经营单位与外部环境的关系问题。与这个阶段相适应的经营管理理论,其重心是经营决策和经营计划的研究。经营决策和经营计划理论研究的主题,是经营单位内部条件、经营目标和经营活动同经营单位外部环境的动态平衡和协调问题。在体育市场需求和社会生活复杂多变的时代,体育经营单位通过有效的经营管理,在实现其经济活动同外部环境的动态平衡过程中求得生存和发展,这就是现代体育经营的本质特征和实质内容。

二、体育经营风险

1. 体育经营风险的含义

如上所述,体育经营的实质就是实现体育经营活动与外部环境要求的动态平衡,这是体育经营单位生存和发展的关键。但从实际情况来看,能随时和完全地达到这种平衡是极少见的;能基本上或近似地实现这种平衡,就应算是在体育经营管理上取得了很大的成功。不平衡性问题的存在,就产生了体育经营的风险问题。

过去体育部门实行的是集中计划管理即行政型管理,因此各下属单位不存在经营问题,更谈不上对经营风险问题的研究。改革开放以来,我国体育部门的管理体制发生根本转变以后,即从行政型管理向经营型管理转变以后,体育走向市场,走产业化发展道路,各体育经营单位作为独立的或相对独立的经济法人,自主经营、自负盈亏,参与社会主义体育市场的竞争,在竞争中自我生存和自我发展,从而使体育经营风险自然而然地产生了。

所谓体育经营风险,是指由于体育经营单位经营活动结果的不确定性而给体育经营单位造成的损失。关于不确定性,应理解为未来经营失败的可能性,因为体育经营结果的不确定性可分为成功和失败两种可能,而成功的结果为盈利,无损失可言;只有失败才导致经济损失。所谓损失,指的是非故意的和非预期的经济价值的减少,即非计划性的经济损失。

2. 体育经营存在风险的原因

体育经营单位在经营上存在风险的主要原因有如下六个方面:

(1)体育经营风险来自未来的不确定性。开展体育经营,就要根据过去和现在预测未来,并按照预测结果来确定体育经营单位的经营目标,安排经营活动。而未来总是运动着的、多变化的,包含有不确定性因素。外部社会经济环境的变动,对体育经营单位来说,是不可控制的因素;社会经济环境的变化,影响和约束着体育经营单位的经营活动。体育经营单位在这种动态多变和不确定性的经营环境中进行经营活动,经营风险问题是无法回避的。经营和风险是相互联系在一起的,只要搞经营活动,就会有风险存在。

(2) 体育经营风险是市场经济发展的必然产物。在市场经济运行机制中，商品交换活动，即买和卖在时间上和空间上分裂为两种相互独立的行为，而且随着商品经济的发展，生产者和消费者的距离更加拉大了，商品生产所固有的矛盾，即个别劳动与社会劳动、具体劳动与抽象劳动、使用价值与价值等三大矛盾，也就显得更为突出。体育经营单位作为独立的或相对独立的体育商品生产者和经营者，无法排除由商品生产的三大矛盾所产生的经营风险。

另外，竞争是商品生产和价值规律的必然伴侣，竞争随着商品经济、市场经济的发展而加剧。竞争是经营单位之间的实力较量，竞争可以促进体育经营单位的进步和发展，同时也会给体育经营单位带来经营风险，因为"优胜劣汰"是竞争规律的基本特征。所以，在商品经济发展的时代，作为体育商品生产者和经营者的体育经营单位，只有经受住经营风险的严峻考验，才能求得生存、繁荣和发展。

(3) 体育经营风险是社会化大生产的特点。体育经营单位经营活动形式的多样性和多变性，必然导致经营活动过程和经营业务的复杂性，从而增加了经营管理失误和失控的可能性。例如：一个职业足球俱乐部，开始只经营门票、广告；以后随着市场的拓展，其经营的业务也不断拓宽，如开发球迷产品、衍生产品、商业性比赛、球员买卖、球迷协会……随着经营范围的扩大，失误的可能性也就越大。

现代工业社会生产是机械化和社会化的大生产，这不仅造成整个社会经济活动形式的多样化和多变性，而且也使得经营规模增大。从体育经营来说也是这样，经营过程和经营业务的复杂性和多样化，增加了体育经营管理失误和失控的可能性和几率。体育经营结果的不准确性和无把握性已成为现代体育经营单位经营过程的一个明显特点。

(4) 体育经营风险也来自体育消费不是一种生活必需的消费行为。体育消费不是一种生活必需的消费行为，可有可无，一旦体育消费者的兴趣、爱好、热点等发生转移，就会对体育经营单位的经营活动构成风险。

(5) 体育经营风险也来自体育经营管理者的能力与水平。体育经营管理人员的经营知识缺乏、能力水平低下、经营技术不佳、决策失误或者缺乏有效性等都可能成为发生经营风险的主观原因或条件。

(6) 体育经营风险也来自一部分社会因素。体育经营风险的存在或产生，也可能是由某些社会或自然原因所造成的。例如，政治和社会动乱以及水灾、火灾、风灾和地震等自然灾害都可能给体育经营单位带来经营风险和风险损失。

体育经营风险产生的原因，即发生和存在体育经营风险的条件，可称为危险因素。危险因素引发危险事故,危险事故导致风险损失,这就是体育经营风险的本质(参见图1-2)。

```
危险因素 ────────→ 危险事故 ────────→ 风险损失
(外在因素、内在因素)   (经营中断或故障)      (费用增大、收入减少)
```

图1-2 体育经营风险与体育经营损失

3. 预防和减少体育经营风险的措施

体育经营风险是客观存在的,但也是可以预防和控制的。在体育经营过程中,体育经营单位应采取正确的策略和有效的措施来预防和减少体育经营风险。

(1) 搞好体育经营预测。要做到事前控制体育经营风险,主要就是搞好体育经营预测。运用科学方法预测和把握体育经营环境的未来变动趋势和规律性,找出和发现存在的风险因素和可能出现的风险,为风险管理决策提供客观的依据,这是预防和控制体育经营风险的有效措施。

(2) 作出有效的体育经营决策。体育经营决策失误或者缺乏有效性,势必给体育经营单位造成风险和经济损失。在体育经营预测的基础上,采用科学的方法,根据形势的变化和体育经营单位面临的风险问题,作出有效的体育经营决策,这实为控制体育经营风险的关键环节。

(3) 实行多样化的体育经营。多样化经营是现代风险管理的一种重要策略,它可以分散风险,减少风险损失,收到"东方不亮西方亮"的效果。

(4) 实行风险管理制度。风险管理的目的是为了及时、及早发现问题,把风险扼杀在摇篮里,或是把风险降低到最低限度。因此,要提高体育经营管理人员的风险意识和对风险管理重要性的认识。要建立风险管理部门,配备专业人员,专司风险管理之职。与此同时,体育经营单位应借助社会的力量,按内外结合的原则,对本单位的经营决策和经营活动进行定期或不定期的诊断,发现问题,随时解决。应逐步形成良好的体育经营管理的制度。

体育经营风险是客观存在的,是不以人的意志为转移的。体育经营管理人员应如何对待体育经营风险问题?一方面,从体育经营战略思想来看,既要承认风险,也要敢于冒风险,这样才可能成就大事业。因为在市场经济条件下开展体育经营活动,经营风险是难以避免的。但是,应当看到风险和效益又是同时并存的,且两者是成正比的。一般来说,风险越大,则可能取得的经营效益也就越大。因而体育经营管理者就需要有敢冒风险的精神和勇气。只有承认风险又敢于冒风险,才有可能把本单位的经营管理工作搞好。只有这样,才能取得最大的经营效益。如果缺乏应有的胆略和风险精神,那是什么事情也干不成的,更谈不上有效经营了。另一方面,从经营战术思想来讲,则应善于冒风险。体育经营管理人员要减少盲目性,提高体育经营决策的科学性和准确性,认真研究和认识体育经营风险问题,建立风险管理制度,采取各种方法和措施,尽力预防和排除风险,减少风险损失,以提高体育经营活动的有效性。

[相关链接]

商业体育赛事经营风险的分类与规避措施

1. 商业体育赛事经营风险的分类

1.1 财务风险

商业体育赛事的经营和一般企业相同,首先要面临财务风险。如赛事运作公司负债权益资本结构不合理或融资不当使公司陷入财务危机,不能按期偿还到期债务;没有办法解决赛事运作的资金缺口;赛事门票、广告等各项收入不能弥补赛事运作的费用;与赛事运作公司达成协议的赞助商、供货商因债务危机、破产或违约等原因造成协议中断,影响赛事正常运作形成收入损失等。

1.2 环境因素风险

商业赛事的环境风险主要表现为一系列社会或自然界的不可控因素造成的经营不确定性。如社会动乱造成的赛事取消,地震、水灾、火灾、天气原因造成的比赛无法预期进行等。

1.3 组织管理风险

组织管理风险是体育商业赛事特有的也是主要面临的风险。由于体育竞赛本身高强度、超负荷的运动,以及一些体育赛事的对抗性,如篮球赛、足球赛,容易造成运动员的身体冲撞和伤害;体育赛事的组织不力,造成赛场的拥挤,形成观众踩踏事件;赛事的主办方没有组织管理好赛事的运动员和裁判员队伍,造成假球、黑哨等一系列虚假行为,引起观众的不满,发生暴力冲突;体育赛事经营管理不善造成租用场地的器材被盗,观众财物被盗;赛事组织不力导致门票营销、赞助活动等与第三方发生纠纷;赛事举办方提供的食品问题导致运动员、教练员身体受伤影响比赛,等等,这些都会由体育赛事经营公司做出赔偿和处理,影响其经营的收益,形成经营风险。

2. 我国商业体育赛事经营风险的规避措施

2.1 风险控制

2.1.1 加强风险意识,做好风险管理

意识是指导行为的,所以体育赛事运作公司的管理者一定要树立良好的经营风险意识。有条件的公司可以设立专门的风险管理机构和人员,未雨绸缪,对于赛事可能遇到的各种财务方面的、社会自然环境方面的以及组织管理方面的风险进行分析预测,并提出预防措施。

2.1.2 做好赛事前的经营风险预测工作

大赛举办前,赛事经营公司除了进行比赛活动的组织策划之外,一项重要的工作就是要进行赛前的经营风险预测。要做好财务预算工作,并估计到赛事某项收入或费用开支的变化对赛事收益的影响;预测赛事未来环境变动的规律和趋势,如关注天气对赛事上座率的影响,从而合理安排比赛时间;在组织策划比赛过程中,要考虑到体育爱好者从进场到看完比赛离场整个环节中每一个细节可能会发生的风险事故,提前做好预防措施。

2.1.3 多样化经营分散赛事风险

所谓"不要把鸡蛋放在一个篮子里",体育赛事运作公司应该整合赛事资源,开展多样化经营,而不仅仅局限于体育赛事的申办。如公司可以为其他赛事运作企业提供赛事运营、咨询、策划、风险评估服务;开展体育广告、体育经纪、体育赛事有奖竞猜等业务;以及赛事举办过程提供餐饮、酒店、会议、展览等服务。

2.2 风险转嫁

2.2.1 投保体育保险

1998年我国体操运动员桑兰在第11届世界友好运动会中空翻失误导致瘫痪,促使了体育保险在我国的发展。赛事运作公司投保体育赛事保险,可以把赛事运作风险向保险公司转嫁。目前的体育保险险种主要是针对运动参与者、赛事组织者和场馆经营者几个方面来设立的。常见的体育赛事保险如:收入损失风险(如比赛意外取消)、人身风险(运动员及体育赛事相关人员因意外导致死亡或伤残,如人身意外险)、财产风险(如赛事举办过程中的设备运输风险、器材被盗风险及相关人员的财物丢失、损坏风险)、责任风险(赛事主办方对第三方的相关责任)等。

2.2.2 提前界定各单位和个人的风险责任

体育赛事运作公司可以提前通过签订合同的方式,明确赛事相关人员的责任,如教练员、医务人员、赛事的器材等物品的运输公司、赞助商、赛事的食品提供者等,一旦发生相关风险事故,由其对过失行为和损失负责;赛事运作公司与某项体育运动的参与者签署免除责任协议,使其自担风险,放弃向赛事运作公司追究责任。

(资料来源:《我国商业体育赛事的经营风险及其规避措施探讨》,作者:田蜜,《价值工程》,2012年第23期)

第四节 体育经营程序及经营方针

一、体育经营程序

1. 体育经营过程的基本模型

体育经营单位是由相互联系、相互作用的各部分组成,具有特定功能的有机整体。因此,体育经营单位不仅是一个整体系统、开放系统,同时还是一个投入产出系统。也就是说,体育经营单位是各种环境因素所提供的贡献和资源,经过调整、配合、组织,而进行有效的生产经营运转的投入产出系统,其基本模型如图1-3所示。

图1-3 体育经营过程的基本模型

投入——指体育经营单位把外部环境所提供的资源进行组织与配合,送入转换过程,称供给系统。

转换——指体育经营单位体育产品的生产过程,称生产系统。

产出——不仅指体育产品的产生,而是指广义的体育经营成果,包括体育实物产品、体育服务产品、盈利等的输出,并分配给环境主体,称分配系统。

反馈(控制)——指为了提高从投入到产出的生产效率而采取的全部措施的总和,称管理系统。反馈是根据计划的要求,控制实际脱离计划的差距,查明原因,制定出改进的措施。

2. 体育经营管理的一般程序

体育经营管理的程序,是从对体育经营单位经营环境的系统分析开始,明确经营思想,制定经营方针,确定经营目标,进行市场调研,开展经营预测,进行经营决策,编制经营计划,建立和健全经营组织,开展经营活动,一直到进行经营效果的评价与分析。这些内容按照上述的顺序,构成了一个不断循环的现代体育经营单位经营活动全过程的管理程序。基本程序如图1-4所示。

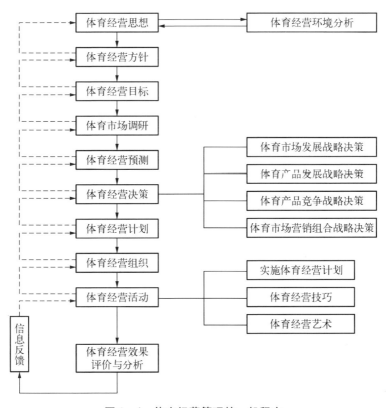

图1-4 体育经营管理的一般程序

3. 体育经营单位经营管理系统的结构设计

体育经营单位经营管理系统是体育经营单位管理系统的一个分系统。它由经营环境分析子系统、市场研究子系统、经营决策与计划子系统、市场营销子系统组成。每一个子系统又可以进一步细分为低一层次的子系统,如经营环境分析子系统又可以细分为外部环境分析子系统、内部条件分析子系统、经营环境综合分析子系统;市场研究子系统又可以细分为市场调研子系统、市场预测子系统、市场开拓子系统;市场营销子系统又可以细分为产品策略子系统、定价策略子系统、销售渠道策略子系统、销售促进策略子系统等,其结构如图1-5所示。

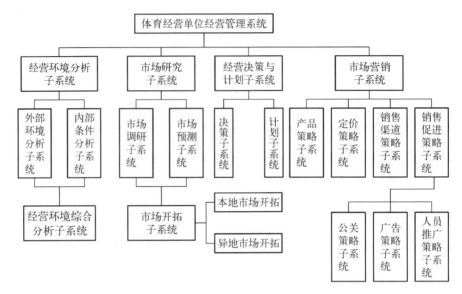

图1-5 体育经营单位经营管理系统的设计图示

二、体育经营目标、经营思想与经营方针

1. 体育经营目标

（1）体育经营目标的含义。所谓体育经营目标，就是体育经营单位经营活动在一定时期内所预期达到的成果。一个体育经营单位在不同的时期应该有不同的总体经营目标，体育经营单位的各项经营活动也都要围绕一定的预期经营目标来进行。

将体育经营单位的目的和任务转化为目标，能够指明体育经营单位在一定时期内的经营方向和奋斗目标，使体育经营单位全部经营活动重点突出，并成为评价经营成果的一个标准。这样能够减少经营活动的盲目性，引导体育经营单位不断前进。经营目标在体育经营单位有着极其重要的作用。

（2）体育经营目标的作用。

第一，目标可以指导体育经营单位资源的合理分配。资源包括物资、人力、资金、器材设备等。有了明确的目标，才能一致努力，降低消耗，合理利用资源。

第二，目标可以激发、调动员工的积极性和潜在力量，并组织全体职工为完成共同目标而一致努力。

第三，目标可以衡量经营的成效。由于经营目标是具体的，而且多数是用数字、数量表示的，利于检查、考核、衡量员工工作的努力程度和贡献大小。

第四,目标可以创造体育经营单位的良好声誉。体育经营单位要创造良好的声誉,除了它的产品符合大众需要之外,还要得到社会的信任,如环境幽雅、设备良好、安全可靠、服务温馨等。

(3) 体育经营目标的分类。体育经营单位的经营目标可分为整体目标与个体目标。一般来讲,在体育经营中总体目标是为实现体育经营单位的目的而制定的,而个体目标是体育经营单位的各个部门及工作场所为满足其各种需求而产生的。这两种目标,虽然在内容、水平、基准、方向等方面各不相同,但都能对现实的行动给予强烈的影响。不仅如此,对于整体目标来说,个体目标有时会引起反作用,因为在各个部门或工作场所,往往把个体目标摆在首位,整体目标反而被忽视。

体育经营单位的整体目标包括:① 社会经济目标,是指社会和国家的要求,如体育产品的安全、无毒、卫生,资源的综合利用,环境污染的防治等。② 业务范围目标,是指市场的开拓,相关新产品的开发,多种经营的创办,特殊质量、效率、服务、利润、工作环境、行为规范等水平的提高,以及产品的整顿、淘汰等。

体育经营单位的个体目标包括:业务量及业务量的增长率、利润额、利润率及投资回收率、市场占有率、劳动生产率、财务结构的重要比例等。另外还有一些非数字表示的目标,如经营单位的形象等。制订体育经营目标时,要清晰、详尽、简洁,尽量数字化。实施经营目标时,目标不宜太多,要优化和确保主要目标的实施。

(4) 几个主要的目标。现代体育经营单位的经营目标应该是多元的。主要包括以下四个方面。

① 贡献的目标。现代体育经营单位的经营目标,首先要服从社会的生产目的,为提高整个社会的生产力水平,满足社会不断增长的物质文化生活的需要多作贡献。当前,应把实现两个战略(奥运增光、全民健身),为社会创造更多的使用价值和价值,提高社会效益和企业经济效益作为主要经营目标。

② 市场的目标。开拓新的市场,提高市场占有率,是体育经营单位生存和发展的基本条件。市场目标不只是扩大市场范围,增加销售额,更重要的是提高体育经营单位的市场信誉和形象,创造新的市场需求。这就要求体育经营单位为市场提供满足体育消费者需求的产品,使自己在市场上成为消费者信得过的体育经营单位。

③ 发展的目标。社会在前进,科学技术日新月异,体育经营单位只有不断发展,才能适应形势的发展,也只有不断发展,搞活经营,形成良性循环,才会兴旺发达。体育经营单位的生产规模不断扩大,经济效益不断提高,无论对社会的

贡献,还是鼓舞职工的士气,都具有十分重要的意义。因此,体育经营单位要确保国有资产的保值与增值。

④ 利益的目标。利益的目标是现代体育经营单位经营活动的内在动力。作为体育经营单位经营效果的一个尺度,体育经营单位必须达到最低限度的利润,并争取实现超过社会平均利润率的超额利润。最低限度利润额能够保证体育经营单位继续生存和发展,为职工提供最低限度的奖金和福利。超额利润能够保证体育经营单位较快地发展,并为本单位员工提供较优厚的奖金和福利。

由于体育经营单位的经营活动是通过生产活动、销售活动、财务活动等进行的,因此,为了实现现代体育经营单位经营管理的最终目标,通常要把上述目标分解成若干具体目标值。具体目标值一般包括:产量和产值、质量水平、销售额与销售增长率、利润额与利润增长率、成本降低率、生产能力及其利用率、开发新产品的项目、设备更新率与平均役龄、资金周转天数、材料利用率、职工教育入学率、职工福利提高幅度等。这些具体目标值是通过一系列经营手段来实现的。最终目标通常是通过成本利润率、销售利润率和市场占有率这三大指标来衡量的。

2. 体育经营思想

(1) 体育经营思想的含义。体育经营单位的经营思想,是指在市场经济条件下,为满足市场需求,完成体育经营单位的经营使命,谋求体育经营单位的生存和发展,以及履行对社会责任等重大问题时的指导思想。它是在分析经营环境的基础上逐步形成,并由一系列观念或观点构成的,是对体育经营单位经营活动过程中发生的各种关系的认识和态度的总和。

(2) 体育经营思想的构成。体育经营单位的经营思想是贯穿体育经营活动全过程的指导思想,是经营单位处理各种经营管理问题的思想准则。体育经营思想是由一系列观念和观点构成的,是对经营过程中发生的各种关系的认识和态度的总和。同时,经营思想是体育经营单位经营活动的方向盘。其核心是提高经营单位的经济效益,正确处理经营单位与社会、消费者、竞争对手、员工的各种关系,它直接关系到体育经营单位经营管理活动的兴衰成败。体育经营单位正确的经营思想,主要体现在其对外部环境和经营能力的正确认识和能动反应的水平上。体育经营单位经营什么产品?如何经营?如何在市场竞争中取胜?都要根据社会需要和自身经营能力来决定。社会需要可由市场营销的起落得到反映。经营单位的领导者要反应敏锐,抓住机遇。体育经营单位正确的经营思想一旦形成,就将对指导经营单位的经营活动产生巨大影响。当然,不同时期的经营思想是不同的。我国目前正处于发展社会主义市场经济的初期阶段,体育产业化刚刚起步,因此,体育经营单位应从原有的产品经济向发展现代大市场的商品经济观念转变,这是健全和强化体育经营思想的一个基本出发点。在当今市场经济条件下,体育经营思想具体由以下观念构成:

① 战略观念。战略是指对于任何一个组织的全局性、长期性或决定生存发展的重大问题的谋划。现代体育经营单位战略目标或方向的确定,很大程度上决定了体育经营单位的生存条件、发展方向和发展规模。因此,现代体育经营单位的经营者应树立正确的战略思想,有效地制定战略、执行战略和评价战略。形成现代体育经营单位特有的战略观念的关键在于体育经营单位最高领导人的战略头脑。

② 市场观念。现代体育经营单位树立市场观念,就是要牢固地树立全心全意为体育消费者服务的思想,要站在体育消费者的立场上,想体育消费者所想,急体育消费者所急,生产出适销对路、物美价廉的体育产品,为体育消费者提供良好的服务。理想的市场观念应该是动态均衡型的。这种观念的特点有两个方面:一方面体育经营单位要根据市场需求进行生产;另一方面又要扬长避短,充分发挥本单位的经营和技术优势,对体育消费者发挥指导和引导作用,使产需经常紧密地结合起来。

③ 竞争观念。在市场经济条件下,体育经营单位之间必然会产生竞争。这是一条客观规律。树立竞争观念,不仅要明确竞争的要素(主要包括品种、质量、价格、服务、信誉),更要掌握竞争取胜的各种策略。

④ 创新观念。创新活动是体育经营单位的生命和源泉。它涉及体育经营单位生产经营的各个方面,如体育经营单位领导人的创新意识、管理和组织形式的创新、经营思想和方针的创新、产品市场的创新、市场营销手段的创新等。

⑤ 开发观念。开发观念就是善于开发和利用体育经营单位的各种资源。主要包括以下几方面的内容:资金的开发,通过扩大资金的来源和加速资金的循环与周转来实现;物质资源的开发,通过设备的有效利用、设备的改造与更新、新材料的采用和材料的综合利用来实现;人力资源的开发,通过智力投资、人才培训,提高人的智力与能力来实现。空间资源的开发,通过旧市场的渗透、新市场的开拓以及市场占有率的提高来实现;时间资源的开发,通过时间的广度利用和强度利用来实现;技术资源的开发,通过开发新产品、应用新技术的方法来实现;信息资源的开发,通过市场信息与科学技术发展信息的搜集、加工、筛选与存储来实现;管理资源的开发,通过管理人员的培训、管理组织和管理技术的改进等方法来实现。任何资源的开发,必须突出"快""准"两个字。所谓"快",就是掌握市场动态和科学技术信息快,制定策略和决策快,新产品开发快,产品更新

换代快、转产速度快、新产品投放市场快、流动资金周转快、技术改造与设备更新快。所谓"准",就是准时生产、准时交货、准时服务。

⑥ 效益观念。效益观念是指体育经营单位一切工作的指导思想都要以提高体育经营单位的经济效益和社会效益为中心。效益观念的核心是实用、经济、对社会有利。从这一观念出发,体育经营单位就不宜一律追求最新技术、最优质量、最高利润、最低成本和最优方案,而是要根据社会需要和消费者的利益,采用最有效的技术,达到最适用的质量,以较合理的成本,取得较满意的利润,在决策过程中寻求最可行的方案。

⑦ "以体为本,多种经营"的观念。"以体为本,多种经营"要体现在两个方面:一是最大限度地满足社会对体育服务产品的需求;二是"以副助体"。也就是说,体育经营单位要在服务于"体育"的前提下,创造条件开展多种经营,以多种经营取得的盈利,来资助体育经营业务的拓展。

⑧ 为大众服务的观念。为大众服务主要体现在以下两个方面:一是使大众对体育服务的需求能得到最大限度的满足;二是体育经营单位所经营的项目,在种类和价格上应该符合大众体育消费的习惯、爱好及经济承受能力。为此,必须了解服务对象及其消费特征,按照体育消费者的需要组织体育经营活动,并以此为基础确定经营方针和经营战略。同时,在了解体育消费者需求的基础上,还要考虑服务方式、服务质量、环境设施、经营时间、经营内容等相关因素,以体育消费者为中心,切实做到科学设计、合理安排。

体育经营单位的经营思想除以上所述外,还有创业思想、用人思想、营销思想、理财思想和为职工谋利益思想等。

3. 体育经营方针

(1) 体育经营方针的含义。体育经营方针就是指在一定的经营思想指导下,处理各种具体经营活动的基本原则与基本纲领,是实现经营目标所需的行动指南,是体育经营单位经营思想的具体反映,也是制定经营目标与措施的重要依据。

(2) 体育经营方针的具体内容。体育经营方针可分为综合性经营方针和单项性经营方针两大类。综合性经营方针,主要应结合本体育经营单位的具体特点,反映体育经营单位的经营方向、生产品种、发展速度、质量与价格水平等;单项性经营方针可具体分为产品方针、价格方针、市场方针等。体育经营单位确定经营方针必须掌握两点:第一,要按照客观经济规律办事;第二,要从国家、社会、用户、协作单位、竞争对手及本单位的实际情况出发,在全面综合考虑各种因素后,制定经营方针。它主要包括以下一些具有战略性质的问题:

① 体育经营单位的经营方向。体育经营单位的经营方向就是体育经营单位服务的方向(即市场定位问题)：是面向大众,还是面向贵族？是面向个人,还是面向法人？是为男性体育消费者提供服务,还是为女性体育消费者提供服务？这些都是最主要的经营方向。经营方向正确,体育经营单位就能搞活。

② 品种发展和生产规模。服务方向确定以后,就要解决如何服务的问题,即生产什么产品、生产多少产品的问题。它包括哪些品种上马、哪些品种下马、哪些品种整顿、哪些品种扩大生产能力、哪些品种维持现状、哪些品种停产等。

③ 速度、质量、价格。速度与质量、质量与价格之间存在着相互制约的关系。这些指标都是竞争的重点,体育经营单位应根据自己的特点,突出某一方面的重点。例如：有的体育经营单位突出优质(环境幽雅、设施一流)、高价,靠质量名牌取胜；有的体育经营单位在价格上采取低档低价、薄利多销的方针取胜等。

④ 市场占有。市场占有方针属于产品的销售方针。包括打入、开辟、占领新的市场,保持或放弃原有部分市场,以及对原有市场提高占有率等。

⑤ 为体育消费者服务。为用户服务的质量直接影响到经营状况。为体育消费者服务的内容很多,如电话订票、网上订票、送票上门、会员优惠、套票优惠、学生优惠等。

除此以外,体育经营单位的改造方向、智力开发、用人方式、资金筹措等也都属于体育经营单位的经营方针之列。一个体育经营单位的经营方针,在处理各种具体问题上,既不是一成不变,也不是不分重点地"一刀切",而往往是充分发挥自己的优点,扬长避短,从实际出发,搞好动态平衡,有进有退,有上有下,有分有合,从而是一个总体性的布局问题。

[本章思考题]
1. 体育经营的基本要素和主要职能指什么？
2. 体育经营内外部环境因素有哪些？如何进行分析？
3. 体育经营存在风险的原因何在？预防风险的措施又有哪些？
4. 概述体育经营思想与体育经营方针。

[本章练习题]
草拟一份中国承办"世界杯"足球赛事的内外条件综合分析的报告。

[本章案例]

阿里体育:做中国体育的基础平台

2015年9月,阿里体育集团在上海成立。阿里体育把总部设在杨浦体育场里。简简单单的装修风格,为的是更接地气。CEO张大钟对员工说:"阿里是家小公司,一开始的创业环境必须是艰苦的,建议你们都骑自行车来上班。"

和其他竞争者相比,成立不过4个月的阿里体育,确实是新的创业者。但和他们相比,阿里体育却又有着天然的优势——阿里巴巴旗下所有子公司的资源。

阿里巴巴已有相当完整的生态链,阿里体育未来要做的就是整合电商、媒体、营销、视频、家庭娱乐、智能设备、云计算大数据和金融等平台,融合形成一个贯穿赛事运营、版权、媒体、商业开发、票务等环节的产业生态。

拥有如此成熟的平台,让阿里体育定位简单又明确。阿里体育首席运营官余星宇说,阿里体育的布局,就是要以体育IP(知识产权)为核心,通过阿里巴巴的数字经济平台,为用户提供体育产业链上的各类产品和服务。

一、拥有无人可及的体育大数据

阿里布局体育的先天优势无需赘言:电商零售平台+大数据+资本。做平台,最先让人想到的是阿里巴巴主打的购物平台天猫。当阿里体育开始布局时,天猫和淘宝自然成为了王牌。

比如拿下世俱杯8年冠名权,阿里体育打动国际足联的,就是来自阿里巴巴的数据。张大钟撩动了国际足联的好奇心:"国际足联说全世界有几亿足球爱好者,但你知道他们都住哪儿吗?我能告诉你,阿里巴巴能拿出六千万的数据来:他买过球没有,买过足球鞋没有,买过足球装备没有,他甚至一周踢几次球我都知道,你知道吗?"发展足球,国际足联需要这样的大数据。

去年最后一天,阿里体育和市体育局签下战略合作协议,将在今年第二届市民运动会等领域携手合作。

余星宇介绍,签约仪式上,阿里体育向市体育局展示了一组在天猫淘宝平台上的2015年上海市体育消费数据:根据年度有效收货地址,上海市民月均消费用户数达到397万,总交易额超过45亿元,占全国9%。余星宇说:用户就像是"画像",这些数据可以帮助政府了解哪些人正在开展哪些运动、对哪些项目感兴趣、需要哪些服务,从而针对性地提供服务。

二、做好数字体育经济基础平台

虽然是最晚的入局者,但余星宇说,阿里体育和万达、乐视等同行的关系,不是竞争者,而是合作伙伴。他说:"阿里体育要做中国体育的基础平台,吸收阿里巴巴的资源,将已经构造完善的中国数字经济的基础建设与体育产业进行对接,为所有参与体育运动的人做好服务。"在这样的目标下,无论是万达、乐视或者华人文化,都将是阿里体育的服务对象。

成立4个月来,阿里体育一直在为搭建中国体育的基础平台而做准备。据介绍,阿里体育连接了阿里巴巴整个集团的内部,包括电商、支付平台、物流、大数据等,这些都会对基础平台的搭建有所帮助。阿里体育接下来要做的就是将阿里巴巴现有的好资源,与合作的优势IP相对接,然后开放给所有的赛事、俱乐部、运动员、消费者。牵起体育运动的两端,这样类似于天猫的平台,也只有拥有大数据资源的阿里能做。

余星宇举了个例子,未来个人的运动模式可能是这样的:如果一个孩子想要参加体育培训,他可以在阿里体育的平台上查找到附近是否有培训学校,上课时间、地点、教练,以及学成之后是否能够去国外参加比赛。"体育服务业的发展潜力非常大,体育产业也需要这样一个平台,既有大量的用户,又有基础的一些功能,包括支付、评价体系。有了这样一个平台,体育服务业一定能发展得更加快速。"

三、创造更多阿里体育自己的IP

当然,阿里体育的最终目标,不仅仅只是做平台那么简单,重金拿下NFL转播权就是一例。余星宇说,阿里体育的最终发展方向,是在建立体育经济平台的基础上,创造属于阿里体育自己的IP(知识产权)。"IP是核心,但阿里对IP的理解,不仅仅是买播放权,"余星宇说,"买IP很简单,就是花钱,我们要做的,是要把赛事组织和运营起来,这样的价值更大。"

据介绍,IP对于阿里体育而言,目前布局的重心在国际单向组织、赛事和名人。包括之前与一些国际体育IP的合作,这都是阿里体育为搭建这个基础平台所做的努力,未来会有更多令人兴奋的IP产品出现在阿里体育平台上。

4个月,阿里对于IP的集成成效显著,这是阿里的布局开端:比如和国际羽联、国际田联以及国际泳联达成了初步的合作意向;和罗纳尔多的国际足球学院达成了合作意向;和中国移动、中国电信等的平台型合作,也在洽谈之中。

"平台是土壤,IP是舞台。我们现在要做的,是夯实土壤,然后创造属于自己的舞台。"余星宇说。

(资料来源:《阿里体育:做中国体育的基础平台》,作者:龚洁芸,《解放日报》,2016年1月11日)

[案例思考题]

1. 为什么说"阿里"拥有无人可及的体育大数据?
2. "阿里体育"是如何搭建中国体育的基础平台的?
3. 为什么"阿里体育"要创造更多自己的IP?
4. 你认为"阿里体育"的运行理念提供了哪些启示或借鉴?

第二章
体育市场

本章学习要点

- 体育市场的概念与分类
- 体育市场体系的构成及作用
- 国内外体育市场发展的概况
- 体育服务消费品市场的特点
- 体育实物消费品市场的特点
- 体育要素市场的特点

体育经营单位的体育经营活动,不仅要以满足体育消费者和用户的需要为目的,而且其成果也要以得到社会承认的程度为尺度。因此,每一个体育经营单位必须重视研究体育市场,分析体育市场,从而使自己生产的体育产品能符合体育市场的需求,做到适销对路。只有这样,才能取得体育经营的良好经济效益和社会效益。

第一节　体育市场概述

一、体育市场的概念

1. 市场的一般概念及构成要素

(1) 市场的一般概念。市场是商品经济的范畴,哪里有社会分工和商品生产,哪里就有市场。早在原始社会后期社会分工出现以后,就已经出现了市场的雏形。经过奴隶社会、封建社会以至资本主义社会,市场的规模和范围越来越大。在社会主义经济体系中,市场不仅存在,而且随着社会主义市场经济体制的建立与完善,市场也随之进一步扩大与发展。人们对市场的概念有着不同的认识,大致有以下三种:

第一,市场是商品交换的场所。这是一个空间的概念,随着商品交换的产生而产生。认为市场就是买卖双方自由地进行商品交换的场所,这是一种狭义的理解。随着商品经济的高度发展,产生了商品交换的各种发达形式和人与人之间的复杂的交换关系,从而产生了对市场的广义的认识。

第二,市场是商品交换关系的总和。这是属于生产关系的范畴。这个概念不仅包含了商品交换的地点,同时也包括了商品交换的形式、条件及人与人之间的各种交换关系。

第三,市场是具有一定购买力水平的消费者群体。这是从经营管理的角度给市场下的定义。因为现代企业经营管理理论认为,市场是企业生产经营活动的出发点和归宿。企业的一切活动都是围绕着如何了解市场需求和满足市场需求而开展的。因此,企业的全部经营活动,就是站在生产企业的角度,研究消费者需求以及如何满足这些需求的过程,市场上买卖双方的活动主体是买方。因此对一个企业来说,所谓市场,就是在一定的时间、地点和条件下,具有一定购买力水平的消费者群体。这个定义也告诉我们:现代市场学是从买方角度来理解市场的。市场虽然包括了买卖双方的活动,但主要是买方的活动。

(2) 市场的三个基本要素。根据上述对于市场概念的认识,构成一个具有实际意义的市场必须具有三个基本要素,即人口、购买力和购买欲望。市场及其要素的关系可以用下列公式表示:

$$市场 = 人口 \times 购买力 \times 购买欲望$$

以上公式表明,对于任何一个市场,以上三个要素共同发生作用,三个要素缺一不可,互相制约。人口的多少固然是鉴别一个市场大小的必要因素,但是,如果只是人口众多而收入水平很低,市场也不见得就大;相反,如果购买力很高而人口数量很少,市场也不能算大;有的国家人口多,居民的购买力水平也很高,那就是一个大而又具有潜力的市场。此外,有了较多的人口和较高的购买力,如果不能产生购买商品的欲望,对于生产企业来说,也不能形成一个具有现实意义的市场。

2. 体育市场的概念及构成要素

(1) 体育市场的三个基本概念。体育市场是整个社会市场体系中执行其特殊职能的一个子系统。从不同的角度来认识体育市场,会有不同的理解。

① 狭义的体育市场。狭义的体育市场是指直接买卖体育服务产品、参与或观赏体育活动的场所。如对外开放的体育场馆、健美健身俱乐部、游泳池、各种收费的体育培训班等。体育消费者在那里通过购买门票、入场券或支付培训费等形式,购买体育服务产品或参与各种体育活动。为营利而兴办的高尔夫球俱乐部、网球俱乐部、游艇俱乐部、保龄球馆等体育休闲娱乐场所,是独立的体育经营实体,也更具备典型的体育市场特征。

② 广义的体育市场。广义的体育市场是指全社会体育产品交换活动的总和。这不仅包括体育服务产品的交换活动,也包括和体育有关的实物产品(如运动服装、运动鞋帽、运动器材等)的交换活动,同时还包括一些体育要素(如体育资金、体育科技、体育人才等)的交换活动。

③ 从经营管理学的角度来认识的体育市场。从经营管理学的角度来认识的体育市场,或者说在现代市场学的意义上来认识的体育市场,则是指在一定时间、地点和条件下,具有一定购买力水平的体育消费者群体。这一定义一是着眼于体育消费者群体的买方行为,二是强调体育消费者必须具有体育消费需求、体育商品购买欲望和相应的支付能力。

(2) 体育市场的三个基本要素。构成一个体育市场的基本要素,可以用以下公式来表示:

体育市场＝体育消费者×体育消费欲望×体育消费水平

体育消费者就是指购买体育消费品的人。观看体育比赛、体育表演的人可称为观赏型体育消费者；购买运动器材、运动服装、体育报纸杂志的人可称为实物型体育消费者；参加体育锻炼、接受体育技术培训指导的人可称为参与型体育消费者。

体育消费欲望就是指对体育消费品的一种现实的和潜在的消费欲望和消费需求。一般来说，体育社会化程度比较高、体育意识比较强的国家和地区，体育消费欲望比较强烈。

体育消费水平就是指按人口平均的体育消费资料的消费数量，一般可用价值（货币）单位来表示。通常情况下，人们体育消费水平的高低，直接反映了在一定时期内社会生产力和社会经济的发达程度，同时也反映了社会经济文化的发展状况。

构成体育市场的三个要素之间的关系也是相辅相成、互相依赖和互相制约的。体育消费者即体育人口的多少，是鉴别一个体育市场大小的必要因素，但不是唯一因素。如果只是体育消费者众多，但体育消费水平很低，这个体育市场也不见得就大；反之，另一个体育市场，虽然体育消费水平很高，但体育消费者极少，这个体育市场也不能算大；再则，如果大众体育意识不强，没有强烈的体育消费欲望，对于体育经营单位来说，也不能形成一个具有现实意义的体育市场。

二、体育市场的分类

体育市场是一个完整的体系，是由各种形态不同、功能各异的市场组成的一个有机整体。体育市场体系是一个开放、运动的庞大系统，呈现出全方位、多层次的立体结构。体育市场类型可以按照不同标准进行划分。

1. 按照体育产品的不同功能划分

从体育消费品与体育生产要素的不同功能出发，可以把体育市场划分为三大类，即：体育服务消费品市场、体育实物消费品市场以及体育要素市场。

（1）体育服务消费品市场。体育服务消费品市场，就是指以活劳动形式存在的体育服务商品市场。主要由体育产业部门的劳动者向体育消费者提供的各种体育服务产品所构成，如运动竞赛、体育表演、体育培训、体育场馆服务等。

（2）体育实物消费品市场。体育实物消费品市场，就是指以实物形态存在的体育商品市场。主要是由和体育有关的工业部门的劳动者向体育消费者提供的各种有形的体育产品所构成,如运动服装、运动饮料、运动器材、体育信息产品等。

（3）体育要素市场。体育要素市场,就是指以体育发展所必不可少的各种要素所组成的体育市场,这些基本要素主要由体育资金、体育人才及体育科学技术等构成。

2. 按照体育市场的空间结构划分

体育市场空间结构是市场各构成要素在地域空间上的分布和关联状态,它反映了市场主体支配交换客体的地域活动范围,体现了体育商品在不同空间的流通过程。体育市场的空间结构从纵向上可划分为国际体育市场、国内体育市场和地方体育市场。

（1）国际体育市场。国际体育市场是商品交换关系以世界范围为活动空间的体育市场。除指全世界范围内体育有形商品的交易外,也多指国际奥委会组织的世界顶级运动会和赛事形成的体育市场。自从1984年美国洛杉矶奥运会成功进行了商业运作以来,举办奥运会已成为很多国家刺激和拉动本国经济发展的重要手段。汉城、巴塞罗那、亚特兰大和悉尼等奥运会的举办城市,都从中获得巨大收益；而奥运会和各类世界顶级赛事的举办权的争夺也空前激烈。

（2）国内体育市场。国内体育市场是商品交换关系以全国范围为活动空间的体育市场,如我国足球中超、中甲联赛、全运会、全国篮球甲级联赛等赛事经营,意大利的足球联赛、英国的足球超级联赛等。

（3）地方体育市场。地方体育市场是商品交换关系以地区为活动空间的体育市场,体育商品的经营活动只局限在某一地区之内。地方体育市场可以分为两个层次,即:以省、自治区为范围的体育市场和以中心城市为范围的体育市场。

3. 按照体育市场的产业结构划分

从当代体育产业构成来看,体育市场又可以划分为主体市场、保障市场和延伸市场三类。

（1）体育主体市场。体育的本质表现在它的功能和价值,取决于体育运动的目的性。围绕体育本质属性可直接进入市场的产品是体育原发性的产品,直接进入市场的消费者是体育运动参与者、观赏者,他们直接通过人体的身体感受和视觉感受进行消费,消费的是体育原发性服务产品。由此形成的体育市场满足了运动参与者、观赏者两方面人群的需求,并实现交换,这可称为"体育主体市场"。体育主体市场主要包括健身娱乐休闲市场和体育竞赛表演市场。

（2）体育保障市场。为使主体市场顺利运行,保障体育市场消费者能够实现消费欲望,必须借助有运动技艺的人和运动必备的物,这种支持体育主体市场的继发性市场成为"体育保障市场"。体育保障市场主要包括体育人才培训市场和体育装备用品市场。

(3) 体育延伸市场。利用或依托体育所产生的效应或机会等从事各种经营活动而衍生出的市场称为"体育延伸市场",这种市场随体育市场的开发和完善将会不断增加。体育延伸市场主要包括体育中介市场、体育旅游市场、体育传媒市场、体育保险市场等。

4. 按照体育市场的产品结构划分

体育商品是市场交易的对象,是市场当事人发生经济关系的媒介体。市场当事人之间的经济关系,总是隐藏在体育商品的背后,并通过体育商品表现出来。根据体育商品的不同形态,体育市场又可分为功能型产品市场、权益型产品市场和服务型产品市场三大类。

(1) 功能型体育产品市场。功能型体育产品市场就是指体育专用商品市场,包括大到体育场馆、场地,小到比赛用品,如球拍、球鞋之类的体育设施、体育器材等各种体育装备用品和比赛用品的市场。

(2) 权益型体育无形产品市场。权益型体育无形产品市场是指各类冠名权、赞助权、广告权、产品销售权、电视转播权、兑奖权、观赏和参与权以及明星效应等特权和专利市场。这些体育核心产品市场的开发,对整个体育市场发展关系重大。

(3) 服务型体育无形产品市场。服务型体育无形产品市场主要是指健身娱乐服务市场、体育经纪服务市场、体育旅游市场、体育保险市场,也包括前面提到的媒体服务市场。这类体育市场提供的产品是无形的服务型产品。

5. 按照体育市场的竞争结构划分

体育市场竞争结构是由各市场主体通过展开一定的市场较量而形成的相对稳定的市场竞争状态。现代经济学认为,市场存在不同的竞争类型,根据市场上竞争与垄断的程度可以把体育市场分成四种类型:完全竞争、垄断竞争、寡头垄断和完全垄断。完全垄断和完全竞争是两个极端。垄断竞争和寡头垄断是介于两个极端之间的状态,是竞争和垄断不同程度的结合,又称为不完全竞争市场。

(1) 完全竞争的体育市场。完全竞争又称纯粹竞争,是指一种竞争不受任何阻碍和干扰的市场结构。一个完全竞争的体育市场具备的特征或条件包括以下四个方面。

① 市场上存在着大量的生产者与消费者。任何一个生产者或消费者的销售量或购买量在整个市场上都只占很小的比例,从而也就无法通过自己的买卖

行为来影响市场价格。市场价格是由整个市场的众多生产者和消费者的供求共同决定的,每个生产者与消费者都只能是市场价格的接受者,而不是价格的决定者。

② 体育产品同质没有差别。这就是说,生产某种体育产品的所有体育经营单位向市场提供的产品都是相同的,进入市场的所有体育服务项目在经济上和技术上都不存在任何差别。这样,任何一个体育经营单位都无法通过自己的体育产品的品质特点来形成垄断,从而控制价格。由于体育产品没有差别,消费者对任何体育经营单位产品的偏好都是相同的,如果某一体育经营单位抬高物价,消费者就会购买其他体育经营单位的同质产品,因此,抬高价格会使产品失去市场。

③ 资源完全自由流动。这就是说,每个体育经营单位都可以根据自己的意愿自由进入或退出某个体育行业。

④ 市场信息是畅通的。生产者与消费者都可以获得完整而迅速的市场价格、供求信息,可根据市场信息作出理性决策。不存在供求以外的因素对价格决定和市场竞争的影响。

完全竞争的体育市场是最有效率的体育市场机制。处于完全竞争市场的单个体育经营单位很难对市场的整体体育供给产生影响,因而不会影响市场体育产品的价格。由于完全竞争市场价格不受任何人为因素的控制,因而是最公平的价格。在这种情况下,消费者支付的价格是最低的,而生产者也可以获得正常的利润。体育经营单位只有通过调整自己的生产方向和生产规模,以适应市场的需求变化,才能实现其盈利的目的。完全竞争市场能够实现合理的体育资源配置,保证市场有效率的运行和消费者最大化的满足。政府应实施有效微观经济政策,保证完全竞争所必需的一系列条件,实现市场在完全竞争条件下有效率地运行。

在形成完全竞争的体育市场的条件中,前两个条件是最基本的。现实中完全符合这些条件的市场实际上是不存在的。一般认为分布于大街小巷、面向广大市民的乒乓球室(馆)、游泳池(馆)、滑冰场、台球室等接近完全竞争的体育市场结构。

(2) 完全垄断的体育市场。完全垄断是指整个行业的市场完全处于一家体育经营单位所控制的状态,即一家体育经营单位控制了某种体育商品的市场。国际奥林匹克运动委员会(以下简称国际奥委会)和国际足球联合会(以下简称国际足联)就是两个非常典型的完全垄断的体育组织。各大洲足联、各国足协也是垄断的体育组织,它们分别控制着全世界各大洲及各国的足球市场,并独享其利益。

完全垄断的体育市场结构有如下三个特征。

① 市场内只有一个体育经营单位或者组织,如奥委会、足联等,它们可以独立自主地左右各自范围内体育产品的生产、经营。

② 完全垄断的体育市场有高度的进入障碍,其他任何个人或组织想"染指"该市场,并与其"分肥",是完全不可能的。以国际奥委会的组织和运行为例,其垄断权益表现在以下几方面:其一,垄断地经营奥运会的举办权和出售电视转播权等权限。奥林匹克运动的法典《奥林匹克宪章》明确规定,国际奥委会拥有有关奥运会的一切权利。其二,垄断地经营奥运会的赞助权。目前,国际奥委会通过垄断赞助权而获得的收入,占其全部收入的35%—40%。其三,垄断地经营"五环"标志产品。"五环"是奥林匹克特有的标志,是国际奥委会的一笔价值连城的无形资产。

③ 完全垄断的体育市场的产品也不存在替代品,例如奥运会、世界杯等是不可替代的国际赛事,这更强化了其垄断地位。

(3) 垄断竞争的体育市场。垄断竞争的体育市场是介于完全竞争的体育市场和完全垄断的体育市场之间的一种体育市场。它兼有完全竞争的体育市场和完全垄断的体育市场的特点,但较接近完全竞争的体育市场。垄断竞争的体育市场具有以下五个特征。

① 体育经营单位较多且独立行事,彼此之间有竞争。

② 体育经营单位提供和生产的体育产品之间存在差异,如体育健身经营单位的经营项目、服务质量、设施设备、人员素质等方面互不相同。

③ 单个体育经营单位可以在一定限度内控制体育产品价格,控制的程度取决于其产品差异的大小和竞争对手的多少。

④ 潜在的竞争对手进入该市场比较容易。

⑤ 经营者之间竞相采用非价格竞争手段,如提高产品质量、做广告、改进销售条件和服务、提高商标和产品品牌的知名度等。

这些特点决定了垄断竞争的体育市场对体育经营单位和消费者既有利又有弊。对体育经营单位来说,不利之处在于体育设施和设备得不到充分利用,造成体育资源的浪费;有利之处在于它最能促进技术的创新。对消费者来说,不利之处在于他们要付出较高的价格;有利之处表现在能够满足不同体育消费者的个性化需求。

在现实生活中,垄断竞争的体育市场是一种最普遍的市场竞争类型,如保龄球馆、健身房、高尔夫球场等。

(4) 寡头垄断的体育市场。寡头垄断市场是指由少数几家体育经营单位控制和操纵的体育市场。寡头垄断的体育市场具有以下三个特征。

① 少数几家大的体育经营单位或者体育组织分享市场份额,它们之间既相互竞争,又相互依赖。例如,在世界各地几乎同时举行的大型体育比赛,有欧洲各国足球俱乐部联赛(如西班牙甲级联赛、荷兰甲级联赛、英国超级联赛等)、美国和法国网球公开赛、世界女排大奖赛及中国的中超联赛等,这些比赛的组织者为争取更多的现场观众和电视观众及广告收入等,展开了激烈的竞争。

② 上述各体育组织的垄断势力比国际奥委会和国际足联要小许多,但是它们分别有自己的势力范围,并对其实施控制,以维持自己的市场份额。

③ 市场的进入障碍相当大,其他任何单位或个人想"染指"以上赛事或者"干预"垄断体育组织的事务,或者脱离以上组织另起炉灶,是相当困难的。

在美国,有非常著名的 NBA(全美职业篮球联合会)、NCAA(全国大学体育运动联合会)等体育组织。NBA 组织全美职业篮球联赛,而 NCAA 组织各大学的橄榄球、篮球等比赛,并创造门票、电视转播权转让等收入。就篮球比赛而言,NCAA 是 NBA 的竞争者。但在美国,这样的篮球组织不多,因此,美国的篮球市场是一个寡头垄断的市场。

三、体育市场体系的构成及作用

1. 体育市场体系的构成

市场体系是各种商品的经济关系的具体体现和综合反映,是各种商品市场在相互关联、相互制约的关系中形成的动态有机整体。体育市场体系就是由各类相互联系、相互影响、相互制约的体育市场构成的一个有机统一体。体育市场体系是随着我国市场经济的发展及社会主义市场经济体制的逐步确立而发展起来的,是整个社会主义市场经济体系中执行其特殊职能的一个子系统,是以下三个体育市场的有机组合(参见图 2-1)。

(1) 体育服务消费品市场。体育服务消费品市场主要由以下三类市场所构成。

① 体育健身、体育休闲、体育娱乐市场。如网球、台球、壁球、保龄球、高尔夫球、射击、体育游乐、娱乐型游泳、水上体育乐园、游艇、钓鱼等。

② 运动竞赛、体育表演市场。从运动竞赛市场来看,可细分为足球、篮球、排球、乒乓球等;从体育表演市场来看,也可细分为各种商业性体育表演市场,如拳击、体操、武术、气功等。

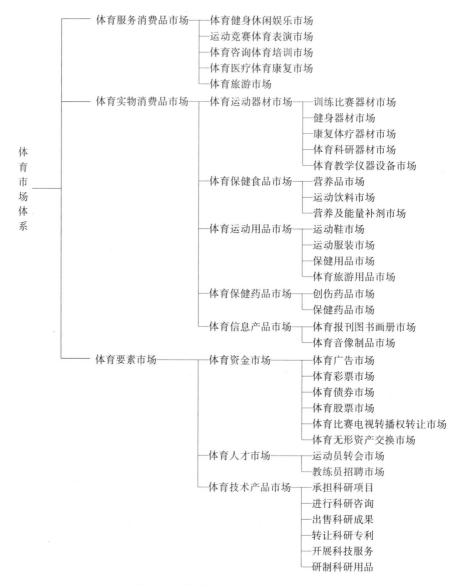

图 2-1 体育市场体系的构成

③ 体育咨询、体育培训市场。从体育咨询市场来看,主要有体育康复咨询、健康咨询、运动处方咨询等;从体育培训市场来看,则主要有专业或业余的有偿训练、体育舞蹈培训、健身健美训练等。

（2）体育实物消费品市场。体育实物消费品市场主要由体育运动器材市场、体育保健食品市场、体育运动用品市场、体育保健药品市场和体育信息产品市场所构成。

① 体育运动器材市场,如训练比赛器材、健身器材、康复体疗器材、体育科研器材、体育教学仪器设备等。

② 体育保健食品市场,如营养品、运动饮料、营养及能量补剂等。

③ 体育运动用品市场,如运动鞋、运动服装、保健用品、体育旅游用品及各种球迷产品等。

④ 体育保健药品市场,如创伤药品、保健药品等。

⑤ 体育信息产品市场,如体育报刊、图书画册、音像制品以及各种体育技术数据的有偿转让等。

（3）体育要素市场。体育要素市场主要由体育资金市场、体育人才市场和体育技术市场所构成。

① 体育资金市场,即体育融资市场,主要是通过各种市场途径去获取体育发展的各种资金,其主要渠道有体育广告、体育彩票、体育债券、体育股票、电视转播权的出让以及各种体育无形资产的开发等。

② 体育人才市场,主要是各种运动员、教练员及其他体育工作者,通过体育人才市场实行有偿流动。

③ 体育技术产品市场,主要是各种体育科技成果、训练方法、训练手段等,通过体育技术商品市场实行有偿转让。

由于我国体育产业化刚刚起步,各种类型的体育市场还不够健全和发展。因此,要建立和健全与我国社会主义市场经济体制相适应的体育市场体系,需要有一个较长的过程。

2. 体育市场体系的作用

在体育产业化过程中,体育市场体系的形成和发展,其作用主要是能够沟通供给与需求之间的关系,使体育产品的市场供需从无序逐步向有序过渡,以实现体育资源的优化配置,发挥最大的资源效益。

3. 培育体育市场主体

体育市场主体包括体育产品的提供者和消费者。从一定程度上说,体育市场的建立关键在于其主体的发展和成熟,因此要培育体育市场买卖主体。

（1）培育体育市场买方主体。现代市场经济学认为,市场是某种商品和服务所有实际的和潜在的有购买能力和购买愿望的个人或组织,因此体育市场的发展就取决于人口、购买力和购买愿望。体育市场买方主体的培育应采取以下措施:

第一,在全面实施《奥运争光计划》的同时,要重视那些广大群众喜爱的健身竞技运动项目,增加吸引力,提高观众参与的程度。

第二,广泛建立不同类型的群众体育协会、体育俱乐部和基层体育锻炼组织,动员组织群众投入各种形式的体育锻炼,使体育成为人们生活的重要组成部分。体育市场是联系群众体育活动的重要场所,而群众体育和全民健身计划无疑将会扩大体育市场的需求。

第三,通过各种传播媒介加强对体育消费的宣传和引导,强化广大群众参与体育活动和体育竞技观赏的意识。

(2) 培育体育市场卖方主体。体育市场的卖方主体也是体育产品的供给主体。要满足社会不断增长的体育消费需求,就需要培育体育市场的卖方主体。体育市场卖方主体的培育应采取以下措施:

第一,体育场馆要积极融入体育市场,要充分利用现有的场地、设施、器材,提供以体为主的多种经营活动,向社会提供体育服务商品。例如:组织各种运动竞赛、体育表演;主办各种体育培训班、训练班、辅导班,提供各种形式的体育咨询、辅导、培训等服务;提供各种场地服务,如网球、乒乓球、羽毛球、足球、篮球等经营项目,以增加体育市场的供给总量。

第二,大力培育体育商品的生产和经营者。政府主管部门要制定相关政策和法规,鼓励社会上的各种资本,特别是各种民营资本来兴办各种健身、休闲、娱乐为主的体育经营场所,向社会提供各种类型的健身休闲体育服务商品。

第三,积极扶持体育俱乐部的发展。体育俱乐部是体育市场的细胞,是体育市场的主要卖方主体之一,也是体育市场的重要供给主体。体育俱乐部主要有三种形式:一种是职业体育俱乐部,一种是商业体育俱乐部,还有一种是社区体育俱乐部。职业体育俱乐部以职业运动员特别是体育明星为主体,提供可供人们进行消费的竞赛表演等职业体育服务商品。商业体育俱乐部是一种纯粹的体育经营单位实体,其主要通过向社会提供各种类型的体育健身服务商品,来满足社会大众对体育健身休闲娱乐的消费需要。社区体育健身俱乐部是城市社区居民根据共同的目的和兴趣自愿组成的,以辖区内特定的体育场地设施为依托,经常开展体育活动的公益性群众体育组织。因此要积极扶持体育俱乐部的发展,以不断增加体育市场的供给总量。

第四,加快体育中介组织的建立与完善。体育中介组织是体育市场活动的一支重要力量,是体育产品生产、交换、消费的媒介,也是体育市场需求和供给的桥梁。因此要加快我国体育中介组织的建立与完善,以推动我国体育市场的发展。

四、国内外体育市场发展的概况

1. 日益兴旺的国外体育市场

随着社会经济的发展、人们收入的提高和余暇时间的增多、国民体育需求的增长和体育消费市场的扩大,以及各国政府为推动体育产业的发展所采取的积极政策的深入,体育市场在国际上的发展显现出强劲的势头。甚至一些地方在出现经济萧条、经济大气候恶化的情况下,体育市场却逆势而上,显现出勃勃生机。

据有关专家的研究表明:世界体育市场的年容量估计在 15 000 亿美元,年增长率保持在 10% 以上,大大高于世界经济的平均增长速度(资料来源:《强大的美国体育产业》,作者:林显鹏,《时事报告》,2015 年第 1 期)。

体育的要素全方位进入市场,从体育健身有偿服务到体育比赛的门票、广告和电视转播的销售,从体育无形资产的开发到体育彩票的发行,从体育服装、用品的生产到体育场馆经营,体育已深入人们的日常生活,融于商品、交换、市场关系之中,被人们称为在当今社会具有广阔前景的"永远的朝阳产业"。综观国外体育市场,主要表现出以下几个特点。

(1) 体育健身休闲娱乐市场日益兴旺。强身健体是体育的首要功能。在许多国家,花钱买健康已经成为人们普遍接受的观念,向大众提供健身场所、销售体育健身用品,成为有利可图的大市场。因此,在这些国家的体育市场结构中,最能体现体育活动本质功能、市场需求最大、与体育产业其他部门关联程度最高的健身休闲体育服务业(包括健身娱乐服务、健身技能培训、健身辅导与咨询、体质测试与评估、体育康复与医疗等),在体育产业行业结构中的地位更加突出。按照西方发达国家体育产业发展的基本规律,健身休闲体育产业是体育产业的主体,其增加值占体育产业总体的比例应当在 60%—70% 之间。

[相关链接]

美欧健身娱乐业扫描

根据美国体育数据公司 1997 年的报告,截至 1996 年,全美共有 48 000 家运动俱乐部,注册会员 2 000.8 万人,其中商业性俱乐部 13 300 家,注册会员 1 100 万人。

另据国际健康、球拍、运动俱乐部协会(IHRSA)的统计报告,2008 年,全美有健身俱乐部 30 022 家,比上年增加 1%,俱乐部会员数 4 670 万人,整个健身产业的总收入为 190.1 亿美元,比 2007 年的 180.5 亿美元增长了 5.3%。当前美国运动健身场所大约有 48 000 个,商业性俱乐部 13 300 家。其中体育健身俱乐部 12 000 家,占总数的 90.22%。

美国健身娱乐业的发达,不仅表现在室内健身业,还表现在户外运动的蓬勃发展。根据美国户外运动联合会报告(2009 年)陈述,目前每 4 个美国人中就有 1 个是户外运动爱好者。同时,该报告还对户外运动对美国经济的影响进行了测算,结果显示,户外运动每年给美国经济带来的贡献为 7 300 亿美元,提供 650 万个就业职位,为联邦和各州带来 880 亿美元的税收,促进了农村地区的可持续发展,每年为美国带来 2 890 亿美元的销售收入。

另外户外运动消费占美国个人消费支出总额的 8%,在全美流通的资金中每 12 美元就有 1 美元用于户外运动。

欧洲的情况也大体如此。尽管欧洲各国与美国相比整体上还有一定的差距,但是欧盟作为统一市场,其健身娱乐业的规模仍是仅次于美国的世界第二大市场。

从欧洲各国健身市场的情况看,在健身俱乐部数量上,意大利、德国、英国分别以 6 200 家、5 610 家和 4 380 家分列前 3 位。从俱乐部平均会员数看,英国、瑞典、荷兰分别以 1 393 人、950 人和 880 人分列前 3 位。从健身人群占本国总人口的比例看,超过 7% 的有 4 个国家,分别是英国 10.13%、瑞典 7.92%、瑞士 7.90%、西班牙 7%。从每家俱乐部平均会费看,英国最高,为 63 欧元,西班牙、丹麦、意大利最低,均为 45 欧元。从各国健身市场年销售额看,英国以 29.97 亿欧元排在第一位,德国以 26.43 亿欧元列第二位,而最少的葡萄牙仅有 3.17 亿欧元,英国是其 9.45 倍。

国际健康、球拍、运动俱乐部协会《2008 全球报告:健康俱乐部产业现状》揭示:全球健康俱乐部的总数为 1.067 亿家,总量保持相对稳定。全球健身产业的总收入达到 610 亿美元,比上一年增长 10.2%。俱乐部数量比上年增长 6%。这些数据都表明,在欧美市场,健身娱乐业已经成为一个稳定、成熟、有着很好现金流的产业。

(资料来源:《财富体育论》,作者:鲍明晓,人民体育出版社 2012 年 3 月版)

(2)体育竞赛市场效益显著。体育竞赛以其特有的魅力吸引了众多的观众,同样也受到众多的企业厂家的青睐,这从奥林匹克全球合作伙伴的收入、电视转播权的收入以及门票收入便可见一斑。

你知道吗?

近7届奥运会全球合作伙伴/电视转播权/门票的销售收入一览表

(单位：美元)

时间	地点	全球合作伙伴销售收入	电视转播权销售收入	门票销售收入
1992年	巴塞罗那	1.75亿	4亿	1.82亿
1996年	亚特兰大	4亿	9.35亿	4.22亿
2000年	悉尼	5亿	13.32亿	3.56亿
2004年	雅典	6.05亿	14.77亿	2.34亿
2008年	北京	8.66亿	17.37亿	1.88亿
2012年	伦敦	9.5亿	39亿[1]	9.20亿
2016年	里约热内卢	10.5亿	41亿[2]	3.00亿

备注：[1] 是2010温哥华冬奥会和2012伦敦奥运会电视转播权打包销售的总收益。

[2] 是2013—2016年奥运周期奥运会电视转播权销售的总收入。

(资料来源：作者根据相关报刊及网站资料整理)

(3) 体育人才市场迅速发展。随着体育职业化、商业化的不断发展，体育人才市场也得到了迅速发展。国外一些运动员明星、教练员、运动队、俱乐部等体育竞赛市场的主体要素已全部进入市场且价格日益看涨。

你知道吗?

足坛历史上十大转会

序号	转会球员姓名	转会年份	转会去向	转会费用
1	贝尔	2013	热刺→皇马	8 530万英镑
2	C·罗纳尔多	2009	曼联→皇马	8 000万英镑
3	伊瓜因	2016	那不勒斯→尤文	7 530万英镑
4	内马尔	2014	桑托斯→巴萨	7 370万英镑
5	苏亚雷斯	2014	利物浦→巴萨	6 500万英镑
6	J罗	2014	摩纳哥→皇马	6 300万英镑
7	迪玛利亚	2015	皇马→曼联	5 970万英镑
8	卡卡	2009	AC米兰→皇马	5 900万英镑
9	卡瓦尼	2013	那不勒斯→巴黎	5 500万英镑
10	德布劳内	2015	狼堡→曼城	5 450万英镑

(资料来源：腾讯体育《足坛历史十大转会》，http://sports.qq.com/a/20160727/002152.htm)

（4）国际体育用品市场更是前景广阔。众多的体育人口参与体育活动，对体育用品提出了巨大的社会需求，使国际体育用品市场急剧扩大。全球体育用品市场的年销售规模已接近3 000亿美元，其中，欧洲约为680亿美元，北美地区约为1 110亿美元，中东地区约为150亿美元(资料来源：观研网《全球主要构架体育用品行业发展现状及十大品牌简介》，http：//www.proresearch.org/free/report/201407/93532.html)。

[相关链接]

国外体育用品发展概况

一、欧洲体育用品市场

欧洲体育用品市场发展比较迅速，年销售规模大约为680亿美元，其中波兰、捷克、匈牙利、罗马尼亚、保加利亚等新兴市场现在仍然保持着很快的发展速度，并且将会实现更快的发展。德国、英国和法国仍然是欧洲的主要市场，它们占了欧洲体育用品市场收入的一半，这种状况还将继续。

特别值得一提的是法国，现时法国运动用品市场平均年增长率为5%，但当地家庭在这方面的开支仍远远落后于英国。英国人在运动用品及服务方面的开支较法国人高近50%。法国人每年在运动方面的花费超过270亿欧元，占国内生产总值近2%，其中个人的消费最大，占总销售额一半，政府则占41%，而企业只占9%。事实上，企业在运动方面的开支不容忽视，因为它的年增长率最高，达15%。2013年，超过3 400万名法国人经常做运动，其中1 800万人喜欢骑自行车、1 400万人喜欢游泳、1 260万人远足、800万人跑步，另外有700万人滑雪。年龄在25岁以下的人士是最大的一群运动用品消费者，在运动服装方面的销售额约占全年销售总额的四成。

另一方面，年龄在45岁以上的组别有很多人做运动，但他们只占运动用品销售额的17%。法国家庭在运动方面的开支平均约占总开支的1.6%，其中运动服务（包括会籍及运动节目）占四成，其余则是运动器材。法国消费者购买的运动鞋及运动服装，分别只有三分之一和一半是在做运动时穿着，款式和舒适度是选购这些产品的主要因素。目前有5家商号雄霸法国运动用品市场，约占销售总额的三分之二，其中Decathlon及GoSport

两家公司拥有全国性网络,过去10年来市场占有率增长了一倍,现时共占市场约四成份额。它们的零售店面积较大,一般都设于市郊。另外3家大型商号分别是 InterSport、Sport2000 及 TechnicienduSport,其网络均由独立零售商或专利授权店组成,共占市场约两成份额。法国亦有运动用品专卖店,如 SkiSet、FootLocker 及 Bouticycle 等,主要设于市中心。超级市场及一般商店的组织虽然稍逊,但占运动用品市场25%份额,主要销售运动鞋及运动服装。

二、美洲体育用品市场

美国是北美地区目前最大的市场。南美虽也有众多的人口,但是其体育用品行业和市场仍处在发展进程中,其中阿根廷和巴西市场总额大约是35亿美元。北美地区体育用品市场为1 110亿美元。

美国体育用品市场的规模为全球之最,约占全球三分之一的份额。美国体育用品制造商协会的最新统计显示,市场占有率最高的体育产品为运动鞋和健身器械,其中健身器械的销售额达80亿美元,预计2013年两种产品的销售额还将有较大增幅,但运动服饰的销售却不尽如人意,下降了2.1%。2012年的一大销售亮点是品牌授权商品,以成衣为主,其销售占有率高达30%以上。

在消费者方面,美国体育用品的主力顾客已从青少年变为成人,这也导致了流行的体育项目相应地转为一般的休闲方式,但射击、溜冰、跳床、攀岩、滑雪等需要技巧的极限运动近年来也相当受欢迎,参与人数不断增加。随着55岁以上银发族数量的大量增加,与快走、慢跑、伸展运动、自行车、高尔夫、保龄球、钓鱼、温和性举重运动(如哑铃等)等他们喜欢的健身休闲运动相关的体育用品的销售将会出现较大增幅。从性别上来说,女性在运动服饰方面的花费比男性高,而男性更倾向于购买运动用品或器械。

在销售渠道方面,由于体育用品的零售面积过剩,严重的价格竞争导致了业者的合并或破产,对该产业造成了一定的冲击。许多销售商如健身器材零售商,开始倾向于销售自有品牌,本土制造商也纷纷将产品外包,或将生产线转到成本较低的发展中国家,自己则变为供货商。同时,为吸引更多的顾客,企业还会经常推出引领潮流的时尚体育产品,如直排轮溜冰鞋等。

三、中东体育用品市场发展概况

在中东国家中,以色列、伊朗、阿联酋正在实现新的发展趋势。还有北非国家和南非也有了进一步的增长,但是非洲本身今后则需要在体育用品行业挖掘自身更大的潜力。

中东的市场优势:迪拜以优越的条件成为中东地区进出口贸易的中心枢纽,已经辐射亚、欧、非三大洲12亿人口,其中体育行业的产品每年从迪拜转口到中东、北非和东欧的数量惊人,并保持着最高的增长速度。

此外,迪拜是连接中东与亚洲的重要贸易及转口中心,市场可延伸至北非、中东、南欧、南亚、西亚及周边阿拉伯国家。中东地区拥有15亿消费人口的广大市场,体育休闲用品每年的需求量都超过150亿美元。此地区的零售面积达570万平方米,并仍在快速增长。中东体育休闲用品市场产值约50亿美元,每年的进口额可达35亿美元,其中转口占40%。中东体育休闲用品市场规模逐渐扩大,每年约有10%的增长率。体育休闲用品亦为阿联酋第二大进口及转口项目。每年阿拉伯地区的体育休闲用品产值约40亿美元,体育休闲产品的转口市场正逐渐成长。

(资料来源:观研网《全球主要构架体育用品行业发展现状及十大品牌简介》,http://www.proresearch.org/free/report/201407/93532.html)

综观国外体育市场的发展概况,我们可以发现一些共同特征:第一,发达国家已形成一支规模适中、经营素质较高、效益稳定的体育市场经营队伍。第二,体育市场经营的效益均相当显著,体育产业的产值一般占GDP的2%左右。第三,体育市场覆盖面广,体育经营项目类别较多。有关统计材料表明,美国的体育市场涉及19种经营类型,英国、日本、意大利等国的体育市场则包括体育健身、休闲、娱乐业,体育广告业,体育用品业,体育彩票业,体育标志产品的生产出售,以及各种形式的体育赞助等。第四,世界各国的体育市场结构也各具特色。如日本的体育健身、休闲、娱乐市场和体育用品市场发展迅速,意大利的足球彩票市场非常惊人,英国和美国则以体育健身、休闲、娱乐业市场兴旺发达而著称。

2. 方兴未艾的国内体育市场

(1)我国体育市场发展的概况。随着改革开放的不断深入和社会主义市场经济体制的逐步确立,在我国体育产业化的过程中,一个以公有制为基础,以体育健身、休闲、娱乐和运动竞赛为主体,以各种体育实物消费品市场和体育要素市场为依托,多层次、多形式的体育市场正在兴起。这主要表现在以下几个方面。

第一,公共体育场馆从行政型管理向经营型管理转变,实行全方位的向社会开放,并作为独立的或相对独立的经营实体参与社会主义市场经济活动。

第二,兴建了一批高、中档次的体育健身、休闲、娱乐场所。随着国民经济的高速发展和人民群众生活水平的提高,社会对体育的消费需求迅速扩张,许多健身娱乐性很强、受大众喜欢的体育项目成为社会投资的热点。近年来,一大批不同所制、不同规模的体育经营企业如春潮涌动,迅速崛起。除了一些名牌企业去兴办足球、篮球俱乐部外,更多的中小型企业把投资的热点放在了群众参与性的消费市场上,如保龄球、台球、网球、羽毛球、乒乓球、武术、游泳、健身等项目。特别是东南沿海经济发达地区,体育经营企业如雨后春笋般兴起,一些大中城市的体育健身娱乐市场发展较快,成绩喜人。

你知道吗?

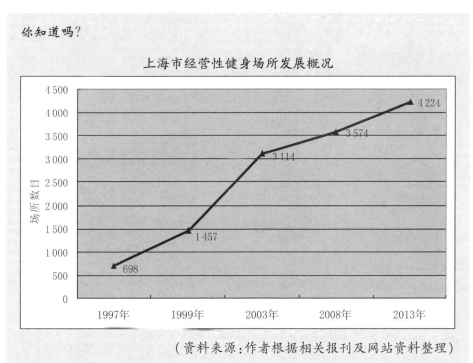

(资料来源:作者根据相关报刊及网站资料整理)

第三,体育竞赛市场逐步建立。随着运动项目(如足球)俱乐部体制的建立、运动技战术水平的提高以及商业性比赛在我国的出现,各种各样的球迷队伍在不断扩大,从而带来体育竞赛市场的日益兴旺。

你知道吗?

历年中国足球职业联赛观众人数一览表

(单位:万人)

联赛分类	年份	总人数	场均人数
甲A	1994	215.50	1.63
	1995	314.00	2.38
	1996	320.85	2.43
	1997	280.11	2.12
	1998	388.50	2.14
	1999	362.35	1.99
	2000	362.20	1.99
	2001	342.10	1.78
	2002	296.03	1.41
	2003	319.20	1.52
	合计	3 200.84	1.94
中超	2004	145.20	1.06
	2005	187.46	1.03
	2006	315.00	1.06
	2007	317.35	1.51
	2008	348.00	1.45
	2009	386.00	1.61
	2010	394.93	1.46
	2011	422.00	1.76
	2012	449.76	1.87
	2013	445.70	1.86
	2014	455.60	1.90
	2015	533.00	2.30
	合计	4 400	1.57
总合计		7 600.84	1.74

(资料来源:作者根据相关报刊及网站资料整理)

第四,有偿收费的各种体育培训班(包括武术、气功、健美、散打、体育舞蹈等)以及各种群众性的体育辅导活动空前活跃。

[相关链接]

(资料来源:源深体育中心,体育培训,http://www.yuanshensports.com/p_18_88.html)

第五,在体育系统中初级和中级训练开始出现收费训练和有偿代训的形式,如各种类型的足球学校、篮球学校、网球学校、乒乓球学校、围棋学校、武术学校等的运营,显示了我国体育有偿训练的巨大市场潜力。

你知道吗?

2016恒大足球学校招生简章

一、招生范围及对象

面向全国招收小学三年级至六年级(9—12岁)热爱足球、身体健康的男女在校生。

二、报名初试

(一) 时间:4月26日—8月25日(每天9:00—21:00)

(二) 地点:各省会城市招生站

(三) 方式:

1. 网上报名:通过学校官方网站进行网上报名
2. 电话报名:通过招生咨询热线进行电话报名
3. 现场报名:直接到各省会城市招生站现场报名
4. 初试内容:智力测试、体能测试

三、复试

(一) 时间:集中统一复试(每次复试时间以各招生站通知为准)

(二) 地点:各省会城市设立的复试点

(三) 复试内容:由皇马教练组织的足球专业测试

(四) 复试时需携带下列物品:

1. 一寸半身免冠同底版彩照3张
2. 户口本原件及复印件
3. 足球鞋
4. 县级以上医院的体检表(含身高、体重、扁平足、视力、血压、血常规、尿常规、心脏彩超、心电图、肝功能等常规体检指标)

四、录取

(一) 根据测试成绩择优录取

(二) 根据录取名单发放《录取通知书》

五、注册缴费

(一) 凭《录取通知书》到各招生站签署《学生就读协议》,办理缴费手续,领取《入学通知书》

(二) 收费标准

小学:50 000元/学年/生(含学杂费、住宿费、伙食费、校服费)

(对外籍新生加收20 000元/学年/生)

六、入学报到

凭《入学通知书》办理入学相关手续

学校地址:广东省清远市清新区龙颈镇

(资料来源:恒大足球学校《2016恒大足球学校招生简章》,http://www.evergrandefs.com/admission!showZSJZContent.htm?menuCode=256&menuLevel=3&url=admission!showZSJZContent.htm)

第六,各种体育用品市场也急剧扩大。随着全民健身活动的展开和体育人口的不断增加,对体育实物消费品的需求也不断增长,其市场规模不断扩大,特别是健身器材市场行情日益看好。

[相关链接]

2014年中国体育用品行业的重要数据

2014年中国体育用品行业(运动服、运动鞋、运动器材及相关体育产品的制造和销售)增加值预计达到2418亿元,同比增长15.89%,在连续8年保持行业规模持续扩大的同时,自2011年后首次实现两位数增长;占GDP的比重为0.38%,与2013年同期相比有所提升。2014年中国体育用品行业进出口总额首次突破200亿美元大关,达到200.85亿美元,实现贸易顺差178.59亿美元。进口额为11.13亿美元,同比增长1.81%;出口额为189.72亿美元,同比增长8.29%。当前,中国体育用品行业主要呈现三大发展趋势:行业整体强势复苏,重回快速增长通道;利好政策频出,全新发展平台期已基本形成;中国经济新常态下拐点出现,体育用品业逆势成长。

(资料来源:《2014中国体育用品产业白皮书发布,新黄金十年可期》,作者:吕敏,http://sports.sina.com.cn/o/2015-05-07/21127600319.shtml)

第七,体育要素市场也日益红火。随着我国体育产业化的不断发展,各种体育要素市场也开始形成。如体育广告、体育彩票市场已经建成,体育人才市场已经启动,各运动项目管理中心均建立了运动员转会、流动的有关细则。

你知道吗?

中国足坛历年内援标王

年份	球员	身价(万元)	转入球队
1995	黎兵	64	广东宏远
1996	王涛	66	北京国安
1997	高洪波	120	广州松日
1998	郝海东	220	大连万达
1999	彭伟国	235	重庆寰岛
2000	区楚良	497	云南红塔
2001	曲圣卿	550	上海申花
2002	祁宏	950	上海中远
2003	吴承瑛	1 300	上海中远
2004	李金羽	490	山东鲁能
2005	郑智	480	山东鲁能
2006	李玮峰	490	上海申花
2007	王亮	850	山东鲁能
2008	季铭义	400	成都谢非联
2009	王新欣	400	天津泰达
2010	曲波	450	陕西中建
2011	姜宁	1 400	广州恒大
2012	于大宝	2 000	北京国安
2013	于汉超	4 000	广州恒大
2014	王大雷	3 000	山东鲁能
2015	孙可	6 600	天津权健
2016	张鹭	7 000	天津权健

(资料来源:《中国足球标王20年身价暴涨百倍》,作者:林本剑,http://sports.qq.com/a/20160125/016042.htm)

由此可见,我国的体育市场的发育和拓展方兴未艾。

(2) 我国体育市场发展中存在的问题。中国是全球人口最多的国家,但体育市场规模在全球还处于一个较低层次。据国家体育总局的统计数据显示,2015 年中国体育总产值约为 4000 亿元,约占 GDP 的比重为 0.7%,而同期美国的体育总产值约为 4984 亿美元,约占 GDP 的 2.6%,澳大利亚体育产业对 GDP 的贡献率也超过 1%。一般而言,当人均 GDP 达到 5000 美元时,体育产业会出现"井喷"态势。目前中国人均 GDP 已达 8000 美元水平,人均体育消费额却只有全球平均水平的十分之一(资料来源:中国投资咨询网《5 万亿的体育市场,资本都是怎么玩的?》,http://www.ocn.com.cn/touzi/201608/jhboa05211618.shtml)。

我国体育市场发展中也存在一些问题,主要表现为以下五个方面。

一是政府对体育市场宏观调控不力,造成个别体育健身娱乐消费项目的发展严重供大于求。

二是体育市场有效需求不足,体育服务产品要价太高(特别是新兴体育健身娱乐消费项目),一般体育消费者难以承受,为此只能望而却步或偶尔光顾。

三是体育市场缺少较固定的消费群体。体育市场缺乏一种会员制的组织建制,参与体育市场消费的体育消费者大部分是"散兵游勇",没有形成较固定的体育消费群体。

四是面临着庞大且迅速发展的文化产业及其他娱乐产业的激烈竞争。我国的文化产业及其他娱乐产业伴随着改革开放及国家大力推进第三产业发展而迅速壮大,体育市场的发展在余暇时间、余暇消费的项目及客源上面临着庞大且迅速发展的文化产业及其他娱乐产业的激烈竞争。

五是缺乏体育经营管理的专门人才。由于对体育市场的培育和管理没有经验,体育市场经营意识淡薄,体育经营管理的专门人才缺乏,因此,活跃在我国体育市场上的著名公司或企业绝大部分来自境外。

(3) 培育和拓展我国体育市场的主要途径。根据我国体育市场的现状及存在的问题,参照国外发达国家体育市场发展的轨迹,我们可以发现,体育市场的发育和发展,固然要靠体育产业化的加速发展及大众体育消费需求的增加,但同时也需要主管单位的推动。政府要在培育体育市场方面制定一些优惠政策和措施。为此,培育和拓展我国体育市场的主要途径应包括:发展整个国民经济,提高大众的生活水平;激发国民体育消费意识,引导大众积极投入体育消费;兴建、改建和扩建一批大众化的体育健身、休闲、娱乐场所;提高竞技运动水平,吸引体育消费者参与;健全体育消费组织形式;加强市场调查和预测,改善体育市场的营销;培养体育经营管理人才等。

第二节 体育市场的特点

一、体育服务消费品市场的特点

体育服务消费品市场,就是指不提供实物产品,而是以活劳动形式向体育消费者提供体育服务消费品的市场。和一般生活资料市场相比较,体育服务消费品市场具有自己显著的特点。

1. 体育服务消费品市场具有时间和空间一致性的特点

体育工作者生产体育服务产品的劳动过程,同时又是体育消费者对体育服务产品的消费过程。因此,体育服务产品在时间和空间上是统一的,买卖双方或者说生产者和消费者的行为被融合为一个过程。所以,体育服务产品的生产和经营管理者,不仅要考虑体育消费者体育消费需求的数量和质量,而且要考虑到体育消费者在交通和时间上的方便性。

2. 体育服务消费品市场发育的不均衡性

体育消费是个人在满足基本的生存需要之后以满足发展和享受等方面需要为目的的个人消费行为,也是个人在完成正常的工作和必要的家务劳动等时间之外的闲暇时间里的个人消费行为。同时,体育消费也是社会消遣和娱乐消费的重要组成部分。因此,对体育服务产品的社会需求,受生产力发展水平及社会经济发展状况影响较大。由于体育消费本质上是一种城市文化,一般来说,在经济较发达的地区,人们对体育服务产品的市场需求较大,而在经济比较落后的地区(如农村和边远地区),人们对体育服务产品的市场需求相对较小。因此,体育经营管理者要根据这一不均衡性来开展体育经营管理活动。

3. 体育服务消费品市场需求在时间和季节上的差异性

由于体育消费者参加体育活动、观赏体育比赛均在余暇时间里进行,因此体育服务产品的市场需求在时间上的差异性较大。一般来说,晚上大于白天,节假日大于平时。而且,某些体育服务产品的消费需求和季节变化、天气变化有着一定的联系。如夏天对游泳池、水上乐园等消暑型的体育服务产品需求较大,冬天则几乎没有。天气晴好,气候宜人,对体育服务产品的社会需求会相应增加;刮风下雨,风云突变,会造成原有的体育消费需求应气候原因而被迫取消。又如观看球赛,原来打算到现场观看的,届时正好下雨,也许就不去现场而改为观看电视转播。所以,体育经营管理者要了解、认识并掌握这一差异性,才能取得较好的体育经营效益。

4. 体育服务消费品市场大小在地区间的波动性

由于外界因素和主观因素的影响,各国、各地区的体育服务产品的市场需求存在着较大的波动性。如从美国来说,受到美国体育消费者喜爱的橄榄球、棒球、篮球、拳击等体育消费需求经久不衰,而过去一直不为美国人所喜爱的足球则市场需求相对较弱。但在欧洲、南美洲的一些足球王国,则足球市场相当火爆。这种波动现象说明,体育服务产品的市场需求大小,和一个国家、地区、民族的兴趣爱好及社会文化有一定的联系。体育经营管理者只有掌握了这一特点,才能达到事半功倍的效果。

二、体育实物消费品市场的特点

体育实物消费品市场,就是指以实物形态向体育消费者提供体育实物消费品的市场。和一般实物消费品市场相比较,体育实物消费品市场有如下四个特点:

1. 体育实物消费品市场的消费者人数众多

由于体育实物消费资料(如运动服装、运动鞋、运动器材等)是人们参加体育活动、进行体育锻炼所必备和必需的,因此体育消费者越多,对体育实物消费品的市场需求也就越大。

2. 体育实物消费品市场的需求要求不一

由于体育实物消费资料有专业和业余之分,因此对它们的要求也各不相同。一般地说,专业的体育实物消费需求要求较高,业余的体育实物消费需求要求则相对较低。所以,生产厂家要根据不同的市场需求要求开发不同的体育实物消费品,以满足不同的市场需要。

3. 体育实物消费品市场需求有周期性

当某运动项目风靡某一地区的时候,该地区对这一运动项目器材的需求量相应增加,而当流行周期过去以后,对该运动项目器材的市场需求会相应减少。也有些体育实物消费品的市场需求和季节有一定的关系。如游泳衣裤,夏天需求量大,冬天则几乎没有。再如球迷用品,联赛季节需求最大,联赛结束后市场需求就会极度萎缩。因此,体育实物消费品的经营管理者只有善于掌握并抓住市场需求信息,才能使自己的产品做到适销对路。

4. 体育实物消费品市场的消费者是个人和集团相结合

一般来说,对于一些小型运动器材、非专业的体育用品,个人购买者较多,而对于一些大型运动器材,特别是场馆器材和专业性较强的体育用品,则团体购买者较多。再则,不同的运动项目,对器材、服装均有不同的要求,真可谓品种多、规格繁。这就要求我们的经营管理者对市场进行认真的调查研究,并进行合理的市场细分,这样才能取得较好的经营效益。

三、体育要素市场的特点

体育要素市场,就是指以体育资金、体育人才、体育技术等体育事业发展的各种要素形态存在的特殊消费品市场。其市场主体(即购买者)一般为团体单位或组织。和一般要素市场相比较,体育要素市场也有自己的特点。

1. 体育资金市场的特点

体育资金市场主要由体育广告、体育彩票、体育债券、体育股票、电视转播权的出让及体育无形资产的开发等部门的经营活动所组成。其共同的特点是:利用当代体育运动的巨大魅力、感召力和吸引力,以体育的经济功能和社会功能为依托,激发社会上的企业财团以及消费者对体育进行投资。所以,体育资金市场上的这种融资一般具有以下特点:

(1)自觉自愿的单向流动。一般来说,体育部门或体育经营单位通过自己的经营活动,吸引社会上方方面面以体育广告、赞助等形式的资金投入。

(2)体育资金市场的经营活动受社会经济发展的影响也较大。在经济景气时期,社会上的财团和企业财大气粗,愿意向体育部门进行投资;在经济不景气的情况下,就会缩减投资,甚至原有的承诺也会变卦。

(3)资金的流动受运动项目及地域的影响较大。有市场的运动项目(如男足)资金比较充裕,没有市场的运动项目(如女足)资金就相对匮乏;国际比赛资金比较充裕,国内比赛资金就较难筹集。

2. 体育人才市场的特点

体育人才市场主要是指运动员和教练员的有偿流动市场,一般实行明码标价。体育人才市场的供需双方通常不直接见面,而由经纪人或经纪人组织从中牵线搭桥。著名运动员和教练员是体育人才市场需求的主体。

(1)我国竞技体育人才流动的类型与形式。现代奥林匹克运动走过了100多年的历史,体育跨越国境、体育人才多向流动已是司空见惯的事了。正是这种跨越和流动,使现代体育呈现出一派生机勃勃、蒸蒸日上的局面。

我国的体育人才流动始于何时,已无从考证;但可以肯定,在计划经济条件下,也是有过体育人才流动的,只不过是在高度统一的调配下进行的。改革开放以来,体育人才流动的形式增多。就竞技体育人才流动而言,目前我国竞技体育人才流动的范围主要有:区域性的人才流动、全国范围的人才流动、职业俱乐部间的人才流动等3种类型。我国竞技体育的人才流动主要有租借、互换、一次性买断(也指俱乐部的转会)、正常的人事调动、共同培养、协议交流、签约代培和自主择业等8种形式(资料来源:《我国竞技体育人才流动和人才市场》,作者:俞继英、宋全征、杨再淮等,《体育科学》,2004年第1期)。

(2)我国竞技体育人才流动的特点。竞技体育人才市场是指竞技体育人才进行流动的场所。它的作用就是运用市场机制调节竞技体育人才的供需关系,推动人才的合理流动,实现人才资源的最佳配置。目前,我国竞技体育人才市场的特点表现为:人才从经济不发达地区流向经济发达地区,由优势项目地区流向非优势项目地区;人才流动大多为短期而非永久性质;人才流动的范围从区域性向全国性拓展;人才流动过程体现出计划和市场的双重调节等。

(3)完善我国竞技体育人才市场的若干措施。明晰我国竞技体育人才资本的产权、完善竞技体育人才市场运行机制、加强人才市场体系的中介机构和经纪人的培训和管理、开发建设网上人才市场、强化市场环境的建设、加强竞技体育人才市场的宏观调控、建立竞技体育人才市场体系等是完善我国竞技体育人才市场建设的主要措施。

3. 体育技术市场的特点

体育技术市场是指体育技术商品的交换市场。当前,已初步形成的体育科技市场的基本内容有:承担科研项目,进行科研咨询、出售科研成果、转让科研专利、开展技术咨询、技术服务、技术培训、技术入股和体育科技用品的研制与开发等。

体育技术产品(如先进的独创的训练方法、训练手段等)虽然有时也必须通过一定的物质载体(如图纸、录像等)表现出来,但它本质上不是一种物质商品。同时,体育技术产品也不能通过再生产而大量复制,因此它具有独创性和垄断性,人称"秘密武器"。所以,体育技术产品本身的特殊性决定了体育技术产品市场的运行也有不同于一般体育商品市场的特点。

(1)体育技术市场通常是卖方垄断市场。体育技术市场通常是卖方垄断市场,往往供给者只有一个,而需求者则较多。

(2)体育技术市场成交的体育技术产品往往都是一次性的。在体育技术市场上成交的体育技术产品,往往都是一次性的。买方在购买了该体育技术产品以后,有权要求卖方在一定的时间和范围内不再重复出售该体育技术产品。

(3)体育技术产品的价格大多通过供需双方的协商确定。在体育技术市场上,体育技术产品的价格是由多种因素决定的。除了创造者实际耗费的劳动量这一因素之外,运用于训练比赛中的实际效果,是决定体育技术产品价格的重要因素。因此,体育技术商品的价格大多是通过供需双方的协商确定的。

[本章思考题]
1. 概述体育市场的概念及构成要素。
2. 体育市场体系是怎么构成的?各类体育市场有哪些特点?

[本章练习题]
试述我国体育市场的发展现状、存在的主要问题以及这些问题应该怎么解决。

[本章案例]

体育产业 5 万亿市场机遇何在?

当众多"中国制造"闪耀里约奥运赛场,当中国资本豪买欧洲足球俱乐部,当大众健身热潮持续高涨……不得不承认,体育产业的春天真的来了!按照《关于加快发展体育产业促进体育消费的若干意见》的预测,到 2025 年我国体育产业总规模将超过 5 万亿元。

正在到来的体育产业"黄金十年"到底有哪些机遇呢?日前,记者专访了体育产业大咖——乐视体育首席运营官(COO)于航。

一、体育产业为什么会火?

于航说,国内体育产业的发展前景是毋庸置疑的。从体制上看,2014 年公布的《关于加快发展体育产业促进体育消费的若干意见》,也就是业内俗称的"46 号文",明确了我国体育领域"管办分离"的大趋势,体育将从原本为国争光的事业,逐渐转变成更多人参与、产业链逐步完善的产业;从消费上看,随着我国人均收入不断提高,大众对高品质生活,特别是健康领域,也有了更多诉求。而体育运动不但能强身健体,还能使人身心愉悦,能够极大地满足大众当下的心理和消费需求;从资本上看,随着"管办分离"的不断推进,越来越多的社会资本有机会进入体育产业,也将大大推动体育产业的发展。

招商证券等券商研报指出,目前我国体育产业对经济贡献偏低,公开数据显示,2013年我国体育产业增加值为3 136亿元,GDP占比仅0.6%,相比发达国家2%到3%的比例差距较大,这意味着我国体育产业未来发展潜力巨大。46号文预测,到2025年我国体育产业总规模将超过5万亿元,部分第三方机构还预测,未来十年我国体育产业年均增速将保持在20%以上——未来十年无疑将是我国体育产业的"黄金十年"。

二、体育产业怎么划分?

既然叫"产业",那么体育产业就不仅仅是"比个赛、租个场馆、卖个器材"那么简单。于航说,成熟的体育产业就像一个金字塔,金字塔的塔尖是"体育表演",包括各类体育赛事和体育IP的运营;金字塔中部是"体育媒体",包括各类体育赛事、IP及相关内容的制作和传播;金字塔的底部是"大众体育",涉及线下场馆运营、体育用品销售、健身锻炼等诸多和大众体育消费直接相关的领域。

于航说,了解体育产业这个金字塔结构,其实是了解整个产业的运转逻辑和经营思路。塔尖的"体育表演"和中部的"体育媒体"意味着各类赛事的IP的价值会不断增长。因此,实力雄厚的企业会通过自建或者购买等多种方式,加速在赛事IP领域的布局,以求在未来获得收益。而金字塔底部的"大众体育"涉及健康和心理愉悦,背后还和粉丝经济息息相关,是整个体育产业的基石,决定着整个产业的发展水平。更为重要的是,大众体育面向众多消费者,同时也能为"体育表演"和"体育媒体"输送用户,因此在整个体育产业布局中不可忽视。

三、创投机遇有哪些?

体育产业前景向好,必然引来各路资本竞逐。记者根据公开信息梳理后发现,目前国内已成立了超过20支体育文化产业投资基金,基金规模累计超过400亿元。值得注意的是,除了BAT、万达、苏宁、乐视等企业在体育产业展开积极布局外,红杉资本、深创投、创新工场、IDG、达晨创投等创投机构也开始在这一领域频繁出手。此外,公开信息还显示,上半年披露出的体育产业投资超过20起。另有第三方数据显示,2015年1月到2016年3月这15个月时间里,在早期体育创业领域,共发生了257起融资案例,金额超174亿元。而今年4月,乐视体育宣布完成80亿元B轮融资,公司估值约215亿元,创下国内体育产业B轮融资额和估值双重纪录。

四、既然体育创投领域如此火爆,那么未来的投资机遇又有哪些呢?

其实,了解了于航所说的体育产业金字塔,也就了解了体育产业目前蕴涵的创投机遇。于航说,目前我国体育产业还处在产业崛起的初级阶段,由于长期体制原因,国内一直缺少优质体育赛事,因此在未来一段时间内,巨头公司的创投焦点仍是各类体育赛事IP。但获得IP并非一劳永逸,还需要企业有能力对优质IP进行二次开发,和上下游形成配套。例如,目前国内不少资本大举购买国外顶尖体育俱乐部,这仅仅是第一步,未来还需要和国内市场进行整合,形成可持续的商业模式——毕竟即便是国外顶级联赛中,能够盈利的俱乐部也只是少数。

在大众体育层面,于航认为,传统的大众体育需求结合全新的互联网技术,将是创投趋势。例如,利用O2O技术解决线下场馆租用、寻找私人教练等都有巨大的现实需求;在体育用品销售领域,结合互联网进行个性化定制,以及结合体育媒介的场景化销售,将是大势所趋。而在具体的运动领域方面,从近年来的大众体育发展趋势看,长跑、游泳、羽毛球、足球、篮球,以及滑雪等更具专业性的体育运动都将是未来的创投热点。

五、付费将是大势所趋?

从国外体育产业发展经验看,付费服务将是整个体育产业收入的主要来源,特别是在各类体育赛事和节目的播出领域,付费是最为主流的商业模式。目前,不少业内人士就认为,付费也会是我国体育产业的大势所趋。

于航对此也持同样的观点。于航说,体育产业既然是产业就一定要赚钱。从商业逻辑来看,付费天经地义。从实际运营来看,如果没有稳定的用户付费,即便有大量资本,也不可能为用户提供长期优质的体育服务。而对消费者而言,体育运动除了有"健康"和"快乐"的双重属性外,还有"粉丝经济"这一重要逻辑——这些都让付费成为可能。

但于航也坦言,目前国内用户还没有形成稳定的付费习惯,因此还需产业内企业进行培养。于航说,尽管长期以来国内用户大多都享受的是免费的体育服务——特别是体育赛事转播领域,但这并不会阻碍付费体育服务的发展。一方面,以CCTV为代表的现有免费体育赛事转播体系能够转播的赛事资源仍很有限。例如,在三大球等热门体育运动之外,用户很少能够通过免费赛事转播体系欣赏到高水平的体育赛事;另一方面,越来越多的企业进入体育产业后,将更多优质的国外体育赛事引入国内,为用户提供了更多的选择。上述差异化的内容将使越来越多的用户选择付费。于航还透露,从4月份推出付费业务至今,乐视体育的付费用户数已超过150万,远超此前预期。

六、小公司还有机会吗?

目前体育产业已经吸引了诸如BAT、万达、苏宁、乐视这样的巨头进入,那么对创业者来说,小公司还有机会吗?于航认为,和大公司相比,尽管没有巨额资金进入金字塔上层的领域,但下层广大的用户和多样化的需求将为小公司提供广阔的发展空间。于航说,小公司的机会将是大众体育层面的细分领域,甚至是细分领域中再细分的领域。一方面是针对具体的用户需求。比如,他所了解的一家公司专门针对线下羽毛球爱好者,开发了业余比赛平台,目前已经能够服务多个省市的用户;另一方面是为其他公司提供服务和支撑,例如票务服务,或者垂直领域的体育数据开发。

事实上,垂直领域正在成为"小而美"的小公司的创业沃土。从今年1月至今,搜达足球、创冰信息、量子足球、魔方元科技等多家体育创业公司获得高额融资,其服务涵盖了体育数据、体育中介、票务等多个垂直细分领域。另外,多家创投平台信息还显示,超过50家创业型公司进入包括长跑、线下场馆、智能体育器材等细分领域,并预计这一趋势将在未来持续。

(资料来源:《体育产业5万亿市场机遇何在?》,作者:罗捷司,http://finance.china.com/zt/11173304/20160810/23257424_all.html)

[案例思考题]
1. 为什么说未来十年将是中国体育产业发展的"黄金十年"?
2. 未来中国的体育市场具有哪些投资机遇?
3. 你认为要实现"5万亿的市场目标"应该如何来开展体育经营管理?

第三章
体育场馆经营管理

本章学习要点

- 我国公共体育场馆概况
- 体育场馆经营管理的任务
- 公共体育场馆的管理模式
- 体育场馆的功能定位
- 体育场馆的主营业务
- 体育场馆的多种经营

体育场馆是进行运动训练、运动竞赛及身体锻炼的专业性场所,也是开展体育经营活动的重要载体。体育场馆经营管理的目标是为了充分挖掘我国现有体育场馆的潜力,使其更好地为运动训练、运动竞赛和全民健身服务,并通过场馆的经营管理活动,求得社会效益和经济效益的同步增长。

第一节　体育场馆的含义及经营管理的任务

一、体育场馆概述

1. 体育场馆的含义

体育场馆,是为了满足运动训练、运动竞赛和大众体育消费需要而专门修建的各类运动场所的总称。它主要包括对社会公众开放并提供各类服务的体育场、体育馆、游泳池(馆),体育教学、训练所需的田径棚、风雨球场、运动场及其他各类室内外场地,群众体育健身娱乐休闲活动所需的体育俱乐部、健身房、体操房和其他简易的健身娱乐场地。

2. 体育场馆的分类

体育场馆种类较多,功能不一,按不同的划分标准可以有不同的分类:从用途分,可以分为练习场馆(用于一般教学、训练)和比赛场馆(用于正式比赛);从聚散程度分,可以分为单体体育场馆和体育中心(一般拥有体育馆、体育场和游泳馆等);从管理形式分,可以分为公共体育场馆、单位体育场馆及私人体育场馆;从体育功能分,可以分为群体活动体育场馆、运动训练体育场馆和运动竞赛体育场馆;从运动项目分,可以分为田径场、足球场、自行车场,等等。

你知道吗?

第六次全国体育场地普查数据公报

截至2013年12月31日,全国共有体育场地169.46万个,用地面积39.82亿平方米,建筑面积2.59亿平方米,场地面积19.92亿平方米。其中,室内体育场地16.91万个,场地面积0.62亿平方米;室外体育场地152.55万个,场地面积19.30亿平方米。以2013年末全国大陆总人口13.61亿人计算,平均每万人拥有体育场地12.45个,人均体育场地面积1.46平方米。

>   在全国体育场地中,体育系统管理的体育场地2.43万个,占1.43%;场地面积0.95亿平方米,占4.79%。教育系统管理的体育场地66.05万个,占38.98%;场地面积10.56亿平方米,占53.01%。军队系统管理的体育场地5.22万个,占3.08%;场地面积0.43亿平方米,占2.17%。其他系统管理的体育场地95.76万个,占56.51%;场地面积7.98亿平方米,占40.03%。
>
>   (资料来源:国家体育总局《第六次全国体育场地普查数据公报》,http://www.gov.cn/xinwen/2014-12/29/content_2797965.htm)

我们这里研究的体育场馆主要是指各级各地体育系统下属的、为社会公众服务的公共体育场馆。

3. 我国公共体育场馆概况

(1) 公共体育场馆的含义。公共体育场馆是指国家投资或筹集社会资金兴建的、属国家各级体育行政部门管理的、用于开展社会体育活动、满足社会大众进行体育锻炼或观赏体育比赛以及运动员训练、竞赛需求的体育活动场所。它是实施奥运争光计划和全民健身计划的一项重要物质保证。

体育场是指有400米跑道(中心含足球场)、跑道6条以上,并有固定看台的室外田径场地。体育馆是指有固定看台,可供篮球、排球、羽毛球、乒乓球、体操等项目开展训练、比赛活动的室内场地。体育场馆以看台容纳观众的人数多少可分为特大型、大型、中型、小型4个等级。大型体育场馆是指20 000座及以上的体育场、3 000座及以上的体育馆、1 500座及以上的游泳馆/跳水馆(资料来源:国家体育总局等八部委《关于加强大型体育场馆运营管理改革创新提高公共服务水平的意见》,http://industry.sports.cn/chanyezhengce/2014/1017/61368_3.html)。第六次全国体育场地普查提供的数据显示:我国共有各类体育场、体育馆、游泳馆、跳水馆等体育场馆14 000多个,其中大型体育场馆在1 000个以上。

(2) 我国公共体育场馆的作用。公共体育场馆在保障我国人民健康、促进经济发展和社会进步事业中发挥着重要的、不可替代的作用。具体表现在以下三个方面:

① 提供公共体育服务。公共体育场馆是实施奥运争光计划和全民健身计划、构建社会主义和谐社会的重要物质保证。政府通过公共体育场馆提供各种类型的公共体育服务,可以不断满足社会成员日益增长的体育健身需求。

你知道吗？

我国各类体育场馆概况

（单位：个）

	体育场	体育馆	游泳馆	跳水馆	合计
特大型	7	22	—	—	29
大　型	34	71	19	1	125
中　型	251	628	59	1	939
小　型	5 374	2 334	3 087	28	10 823
合　计	5 666	3 055	3 165	30	11 916

（资料来源：作者根据第六次全国体育场地普查数据及相关资料整理）

② 促进竞技运动水平提高。通过在公共体育场馆对运动员的体格、体能、心理和运动能力进行系统、科学的训练和竞赛，可以提高竞技运动水平，展现体育风貌，振奋民族精神，树立国家形象，促进国际交往，增进相互间的友谊。

③ 推动体育产业发展。通过在公共体育场馆开展经营性的体育服务，一方面可以满足社会对体育服务的消费需求，另一方面也可以提供就业机会，推动体育产业乃至整个国民经济发展。

（3）公共体育场馆的性质。

① 公共体育场馆是以公有制为基础的全民所有制事业单位，其财产是国有资产。我国宪法规定："国家发展体育事业。"这表明体育事业是国家公益性事业的一部分，发展体育事业是国家意志的体现，是各级人民政府的责任。我国公共体育场馆是国家投资或筹集社会资金兴建的，其维护资金也主要来源于各级体育行政部门预算内体育事业费中的公共体育场馆补助费。因此，这些公共体育场馆是以公有制为基础的全民所有制事业单位，其财产是国有资产。

② 公共体育场馆是非营利性的公共设施。按国家对产业的统计分类，体育属于第三产业的第三层次。国务院批转国家计委《全国第三产业发展规划基本思路》中明确指出："第三产业内部又可区分营利性和非营利性两种。"为体育活动提供服务的公共体育场馆带有很强的社会公益性质，是非营利性的公共设施，不可能完全在市场中筹集所需全部事业经费和基本建设资金，实现自我生存、自我发展，需要国家和各级人民政府对公共体育场馆的建设、维护给予支持保障。

③ 公共体育场馆是体育服务商品的生产经营单位。按社会分工，公共体育

场馆主要是为群众体育活动和竞技体育活动提供服务的场所。服务的过程必然消耗一定的物化劳动和活劳动,从而满足人们的体育活动的需要。因而,它具有具体劳动与抽象劳动、使用价值与价值相统一的商品属性。这种特殊商品从生产到交换是在公共体育场馆为人们提供体育活动服务的过程中实现的。因此,公共体育场馆是国家发展体育事业的物质保障,同时又是体育服务商品的生产、经营单位。

(4) 公共体育场馆的管理体制及其改革。我国公共体育场馆的管理体制的改革大体上经历了以下三个阶段:

① 第一阶段(1949—1978),实行高度集中统一的计划管理体制,下属单位缺乏自主权。在此时期,我国实行高度集中的计划经济体制,国家对公共体育场馆实行统收、统支、统管的供给服务型的财政经济政策,公共体育场馆是国家财政全额预算拨款单位。在管理体制上,公共体育场馆是各级体育行政部门所属的事业单位,实行集中统一的行政领导和事业管理。在运行机制上,公共体育场馆主要采用封闭式的管理方法,仅承担上级机关分配的竞技体育训练、比赛任务,致使场馆使用率很低,如1979年全国3 000多个公共体育场馆,年平均使用场次在60次左右。

这种管理体制和运行机制在新中国成立后的相当长时间里起到了积极作用。国家通过计划手段,为公共体育场馆的建设和维护提供了大量资金,公共体育场馆基本建设得到迅速发展,为体育事业的继续发展打下了良好的基础。但是,这种国办行政型的体制和运行机制,一方面造成大量国有资产闲置;另一方面造成公共体育场馆对国家财政的依赖性和分配上的平均主义,不利于调动积极性,不利于提高公共体育场馆使用率,不利于解决资金短缺的困难,更不利于解决体育服务生产中社会总供给和总需求的矛盾。

② 第二阶段(1979—1991),广开门路,开展多种经营,对公共体育场馆实行差额管理。党的十一届三中全会提出了"以经济建设为中心"以后,在实行有计划商品经济的情况下,国家对体育改革的重点放在国家包得太多、资金投入不足的问题上,要求公共体育场馆在完成上级体委布置的体育比赛、训练和开展群众性体育活动等项任务的前提下,充分发挥场地设备的多功能效益,广开门路,开展多种经营活动以增加收入,促进体育事业发展。对公共体育场馆实行了差额预算管理。公共体育场馆的主管体委和财政部门,根据场地规模和数量,对公共体育场馆定任务、定人员编制、定业务指标、定经费补助。公共体育场馆内部实行增收节支的经济责任制和承包经营责任制。这种运行机制,调动了职工的积极性,使公共体育场馆开始利用体育经营活动"以副养体""以场养场"。1991年

公共体育场馆经费收入年平均自给率达到65%，为公共体育场馆资金来源由事业型单一财政拨款向经营创收、补充经费不足方向转变打下了基础，使国家有限的体育事业经费能在体育内部调剂使用，用增收节支的方法缓解了竞技体育消费与供给不足的矛盾，促进了体育事业的发展。但是，由于我国处在社会主义的初级阶段，人民的生活还未达到小康水平，体育个人消费水平很低，公共体育场馆经营群众体育项目仍入不敷出。为了增收节支，提高房屋、设备的利用率，公共体育场馆经营的项目大多数逐步成为非体育项目，出现了公共体育场馆"变形"的问题，在相当程度上影响了公共体育场馆对群众体育活动使用的开放。

③ 第三阶段(1992年以来)，突破单纯创收增资的运行模式，开始走向"本体推进，全面发展"的综合性的体育产业开发阶段。随着社会主义市场经济体制改革目标的确定，以及计划经济向社会主义市场经济的转变，过去体育所依附的国家拨款的经济运作方式，已不能满足体育事业发展的需求。1992年，国家体委把体育经济工作作为深化改革的一项重要内容列入了议事日程；1993年提出的体育事业要面向市场，走向市场，以产业化为方向的改革指导思想，推动了公共体育场馆的改革工作，使经营创收活动向社会经济行为方向发展，并在体育产业化方面探索出了一些新途径。具体的做法是：开发大众体育健身娱乐业，如游泳、乒乓球、网球、羽毛球、排球、篮球、足球、器械健身、围棋、象棋等成了群众能在公共体育场馆进行强身健体活动的内容；公共体育场馆的建设、改造采取资本多元化的运作方式，通过集资、筹资、合资吸引国内外资金，进行经营性开发。新建的公共体育场馆均考虑了体育经营活动及项目的设置。这一切都标志着我国公共体育场馆已经突破了单纯创收增资的运行模式，开始走向"本体推进，全面发展"的综合性的体育产业开发阶段。

二、体育场馆经营管理的任务

对社会公众开放的公共体育场馆是我国体育产业部门的重要组成部分，其经营管理的主要任务包括以下三方面：

1. 提供体育服务产品以满足体育消费者的需要

提供体育服务产品，是体育场馆的基本职能，也是其经营管理的首要任务。为此，体育场馆要积极开展体育业务，在保证运动训练的前提下，经常举办各类运动竞赛、体育表演及各种形式的全民健身活动，以满足体育消费者的需要。创造各种比赛，寻找消费热点，引发新的卖点。

2. 提供体育以外的其他社会服务，开展多种经营

体育场馆在经营管理活动中，仅仅为体育运动服务是不能充分发挥自己的

服务能力的。因为运动竞赛和体育活动具有周期性和时间性,某些运动项目(如游泳)又带有季节性。这样,体育场馆的资产和服务能力就会出现某种闲置的状态。因此,体育场馆应当在坚持公益属性和体育服务功能,保障运动队训练、体育赛事活动、全民健身等体育事业任务的前提下,利用闲置资产和服务能力,按照市场化和规范化运营原则,充分挖掘场馆资源,开展多种形式的经营和服务,发展体育及相关产业,积极开展多种经营,提供体育以外的其他社会服务,提高综合利用水平,促进社会效益和经济效益相统一,这也是体育场馆经营管理的重要任务之一。

3. 确保国有资产保值增值

国家投资兴建的各类公共体育场馆是国有资产的重要组成部分。因此,作为体育服务商品的生产者和经营者,公共体育场馆不仅应该完善自我生存和自我发展的能力,而且要确保国有资产的保值和增值,这也是体育场馆经营管理的重要任务。

第二节 体育场馆经营管理的方法及主要内容

一、体育场馆经营管理的方法

体育场馆经营管理的任务必须通过正确的经营管理的方法对它进行科学的管理才能得以实现。不解决管理方法问题,实现经营管理的任务就会成为一句空话。

体育场馆在为体育消费者提供各种体育服务产品的过程中,需要消耗一定的人力、物力和财力,通过体育服务产品的经营,又能得到相应的补偿和盈余,但要做到少投入多产出,则需要运用科学的方法,来开展体育场馆的经营管理工作。

体育场馆经营管理的方法主要包括以下三方面内容:

1. 建立现代企业制度

党的十四届三中全会《决定》指出,现代企业制度的基本特征有五个:一是产权关系明晰;二是企业以其全部法人财产依法自主经营、自负盈亏,照章纳税,对出资者承担资产保值增值的责任;三是出资者按投入企业的资本额享有所有权的权益;四是企业按照市场需求来组织生产经营活动;五是建立科学的企业领导体制和组织管理制度。

公共体育场馆作为国有资产、全民所有制事业单位,且具有一定社会公益性质的经营单位,在走向市场的过程中,也应该按照市场经济的基本要求和规则建立现代企业制度。这也就是说,各体育场馆原则上应该是以一个独立的或相对独立的经营实体或法人单位,融入社会主义体育市场的活动,努力拓展经营服务,不断提高公共体育场馆自我生存、自我发展的能力,增强经济实力,为提供公共体育服务构筑物质基础,减轻政府的财政负担,不断满足社会日益增长的公共体育服务需求。

2. 树立市场营销观念

市场营销观念是企业在市场营销活动中所遵循的指导思想与经营哲学。公共体育场馆在走向市场开展经营活动的过程中,应该树立正确的市场营销观念,这样才能获得较好的经营效益。为此,公共体育场馆在经营活动中,要加强经营内外环境的分析和市场调研工作,要从体育消费者的需要出发来开展经营活动,不断开发新的体育经营项目;要合理制定体育消费品的价格;要积极开展促销活动,变"等客上门、愿者上钩"为"四处出击、八方游说";要敢于冒经营风险,善于捕捉市场机会,想他人想不到的点子,做他人不敢做的事情;要增强市场竞争意识,灵活掌握和运用在竞争中取胜的各种方法和手段。

3. 搞活体育场馆的管理模式

公共体育场馆的管理模式可以选择以下几种类型:

(1) 事业单位管理模式。这种模式有两种类型:一种是"全额拨款"运营管理,另一种是"差额拨款"运营管理。

所谓"全额拨款"运营管理,即实行"收支两条线"。政府主管部门将体育场馆作为自己的下属机构直接对其进行管理。场馆的一切运营和维护费用由财政部门统筹安排核准后,从国库或预算外资金财政专户拨付,体育场馆的经营性资产全部剥离划归国资委,体育方面的经营收入则作为行政事业性收费全额上缴国库或作为预算外资金进入财政专户。这种模式对地方政府财力的要求较高。

所谓"差额拨款"运营管理,即在建立相应的目标考核机制的前提下,体育场馆的人员费用一般由财政部门拨款,其他费用自筹;或体育场馆运营收支相抵后的不足部分由财政部门拨款。

(2) 事业单位企业化管理模式。在这种模式下,体育行政部门成立专门的法人公司对体育场馆的日常运行进行管理和负责,体育场馆的重大战略问题仍由体育部门决定。除场馆的大修、改建和事业编制员工工资收入外,政府主管部门一般不再下拨其他经费。体育场馆的运作费用(含日常维修及聘用人员的工资、奖金、福利等)均由自己承担。场馆财务采用企业财务制度,独立核算、自负盈亏。通常,公司的管理层由体育行政部门任命,给予事业编制。其余岗位员工则向社会招聘,实行劳动合同制以及年薪制。公司内部采取统一的分配形式,所有员工均采取同工同酬的分配制度。

(3) 企业化管理模式。这是按照现代企业制度要求建立的体育场馆管理模式。其特点是所有权和经营权相分离,所有权属于国家或代表国家行使资产管理的国有资产管理委员会,经营权则属于企业。公司对体育场馆的经营活动全权负责。政府主管部门一般只负责场馆的大修和改扩建经费的划拨,其余所有运作费用均由公司负责。公司实行自主经营、自负盈亏的运作机制。体育场馆与各级体育部门不存在行政隶属关系,但会有业务上的联系或往来。

(4) 委托管理模式。委托管理模式就是指政府主管部门(体育场馆产权归属部门)在明确公共体育场馆公共服务职能的基础上,与具有专业背景的社会机构签订委托管理合同,委托其在被委托的期限内全权负责体育场馆的日常运营和管理活动。双方在托管合同中一般会明确约定委托期间双方的权利和义务以及相应的违约条例,并负责对被委托方的经营活动进行监管和约束。

(5) "PPP"模式。"PPP"即"Public-Private-Partnership"的字母缩写,通常译为"公共私营合作制",是指政府与私人组织之间,为了合作建设城市基础设施项目,政府首先对投资项目进行公开招标,然后与中标企业共同投资建设,并且交由企业方经营,最后双方依照协议分配项目收益。一定年限后,项目产权移交政府。在这种模式下,风险由企业和政府共同承担。

你知道吗?

"鸟巢"建设资金的来源

"鸟巢"建设资金的来源采用了"PPP"模式。其中北京市政府出资58%(20亿元),中信集团联合体承担约15亿元的项目建设投资(占比42%)。根据协议,中信集团联合体得到"鸟巢"30年的特许经营权。中信集团与北京市政府商定,在这30年内,"鸟巢"如果有盈利,政府不参与分红;如果出现亏损,政府也不补贴。30年后,中信集团联合体要保证把一个设施完好、能够举办国际A级赛事的体育场移交给政府。

(资料来源:《中信的奥运"鸟巢"投资路径》,作者:易武,《经理人》,2008年第7期)

此外,要积极推进体育场馆管理体制改革和运营机制创新,推动体育场馆所有权和经营权分离,引入和运用现代企业制度,激发场馆活力。要鼓励采取参

股、合作、委托等方式,引入企业、社会组织等多种主体,以混合所有制等形式参与体育场馆的运营管理。

二、体育场馆经营管理的主要内容

为了更好地完成体育场馆经营管理的任务,不仅需要采取正确的管理方法,而且必须做好日常的各项经营管理工作。

1. 体育场馆的日常经营管理

体育场馆的日常经营管理,就是对体育场馆的各项服务产品的生产和销售活动进行组织、指挥、监督和调节,使之达到体育经营效益的最大化和最优化。体育场馆的日常经营管理包括以下各项内容:

(1) 业务管理。所谓业务管理,就是对体育场馆日常业务活动的管理。一般来说,体育场馆要编制和执行经营活动的计划,这是体育场馆经营管理的核心,要通过计划来组织和调节体育场馆的经营活动。计划的编制工作,要建立在体育市场预测的基础之上,并根据体育市场需求的变化状况及时调整。

公共体育场馆的业务活动由场(馆)长主管,具体由业务部门负责。一般来说,年初业务部门要根据场馆的工作计划,拟订业务部门的工作计划,报场馆领导批准后方可实施。体育场馆常规的业务活动主要有:承办或组织各种类型、各种级别的体育比赛、全民健身活动、国家及省市运动队的训练安排等。体育场馆非常规的活动或临时性的活动,一般由业务部门会同场馆领导共同研究、决策,拟订临时性的组织方案,并按活动方案组织实施。

(2) 服务管理。要根据经营活动计划,对各项服务活动进行合理的组织和调节,使各项服务工作有节奏地进行,以保证服务过程的各个环节之间的协调配合。要努力提高服务质量,为体育消费者提供优良的体育服务产品。要认真做好体育服务产品的推广工作,利用各种促销手段来吸引体育消费者。要积极搞好票务工作,拓宽销售渠道。

(3) 财产物资管理。要根据体育经营的需要和国家财力的可能,有计划地建造、购置财产物资。购建财产物资要讲究实效,使之具有适用、耐用和经济等条件。既要努力用现代化的技术设备装备体育场馆,以改善体育场馆经营活动的物质条件,也要反对不顾实际需要和可能,盲目追求"大、洋、全"和讲排场、摆阔气。要合理使用和维护场地设备,注意各种体育场馆设备的工作负荷,使之经常处于良好的技术状态,避免设备损坏引起的严重事故。要做好体育服务活动所需要的体育器材、服装和各种材料、燃料的购置工作,物资购置要及时、适量和价廉,避免因过量购置而造成积压。

(4) 财务管理。要根据经营管理的状况编制体育场馆的预算,制定组织收入的主要来源和各项支出的年度计划。收入预算要从实际出发,根据"积极可行、留有余地"及"成本加合理利润"的原则,确定合理的体育服务产品价格。支出预算要贯彻勤俭节约的方针,做到精打细算和定额管理。要严格执行财务规章制度,加强财务监督,同违反财务制度的行为作斗争。全部收入要纳入单位总收入,不设立小金库。各项支出必须按规定的开支范围和标准严格执行,不得擅自提高开支范围和开支标准、乱发资金和补贴。反对各种违反财务制度的不正之风,以确保国有资产的保值增值。

2. 以体为本,多种经营

(1) 体育场馆的功能定位。体育场馆应当结合当地经济社会发展水平、城市发展需要、消费特点和趋势,统筹规划运营定位、服务项目和经营内容,提高综合服务功能。为此,公共体育场馆的功能定位应该主要是为比赛、训练、全民健身及休闲娱乐服务。

(2) 体育场馆的主营业务。体育场馆应当以体育本体经营为主,做好专业技术服务,开展场地开放、健身服务、竞赛表演、体育培训、运动指导、健康管理等体育经营服务。为此,公共体育场馆从自身拥有的资源和条件出发可开展的主营业务主要有:

① 体育竞赛类业务,如正规比赛、商业性比赛、群体比赛等;
② 运动休闲类业务,如健身房、棋牌室、乒乓球、羽毛球、溜冰、游泳等;
③ 体育活动组织策划类业务,如社区、企业等群体活动组织编排等;
④ 健康管理类业务,如健身咨询、体质测试、运动处方等;
⑤ 体育培训类业务,如武术、气功、体育舞蹈等各种运动项目的培训;
⑥ 体育集资类业务,如场馆冠名、场馆内外的体育广告等;
⑦ 体育旅游类业务,如场馆参观游览等;
⑧ 业余体育俱乐部,如组建各种运动项目的业余体育俱乐部。

此外,有条件的体育场馆要积极举办或创办具有自主品牌的群众性体育赛事,承接职业联赛,引进国内外知名体育赛事,以突显体育场馆体育赛事和群体活动的承载功能。

(3) 体育场馆的多种经营。体育场馆在为社会提供健身、竞赛、培训等体育服务产品之外,还应当优化消费环境,积极开展多种经营,提供与健身、竞赛、培训等功能相适应的商业服务以及体育以外的其他社会服务,这也是体育场馆经营管理的基本方针和基本内容。

体育场馆实行多种经营,有利于发挥自身的多种功能,提高场馆资源与服务能力的使用率。体育场馆实行多种经营,提供体育以外的其他社会服务,也有利于满足人民群众不断增长的物质和文化生活的需要。因此,体育场馆要根据体育市场的需要积极组织体育竞赛、表演等主营业务之外的其他经营活动。体育场馆可开展的多种经营主要有:旅馆业、饮食业、文化娱乐业及房地产业等。这些多种经营活动一方面可以增加社会供给,丰富和活跃人民群众的物质文化生活,另一方面也能为体育场馆带来可观的经营收入。

体育场馆的多种经营一般可分为以下内容:一是围绕主营业务的配套服务,如小卖部、运动用品专卖(运动服装、运动鞋、运动器材、球迷用品)、宾馆(招待所)、餐饮、沐浴等;二是利用场地资源的衍生服务,如停车场、展销会、演唱会等;三是开发创新的其他服务,如露天游泳池冬天钓鱼、溜冰,体育场举办赛车、滑雪等。

你知道吗?

鸟巢变身赛车场揭秘

今晚,ROC世界车王争霸赛就将在北京奥运会主会场国家体育场举行。关于这场比赛,一大悬念就是如何将可容纳9万人的鸟巢改造成适合车手极速狂飙的赛车场。

本报记者昨日实地探访,发现体育场的华丽变身已经悄然完成,ROC专用赛车已整装待发。白雪点点的鸟巢,一切只等车王舒马赫等顶尖赛车手们的到来。

一、交叉立交桥

因为突如其来的寒潮,鸟巢里的参观者并不多。但走进硕大的体育场,很多人会对眼前的景象产生疑惑。茵茵绿草不见了踪影,鲜红的跑道被灰色的水泥地覆盖,一条条曲折蜿蜒的道路两边架起了厚重的轮胎墙,而在赛场与观众席的连接处,还垒起了半人高的水泥石墩。在赛场中央,甚至还架起了一座交叉型立交桥。鸟巢大变脸,但时间仅花了一周。

铺路是改造的第一步,为了保护鸟巢现有的草皮,在赛道铺设工作开始前,有关方面首先将茵茵绿草暂时请出体育场。而为了保护原有跑道不受损坏,赛道最底层先被预先铺上一层厚厚的防尘雨布。两层薄薄的竹胶板,铺上基础层再轧上沥青。一层层往上垒,赛道的铺设很简单,和市政工程中的普通铺路没啥差别。

长达50多米的立体交叉桥是改造工程中的一大亮点。由于不允许打桩,施工单位动用了专利技术——无根搭建,直接将桥桩立在地面,将专门的填充物置入桥桩内,确保桩柱稳定。整座桥是用水泥墩、钢砂、二灰和沥青搭建而成,并在桥下设有一个高达1.83米、宽6米的涵洞,可供赛车从桥下通过。上桥面长30米,下桥面长20米,一共覆盖了800吨钢砂和二灰。

据介绍,施工单位对这座桥要求非常严格,时刻测量和矫正这座桥的坡度。"桥的坡度稍有偏差,车手都有可能飞出场外。"

另外,为保证观众和车手的安全,赛道设计方在鸟巢赛道的周围全部放置了安全墙。这些安全墙全是由重达1.5吨的水泥石墩组成,合并处用钢管连接,总计为375吨。

二、精彩不打折

专业体育场临时改造成赛车场,是否会对车手驾驶产生影响?鸟巢里面看赛车,精彩程度会不会打折扣?

本届比赛的赛道总监法国专家米歇尔·莫顿女士透露个中玄机。她介绍,本次比赛的赛车道长达1 160米,总面积达到1万平方米。此外,赛道宽度也由标准的6.5米拓展为7米,能让赛车以更高速度过弯;而发车大直道的加长,则可以使车手在大直道上使用到所有的档位,最高时速预计可达到每小时150公里。

三、两天内拆除

前两届ROC大赛的举办地法兰西体育场和温布利球场搭建赛道时,都是用铝制金属板来保护场地,而今年鸟巢采用具有中国"自主产权"的竹胶板。这是一项完全由中国自主研发的全新技术,竹胶板不仅造价更低,而且由于它具有更好的弹性,可以保护鸟巢的塑胶跑道,铺设起来也轻便快捷得多。最重要的是,竹胶板生产过程中产生的污染极小。

相关负责人表示,比赛结束后将利用专业拆卸设备拆除跑道,沥青层可以轻松卷起后移走。二灰碎石将被直接拉回出货的沙料场,以备今后循环使用。赛车道将于两天内拆除完毕。

(资料来源:《鸟巢变身赛车场揭秘:铺路架桥体育场大变脸》,作者:厉苒苒,《新民晚报》,2009年11月2日)

此外,要鼓励有条件的体育场馆发展体育旅游、体育会展、体育商贸、康体休闲、文化演艺等多元业态,建设体育服务综合体和体育产业集群。

体育场馆开展多种经营时,必须以保证完成体育服务特别是运动竞赛、体育表演服务为前提。当多种经营在场地、设施、人员等方面与体育服务发生矛盾时,多种经营应当无条件服从和服务于体育服务的需要。必须遵守党和国家的有关政策和法令,贯彻执行体育工作的方针和任务,以社会效益为最高准则。反对片面追求经济收入,经营活动要高尚、文明、健康,有利于社会主义精神文明建设。

[本章思考题]
1. 试述体育场馆经营管理的任务及方法。
2. 概述体育场馆的主营业务及多种经营。

[本章练习题]
就某一个具体的体育场馆的经营管理问题,做一个策划,内容包括:该体育场馆的经营环境分析、功能定位、市场定位、经营项目设置、经营形式等。

[本章案例]

常州市积极探索　破解公共体育场馆运营难题

江苏常州奥林匹克体育中心建成于2008年,总投资约14亿元,场馆总建筑面积20万平方米,主要包括"一场两馆三中心"——40 000个座位的标准体育场、6 200个座位的体育馆和4 000平方米的室内网球馆、2 300个座位的游泳跳水中心、1 000个标准展位的会展中心以及乒羽中心,是国内同类城市中规模最大、功能最全、技术标准最高、环境最优美的综合性大型体育会展建筑群和体育公园之一。如何让这些场馆在服务市民的同时实现可持续发展,常州积极探索找到了一条新路子。

一、企业运作提效益

2007年4月,经常州市委、市政府批准,正式成立了具有独立法人资格的国有公司——常州体育产业发展有限公司,并以此为龙头,整合市级体育场馆资源,初步形成以体育本体产业为基础,兼营会展、演艺、房地产等相关产业的产业体系。目前公司注册资本由成立之初的3 000万元增加到5亿元,经营性资产市值由不足1亿元增加到14亿元。2011年,公司通过了ISO9001质量管理认证体系,形成了一套基本符合现代企业制度的管理规定、操作程序及运行规范。2012年,公司营业收入突破8 000万元。

二、举办赛事扩影响

常州奥体中心先后举办了中国羽毛球大师赛、世界跳水系列赛、江苏第十七届运动会等国内外大型赛事共10余项、20余次、600余场,参赛运动员超过3万人,观众近100万人次,承办比赛的规模、级别、场次、密度都创下了国内同类城市新高。这些国内外大型赛事的成功举办,吸引了世界知名媒体的关注,包括美联社、欧洲电视五台、韩国KBS、日本NHK等100多家国内外媒体的1 000多位记者先后到常州采访。中央电视台体育频道对各项赛事直播时间长达200个小时,位居全国同类城市之首,中心成为常州对外展示自身形象和城市文明的重要名片。

三、服务市民促公平

常州奥体中心以高标准的硬件设施、优质的场馆服务、经济实惠的价格向市民提供高质量的运动健身服务。在做好日常健身开放的同时,大力拓展服务内容,增加晨练时段,开辟固定健身区域,更好地满足市民健身的需求。今年,在体育主管部门的统一协调下,市属3家大型体育场馆实现"健身一卡通",市民持有其中任意一家场馆的健身卡,均可在其他两个场馆相应项目使用,为广大市民就近参与体育锻炼提供了极大的便利。目前,中心年运动健身流量室内突破35万人次、室外市民自发健身流量超过20万人次,较好地满足了广大市民日益增长的健身需求,保障了市民参与体育锻炼、共享体育发展成果的权利。

四、多方合作谋发展

在如何更好破解区镇级全民健身中心等大型体育设施的建设困局方面,常州做出了全新的尝试——由区镇出土地,公司投资建设,产权和运营管理权属公司,服务当地百姓。2013年,常州体育产业发展有限公司分别与戚墅堰区和新北区春江镇合作,总投资约2亿元,各建设一个全民健身中心,总建筑面积近5万平方米。对建成后的体育场馆,公司将按照常州奥体中心的管理运营标准,输出其管理人才团队,在满足当地老百姓健身锻炼的同时,实现公司自身的品牌化和可持续发展。

(资料来源:《常州市积极探索 破解公共体育场馆运营难题》,作者:曹盟杰,http://www.chinaispo.com.cn/info/stadium/10462 2.html)

[案例思考题]
1. 常州奥体中心是如何破解公共体育场馆运营难题的?
2. 常州奥体中心开展了哪些经营活动?
3. 你认为常州奥体中心还可以开发哪些经营项目?

第四章

运动竞赛经营管理

本章学习要点

- 运动竞赛的含义及分类
- 现代运动竞赛的经济特点
- 运动竞赛的经营策划
- 运动竞赛的经营内容
- 运动竞赛资金支出分析
- 运动竞赛资金的管理

运动竞赛是体育产业的重要组成部分,也是体育经营管理的重要内容。搞好运动竞赛的经营管理,对于拓宽竞赛资金来源渠道、提高竞技运动水平、满足体育消费者的观赏需要等均具有十分重要的意义。

第一节 运动竞赛概述

一、运动竞赛的含义及分类

1. 运动竞赛的含义

运动竞赛就是指有计划、有组织的体育运动比赛。运动竞赛是以争取优胜为直接目的、以运动项目为内容,根据规则要求进行的个人或集体的体力、智力、技艺、心理的相互比赛。

2. 运动竞赛的分类

运动竞赛按其规模和性质,可以从不同的角度进行分类。

(1) 按赛事规模划分。运动竞赛按其规模一般可分为综合性运动会、单项锦标赛、等级赛、联赛、邀请赛、通讯赛等。

(2) 按赛事性质划分。运动竞赛按赛事性质一般可分为职业联赛、商业性体育比赛、各类体育组织计划内的单项竞赛或综合性运动会、社会体育竞赛等。

(3) 按市场主体划分。运动竞赛服务产业的市场主体包括供给主体和需求主体。运动竞赛服务产业的市场供给主体包括体育竞赛组织及其所属的运动员、教练员和经营管理人员等。运动竞赛服务产业的市场需求主体包括观众、新闻媒体和相关的公司企业等。

(4) 按赛事资金来源划分。从赛事资金来源的角度来研究运动竞赛,则可以把运动竞赛分为正规比赛、商业性比赛及群众性体育比赛等。

所谓正规比赛,一般是指国际、国家及地方体育组织体育计划内的各项赛事,如奥运会、世界杯、亚运会、全运会等。一般来说,此类比赛的市场价值比较大,因此比赛所需的资金来源有一定的保证,且主办地政府会给一定的资助。

所谓商业性比赛,一般是指各种完全通过市场运作的赛事,包括商业化运作的正规赛事,也包括以营利为目的而组织或创办的各种体育比赛。这种体育比赛一般由职业体育联盟、体育经纪人或各类体育中介公司运作。如"F1中国大奖赛""中国足球超级联赛""NBA中国季前赛""托普电脑杯世界女飞人挑战赛""红塔杯中西足球对抗赛"等。此类比赛所需的资金一般需要通过商业化的运作手段来筹集,盈亏自负。

所谓群众性体育比赛,主要是指以激发大众体育意识、普及体育知识、开展全民健身活动、重在参与为目的的群众性运动竞赛,如家庭趣味体育比赛以及各单位、系统、行业等举办的各种体育比赛。这种运动竞赛的经费来源主要靠自筹、赞助或各单位、各系统的福利资金开支,也可以通过收取报名费、参赛费等筹集到比赛所需的部分资金。

二、现代运动竞赛的经济特点

现代运动竞赛一般泛指国际或国内的各种大型运动竞赛,如奥运会、亚运会、全运会、世界杯等。现代运动竞赛的经济特点主要表现在以下几个方面:

1. 规模大、耗资多

随着生产社会化、现代化和国际化的发展,体育运动的规模、速度和竞技水平也相应地得到了发展。就运动竞赛来说,无论是世界性、洲际性运动竞赛,还是全国性、地区性运动竞赛,都有一个明显的特点,即运动竞赛的规模越来越大,特别是世界性的体育大赛,竞赛项目设置、参赛国家和地区及参赛运动员人数越来越多。

[相关链接]

部分奥运会规模一览

时间	届次	主办地	会期	参赛国家(或地区)	所设比赛项目	参赛运动员人数
1896年	1	雅典	5天	13个	9大项32小项	331
1996年	26	亚特兰大	17天	197个	26大项271小项	10 788
2000年	27	悉尼	17天	199个	28大项297小项	10 200
2004年	28	雅典	16天	202个	28大项299小项	10 508
2008年	29	北京	17天	204个	28大项302小项	11 526
2012年	30	伦敦	17天	205个	26大项300小项	10 500
2016年	31	里约热内卢	17天	206个	28大项306小项	11 000

(资料来源:作者根据相关报刊及网站资料整理)

由于运动竞赛的规模越来越大,所设的项目及参赛的运动员越来越多,从而使举办运动竞赛所需的资金也越来越多。

你知道吗?

近十届奥运会的耗资情况

时间	地点	耗资
1980 年	莫斯科	90 亿美元
1984 年	洛杉矶	5.46 亿美元
1988 年	汉城	40 亿美元
1992 年	巴塞罗那	94 亿美元
1996 年	亚特兰大	18 亿美元
2000 年	悉尼	38 亿美元
2004 年	雅典	146 亿美元
2008 年	北京	420 亿美元
2012 年	伦敦	145 亿美元
2016 年	里约热内户	195 亿美元

(资料来源:《盘点史上最烧钱奥运会》,作者:何凌霄,http://news.cnfol.com/chanyejingji/20160813/23265948.shtml)

运动竞赛所需资金的用途主要分为两大类:一类是用于运动竞赛所需的场地和设施的改造及建设的费用(甚至有些承办城市还包括道路、交通、港口及其他辅助设施的建设与改造所需的费用),一般这类费用占全部资金的比重较大;另一类是运动竞赛的组织费用,其所占的比重则相对较小。

[相关链接]

北京奥运整体投入 2 950 亿元

2008 年 8 月 4 日,2008 北京国际新闻中心举行北京奥运会准备情况新闻发布会。在谈到筹备奥运会整体投入问题时,北京市人民政府副秘书长刘志说,北京筹备奥运的开支大体可分成三部分,第一部分是奥运会运行资金,预计20多亿元;第二部分是场馆建设资金,预计不超过130亿元;第三部分是城市总体建设投资,预计7年来大概是2 800亿元人民币。

刘志说,关于奥运会的整体投入的基本情况,这次整个筹备奥运的开支大体可以分成三个部分,第一个部分是奥运会运行资金,这块资金在当初的预算是16.25亿元,因为任务的增减和人民币汇率的变化,先后进行了三次调整,北京奥组委现在执行的是第三个版本的预算,资金额为20多亿美元。

第二个部分是整个奥运会的场馆建设资金投入,包括新建场馆、改扩建场馆和临时性的场馆,还包括改建的独立训练场馆,预计总投资不会超过130亿元人民币。

第三个部分是整个城市的总体建设,包括城市的基础设施、能源交通、水资源和城市环境建设,这一块投资,预计7年来大概是2 800亿元人民币。目前来看,因为奥运会的举办,这些项目提前两年完成了。

(资料来源:《北京奥运整体投入2 950亿元》,作者:张艳玲,《中国改革报》,2008年8月6日)

举办大型运动竞赛尽管所需费用较多,但是其回报也是无法估量的。举办大型运动竞赛,不仅能吸引全世界的关注,而且也是承办国市政建设提前发展的一次极好的机遇,所以,目前大型运动竞赛的申办国家或城市越来越多。

2. 运动竞赛经费的来源与经济实体的结合越来越紧密

运动竞赛所需的经费越来越多,巨额的竞赛经费单靠政府的拨款是不可能的(有些国家的政府甚至不给补贴),因此必须依托社会,寻求企业公司和商业财团的捐赠和赞助来筹集所需的全部经费。如果没有这种捐赠和赞助,现代运动竞赛就难以进行。

由于现代运动竞赛的举办是全球注目的焦点,现代运动竞赛也是极佳的广告媒体。通过运动竞赛赛场进行广告宣传,其广告效益也是比较高的。因此,越来越多的商家愿意赞助运动竞赛,以借助运动竞赛的机会来开拓市场、推销产品、提高企业的知名度及产品的市场占有率,参与奥运会赞助的商家企业十分踊跃。

1960年罗马奥运会有46家企业参与赞助,1964年东京奥运会有250家企业参与赞助,1976年蒙特利尔奥运会的赞助企业达到了628家,1984年的洛杉矶奥运会也有163家企业提供赞助。

1984年洛杉矶奥运会以后,国际奥委会开始实施每四年为一个周期的商业赞助计划——TOP计划。1985—1988年的TOP1计划中,赞助招标底价为400万美元,共接纳9家赞助商,赞助总额为0.97亿美元。而在2013—2016年的TOP8计划中,赞助招标底价已经达到9 500万美元,共接纳11家赞助商,赞助总额超过10亿美元(资料来源:作者根据相关报刊及网站资料整理)。

你知道吗?

里约奥运会赞助收入突破20亿美元

里约奥运会赛事的顺利进行离不开全球各大赞助商的鼎力支持。大到比赛器械,小到运动员喝的水,赞助商无处不在,已经成为奥运会离不开的重要财务来源。

2016年里约奥运会的赞助商,根据赞助的规模和范围,可以细化为5个层级:首先是本届奥运会的全球合作伙伴(简称TOP,下同),包括可口可乐、麦当劳等11家赞助商。按照国际奥组委的预计,每届奥运会TOP赞助费增长率约为10%—20%,这样计算,里约奥运会TOP的门槛至少为9 500万美元,这11家TOP赞助商的赞助金额将达到10.5亿美元,较伦敦奥运会增长11%。

剩下的4个层级为:正式赞助商,包括巴西布拉德斯科银行、巴西邮政、尼桑等6家;正式支持商,包括思科、安永、中国的361度等8家;除此以外,还有包括Airbnb、耐克、尼尔森等25个官方供应商,以及EMC等5个(非官方)供应商。

仅以2012年伦敦奥运会每家赞助商2 730万美元的均价来计算,里约奥运会的所获赞助费将高达12亿美元,较伦敦增长4%。其总收益将达到22.5亿美元,20亿美元大关被打破,较伦敦上涨12.5%。

在里约奥运会的11家TOP赞助商里共有10家企业连续赞助奥运会。但在本届里约奥运会中,变化最明显的是IT设备类赞助的缺席和轮胎橡胶类的进入。此外,文案报刊类已经连续三届不参与奥运会,保险行业、静态成像类缺席近两届奥运会。

据估算,TOP赞助商需要投资4次,近5亿美元的付出才能换回投资成本。(资料来源:《里约奥运会赞助收入将破20亿美元》,作者:齐丽娜,《深圳晚报》,2016年8月19日)

据《奥林匹克新闻》杂志所刊载的数据表明:20世纪90年代各届奥运会组委会的收入中,销售电视转播权的收入占47%;各种赞助收入占34%;比赛门票收入占12%;出售纪念章、纪念币及其他经营活动收入占3%—4%(资料来源:体育用品网《奥林匹克赞助经营活动》,http://www.3spo.com/news/201111/21/14001.html)。

因此,现代运动竞赛经费的来源与经济实体的结合越来越紧密,这是现代运动竞赛的又一个显著的经济特点。

3. 运动竞赛的经营手段日益市场化

在市场经济条件下承办运动竞赛,必然要借助市场经济的各种手段。由于现代运动竞赛规模大、耗资多,在政府的投入日益减弱甚至没有的情况下,决定了运动竞赛的运作管理部门必须充分发挥和开拓运动竞赛的各种经济价值,运用市场经济的基本原则和运行机制来对运动竞赛的经营活动进行筹划、组织、市场开发和运作管理。例如:通过项目融资(PPP模式)、土地置换等方式建设体育场馆、运用拍卖方式进行赛事无形资产转让、建立公司化的赛事运作管理机构等。通过运动竞赛的运作活动及市场开发,不仅要做到收支平衡,而且还要争取略有盈利,这是现代运动竞赛为世人竞相争办的魅力所在。

三、我国运动竞赛体制的改革

1. 计划经济体制下,运动竞赛基本上由国家投资举办

那时运动竞赛比较少,而且主要集中在一些大中城市。由于比赛无利可图,甚至有些运动竞赛还要倒贴钱,因此运动竞赛的承办者积极性并不高,但这是必须承担的上级主管部门计划安排的任务。

2. 1979年改革以后至1997年,运动竞赛面向各省、市、自治区体委实行招标

国家体委每年举办一次运动竞赛招标,招标对象主要为各省、市、自治区体委。从而打破了单纯由国家投入、统一安排举办运动竞赛的旧体制,同时也拓宽了运动竞赛经费来源的渠道。但是,由于那时的招标只面向体委系统,所以仍然是体委一家独办各种运动竞赛(自称是"肥水不外流"),从而造成一些"热门"项目各地竞相争办,一些"冷门"项目则无人问津。有关资料表明:每年约有1/3到1/4的运动竞赛无人投标,造成运动竞赛计划和投标不足的矛盾日益突出。

3. 1998年以来,向社会公开运动竞赛计划,运动竞赛承办权实行公开招标或拍卖

这是我国运动竞赛走向市场的重要举措。国家体育管理总局及其下属的各

运动项目管理中心向社会公开下一年的运动竞赛计划,下放招标权限,扩大竞标范围,面向社会实行招标。如1998年,有458项全国性赛事及在我国境内举办的国际性运动竞赛的承办权均向社会实行公开招标或拍卖。其中,健美、门球、轮滑、舞龙舞狮、拔河、风筝等社会体育项目也首次列为招标内容,项目数量为历年最多。2014年,有333项国际比赛(国内举办)、652项全国性比赛的计划向社会公开招标。有能力、有兴趣承办赛事的全国各地各级体育部门、企业公司、各种中介机构等,只要对运动竞赛感兴趣均可投标。

我国国内最大的综合性运动会——全运会,原来只在上海、北京、广东三地举行,从第十届开始也面向全国实行公开招标,江苏南京、山东济南、辽宁沈阳、天津已经有幸成为第十届、第十一届、第十二届、第十三届全国运动会的承办城市。

第二节 运动竞赛的经营策划及经营内容

一、运动竞赛的经营策划

现代运动竞赛,不管是大型国际运动竞赛,还是国内、地区、行业等的中小型运动竞赛,一般都有相应的运动竞赛组委会或专业赛事公司来组织和管理。从经营管理的角度来研究运动竞赛,其主要任务有以下几个方面:

1. 进行竞赛市场调研,制定竞赛经营战略

运动竞赛的承办者在投标之前,要及时进行运动竞赛市场需求的调查研究。调研的目的是为了努力把握体育市场上体育消费者,特别是观赏型体育消费者的消费需要及消费热点,并据此作出是否投标或投标标的高低的决策。一旦中标,运动竞赛的承办者就需要制定相应的运动竞赛经营的战略,确立运动竞赛的经营目标及经营方针。这对于各类商业性运动竞赛的承办者来说显得更为重要。

2. 编制运动竞赛运营方案,筹措运动竞赛所需资金

现代运动竞赛的组委会或专业的运动竞赛承办机构(或公司),其下属一般均设有专门的市场开发部,具体负责运动竞赛所需资金的筹措。市场开发部的主要任务就是根据运动竞赛规模的大小及所需经费的预算来编制市场开发计划,落实资金筹措的渠道、方法和措施,以确保运动竞赛所需资金的及时到位及运动竞赛的如期举行。

3. 编制运动竞赛经费支出预算,做到量入为出

运动竞赛的承办者要根据运动竞赛经费筹措的计划来编制相应的运动竞赛

经费支出预算。编制运动竞赛经费支出预算的原则是：既要保证运动竞赛各项合理开支的需要，又要贯彻勤俭节约、增收节支的精神；既要加强财务监督和管理，又要注意提高资金使用的效益，力求收支平衡、略有盈余（能做到大有盈余则更好）。

二、运动竞赛的经营内容

运动竞赛所需资金的来源，除一部分运动竞赛能获得政府或社会的一些资助之外，绝大部分运动竞赛的资金需要承办者通过自己的经营活动来获得。运动竞赛经营活动的主要内容有以下六个方面：

1. 出售电视转播权

出售电视转播权是大型运动竞赛市场运作的重要内容，也是资金来源的重要渠道之一。由于现代大型运动竞赛竞技水平高，观赏价值大，能够吸引世界各国数亿甚至数十亿的电视观众以及新媒体观众。

奥运会电视实况转播权销售始于1936年第11届奥运会。随着1964年东京奥运会利用地球卫星开始全球直播以及新媒体的介入，电视转播权的售价不断上升，并成为奥运会的最主要经济支柱。

[相关链接]

奥运会电视转播报道权销售概况

1964年东京奥运会的电视转播权只卖了150万美元，1984年洛杉矶奥运会的电视转播权售价就达到了2.7亿美元，1988年汉城奥运会的电视转播权卖出4.03亿美元；这个数字在8年后的亚特兰大翻了一番，达到8.95亿美元；2000年悉尼奥运会的电视转播权出售价格创历史新高，为13.2亿美元；2004年雅典奥运会的电视转播权出售价格再创历史新高，为14.77亿美元。

自1995年起，国际奥委会为了避免市场价格起伏，改单届奥运会电视转播权零星转让为多届"捆绑"出售，取得了更加可观的经济效益。当时，仅2000—2008年期间的三届夏季奥运会和两届冬季奥运会在美国的转播权，便卖出35亿美元的高价。接着，国际奥委会与欧广联及以日本广播协会为主的日本广播公司签署了同样的协议，费用分别为15.1亿美元和

5.45 亿美元。

早在 2003 年,2010 年冬奥会和 2012 年夏奥会的主办地尚未确定,但国际奥委会已经将这两届奥运会在美国的电视转播权卖出了 22 亿美元,价格超出以往多达 32%。

在 2013—2016 年这个奥运周期,奥运会的转播权收入达到了 41 亿美元,这个数字比上一个奥运周期增长了 7.1%。

20 世纪 90 年代是足球财富高速增长的时期,世界杯电视转播权的销售价格不断膨胀。1990 年意大利世界杯上,国际足联出售转播权的收入首次突破了千万美元。2002 年韩日世界杯的电视转播费约 9 亿美元,比 1998 年法国世界杯的 9 000 多万美元高出近 10 倍。2006 年德国世界杯电视转播权卖了 14.5 亿美元,比韩日世界杯高出约 20 个百分点。2010 年南非世界杯的电视转播权售价更高,估计至少是德国世界杯电视转播权价位的 2 倍,仅卖给英国、法国、意大利、德国和西班牙 5 国的电视转播权,国际足联就开出了 10 亿欧元的天价。

(资料来源:作者根据 2004 年 8 月 11 日《中国经济时报》、2006 年 5 月 9 日《每日经济新闻》及相关网站的资料整理)

以前我国体育比赛主办方是要向电视转播机构付钱的,1994 年开始的足球职业联赛则以广告时段作为回报。1999 年以后,我国足球职业联赛的电视转播权开始步入市场,而第九届全国运动会则开创了出售国内大型运动竞赛电视转播报道权的先河。

因此,运动竞赛既是电视公司、新媒体机构获取利润的极好机会,又是运动竞赛承办者筹集资金的重要渠道。电视转播权一般属于比赛主办者,出让的形式有协商、招标、拍卖等。

2. 开发门票市场

门票即入场券,是证明持有者已支付或有权获得某种特定的服务、权利或报酬的纸条或卡片。体育赛事门票,就是证明持有者有权进入体育场馆观看、欣赏体育竞赛、表演的凭证。

赛事门票的种类很多。围绕赛事阶段开发的赛事门票主要有开闭幕式彩排门票、预演门票和正式表演门票;围绕销售对象开发的门票主要有普通票、贵宾票、包厢票、企业礼仪(公关)票、学生票、老年人优惠票、军人优惠票、残疾人优惠票等;围绕销售方式开发的门票主要有套票、联票、零售票、团体票等;围绕门票制作形式开发的门票主要有纸质门票、电子门票等;围绕使用次数开发的门票主要有一次性使用的门票和多次使用的门票;围绕出票形式开发的门票主要有内部赠票和公开售票等类型。

门票收入历来都是运动竞赛资金来源的重要渠道之一,近几届奥运会的门票收入均在上亿美元。

你知道吗?

近八届奥运会的门票收入

时间	主办地	门票收入
1984 年	洛杉矶	1.4 亿美元
1992 年	巴塞罗那	1.82 亿美元
1996 年	亚特兰大	4.22 亿美元
2000 年	悉尼	3.56 亿美元
2004 年	雅典	2.34 亿美元
2008 年	北京	1.88 亿美元
2012 年	伦敦	9.20 亿美元
2016 年	里约热内卢	3.17 亿美元

(资料来源:作者根据相关报刊及网站资料整理)

影响门票收入的因素很多,其中最重要的是社会经济发展水平、大众体育消费意识和门票价格的高低。运动竞赛组织门票收入时应当注意以下几点:

(1) 运动竞赛的级别和水平。根据运动竞赛的级别、规模和水平来确定门票的价格,既是价值规律的要求,也是制定门票价格的基本依据。一般来说,全运会、亚运会、奥运会、世界杯是不同级别、不同规模、不同水平的运动竞赛,门票的价格当然应该不同。比较来说,奥运会、世界杯等国际大赛的门票价格最高,亚运会次之,全运会则最低。这是因为奥运会不仅场面壮观热烈,观赏者众多,而且消耗的物化劳动和活劳动也多,因而成本比较高,门票价格自然也就比较高。

另外,同一级别的运动竞赛,在不同的国家或地区举办,其门票价格也是不一样的。同一次运动竞赛,预赛门票和决赛门票、开幕式闭幕式与一般项目比赛门票的价格也是不一样的。这是由体育竞赛市场供需规律所决定的。

（2）承办国社会经济发展水平。社会经济发展水平一般以一个国家的人均国民生产总值为代表。发达国家与发展中国家的社会经济发展水平和人均国民生产总值差距甚大，门票的价格差距当然也很大。因此，体育消费者的收入水平和经济承受能力是制定运动竞赛门票价格时必须考虑的客观因素。

（3）体育市场需求状况。一场大型运动竞赛，比赛项目大项几十个，小项几百个。由于体育消费者对比赛项目的观赏爱好是不一样的，因而比赛就有冷热之分，从而会造成运动竞赛不同项目门票价格的不同。一般来说，热门比赛门票的价格肯定要高于冷门比赛门票的价格。例如：汉城奥运会，拳击比赛门票售价最高，其次为足球比赛门票售价，门票价格较低的有射箭、皮划艇、自行车、马术等。门票价格如果不分主次和档次，千篇一律，就会脱离体育消费者的偏好，违背市场的供求规律。

（4）要拓宽运动竞赛门票的销售渠道。运动竞赛门票的销售活动，除了常规的预售或门售之外，还应该积极拓宽门票的销售渠道。运动竞赛门票的销售渠道可采取电话订票、网上订票、送票上门的经营方式，也可以通过各种超市、银行、邮局、地铁车站、旅行社、航空售票处、体育彩票销售网络等渠道进行销售。

此外，运动竞赛的运营部门要努力提升门票销售的服务质量与服务水准，积极引进专业的票务公司对门票进行营销与推广，以取得赛事门票市场开发的最大效益。

3. 开发运动竞赛的无形资产

无形资产是相对于有形资产而言的，指没有实物形态的资产或经济资源。体育无形资产是一种体育经济资源，可以产生经济效益，也可以用货币来计量。

运动竞赛本身就是一种巨大的无形资产，这种无形资产可以转化为有形资产。而作为这一转化对立面的商家、企业、财团则是将有形资产转化为无形资产，即企业知名度、产品知名度的提高以及市场占有率的增长。商家、企业、财团出资购买运动竞赛的无形资产，就是这种转化的具体形式。

运动竞赛可开发的无形资产很多，运动竞赛的名称、会标、吉祥物、文字、标志、图案等均是运动竞赛可以开发的无形资产。运动竞赛无形资产的开发一般通过指定赞助商、指定产品、标志产品、商务许可证、竞赛冠名权、奖杯冠名权等形式进行。运动竞赛无形资产的经营开发可采取招标、竞拍等手段，以实现运动竞赛无形资产的最大价值。

4. 发行运动竞赛纪念品

大型运动竞赛，特别是具有一定纪念意义的运动竞赛，如首届赛、周年赛等更适合发行各种运动竞赛的纪念品。运动竞赛可开发的纪念品种类繁多,其中主要有:各种纪念邮品(包括纪念邮票、纪念邮折、首日封、极限封等)、电话磁卡、纪念磁卡、纪念金币、纪念章、会徽、吉祥物造型等。

运动竞赛纪念品的经营开发可以由竞赛组委会自己经营开发,也可以采取委托或和其他商家企业合作进行经营开发,还可以通过出让许可证的方法由社会上对此有兴趣的商家企业来进行经营开发。

出售纪念品是运动竞赛经营收入的重要来源。如果经营有方,则可以获得相当可观的盈利。在经营运动竞赛纪念品的时候,要考虑不同花色、不同种类、不同特色、不同档次的经营开发,以满足广大收藏爱好者的需要。运动竞赛纪念品的设计要以巧为宜、以新求胜,并具有一定的实用价值。

运动竞赛纪念品的定价要采用多种策略,并充分考虑到这些纪念品的精神价值。运动竞赛纪念品的销售应该选择多种渠道,既可以在赛场周围出售,也可以在运动竞赛所在地区组织销售,还可以拿到其他地区甚至其他国家进行销售。运动竞赛纪念品的经营开发还应该注意其市场定时决策的研究和制定,应不失时机地推出运动竞赛的各类纪念品,因为运动竞赛一旦结束,各类运动竞赛纪念品的价值与需求就会大大降低。

[相关链接]

北京奥运市场开发超预期　特许零售店五百多

初春的王府井大街,人头攒动。来自辽宁的宋女士利用陪女儿到北京考试之际,在一家商店选中了几百元的奥运特许商品。

尽管手中的奥运福娃纪念品单价都上百元,但宋女士并不认为贵。事实上,奥运特许商品已越来越快地走进消费者的日常生活。奥运特许商品零售店也由北京、奥运会协办城市逐步扩大。现在全国已有70多个城市,开设了500多家特许零售店。

北京奥组委市场开发部部长袁斌日前介绍,申奥时曾提出特许商品收入达到5 000万美元,特许纪念邮票、纪念币收入达到2 000万美元的目标。"根据现在进行的情况,超额完成这个指标是非常乐观的。"她表示,作为北京奥运会市场开发计划的一个重要组成部分,去年北京奥组委已经征集到8个生产企业和34个零售企业,特许企业总数将达到130个。

特许商品包括服装服饰、徽章、玩具、文具、箱包、工艺品、丝绸制品、陶瓷、金银制品、珠宝首饰等10个大类、4 000多个品种。

与此同时,北京2008年奥运会市场开发计划中举足轻重的赞助计划部分,也已经囊括到51家企业,并将在今年完成全部的赞助计划。

曾经参与申奥预算的魏纪中表示,目前市场开发大大超过预期,获得的市场开发资金已经突破了申奥时的预算。袁斌也认为,从现在的情况看,北京奥组委市场开发的收入能满足预算经费需求,做到收支平衡,略有盈余。

(资料来源:《北京奥运市场开发超预期　特许零售店五百多》,作者:王海林,《新京报》,2007年3月27日)

5. 经营体育广告

运动竞赛除了出售电视转播权供电视公司收纳广告费用谋利之外,运动竞赛承办者本身也可以经营体育广告业务。运动竞赛可经营的广告业务种类繁多,除了运动竞赛赛场内外的广告牌之外,运动竞赛的秩序册、成绩册、赛场通讯、各种宣传物品等均可以成为广告的媒体。运动竞赛广告的经营形式一般采取这样两种:一是自主经营,二是委托中介公司代理。

6. 其他经营活动

由于运动竞赛的种类、规模、级别及地点不完全相同,承办者的经营能力及市场意识也完全不一样,因此各自经营的内容及经营方法也不完全相同。除了以上所论述的一般经营内容之外,还有一些特殊的、富有创意的经营活动也值得我们借鉴。总之,只要运动竞赛的承办者积极开动脑筋,拓宽经营思路,运动竞赛经营活动的内容还是相当广泛的。

你知道吗?

第23届奥运会火炬接力权的经营活动

第23届奥运会火炬接力从美国西海岸跑到东海岸的洛杉矶,全程1.45万公里,每公里标价3 000美元。火炬接力活动产生了意想不到的轰动效应,沿途共有440万人参加长跑活动,收益4 500万美元。

(资料来源:《掀起你的盖头来》,作者:瞿越,民主与建设出版社1998年6月版)

第三节　运动竞赛资金支出及管理

运动竞赛资金支出是指在运动竞赛过程中所发生的人力、物力和财力的消耗,即各种费用的支出,这是保证运动竞赛顺利进行的必要条件。因此,要对运动竞赛资金支出及管理进行研究。

一、运动竞赛资金支出分析

运动竞赛,特别是大型运动竞赛的经费开支主要有以下几个方面:

1. 市政建设

大型运动竞赛规模大、人员多,运动员来自四面八方、世界各国。为保证运动竞赛顺利进行,必须搞好举办地的市政建设。市政建设的内容主要包括机场、港口、道路、广播、通讯、供电供水、安全防卫系统等的建设。

市政建设属于基础性建设,是接待国内外运动员、教练员、裁判员、记者和旅游者所必须具备的基本条件,它不仅为运动竞赛提供各种便利,而且也反映一个国家、一个城市的政治、经济、文化、教育、卫生、体育等事业的发展风貌。市政建设应结合城市发展的战略综合规划。

市政建设是运动竞赛的间接开支,一般由承办地政府投资建设,因为这种投资可以使承办地长期受益。

[相关链接]

北京 2008 年奥运会前的市政建设规划

为了承办 2008 年奥运会,北京市政府投入 1 800 亿元人民币进行了大规模的市政建设,其中:建设 93 公里的五环路、35 公里城市快速路联络线和扩建 105 公里的城市主要道路,轨道交通发展到 7 条,总里程达到 202 公里;机场新增 1 条跑道、1 座候机楼、55 个标准停机位,年客运能力达到 4 800 万人次,年货运量 130 万吨,年起落 40 万架次。此外,北京市还投入 1 000 亿元人民币用于大气和水的治理。到 2008 年,北京的污水处理率达到 90%,垃圾无害化处理率达到 98%。建成第二条陕京长输管线,全市天然气年供应能力达到50亿立方米;煤炭及焦炭在终端能源消费结构中所占比重降低到20%以下;市区热力供热面积达到1亿平方米左右。从而使北京的城市面貌有了极大的改观。

(资料来源:北京奥申委《北京奥运行动规划》,http://news.xinhuanet.com/newscenter/2002-07/13/content_481092.htm)

2. 比赛场地建设

体育场地建设是为运动竞赛提供良好的物质条件,也是为运动员提高运动成绩的一项基础性工作。体育场地种类繁多,竞赛规模越大,需要的比赛场地也就越多。运动竞赛体育场地的建设,应根据运动竞赛的规模及档次的需要,一般以扩建、改建为主,确实需要新建的比赛场地,也应本着美观、适用、多功能和以中小型为主的原则,在保证质量的基础上,尽量降低成本,以提高投资的经济效益。比赛场地的建设还应考虑以后的经营项目的设置,从而为场地今后的生存及经营开发提供条件。

比赛场地建设在国外一般由运动竞赛组委会投资建设,故有些比赛场地在比赛后就卖给他人,以及时收回投资。比赛场地建设在国内则一般由政府投资建设。

国外竞赛场馆的建设主要有以下三种模式:其一,洛杉矶奥运会模式:少建,尽量利用原有的体育场馆(特别是大学的体育场馆)。其二,亚特兰大奥运会模式:新建,但事先考虑好出路。亚特兰大奥运会主体育场结束后就改建为一个棒球场,并事先就找好了买主。其三,一时找不到买主,政府出资维修、保养,如法兰西体育场。

3. 运动竞赛业务费用开支

运动竞赛业务费用开支是直接用于运动竞赛的费用,其对于运动竞赛的顺利进行具有重要的作用。

运动竞赛业务费用的开支主要有:一是组织费开支,包括设备器材费用、公务费用、公关费用、出场费、奖品费用、奖金费用等;二是人员费,包括住宿费、交通费、差旅费、伙食补助费、医疗费等;三是大型活动费,包括大型团体操表演、飞机跳伞表演、大型展览会等所需要的各项费用。运动竞赛业务费用的开支应尽量以节约为原则,因此各竞赛项目的承办权可以采取竞拍或招标的形式,利用社会力量来主办,这样可以减少运动竞赛组委会业务费用的支出。与此同时,尽量多招募一些志愿人员,也可以减少运动竞赛组委会业务费用的支出。

二、运动竞赛资金的管理

运动竞赛资金的管理,包括资金管理的原则、资金收入的管理及资金支出的管理等内容。

1. 运动竞赛资金管理的原则

(1) 责权分类原则。所谓责权分类原则,就是指对运动竞赛资金收支的"职责和权利"进行分类。运动竞赛资金收支,既有时限要求,也有货币结算关系问题。在资金管理中力求以"责、权"为标准来区分:哪些资金是收入性的或带有收入性的;哪些资金是支出性的或带有支出性的。这对保证运动竞赛顺利进行及全面考核、计算运动竞赛经营效益具有十分重要的作用。

(2) 物价兑等原则。所谓物价兑等原则,是指把竞赛经营过程中组织进来的物品按照现值等价折成货币资金的方法。遵照这一原则,可以全面、及时、准确地反映资金收支情况,并保证资金的安全和完整,提高运动竞赛的经济效益。

(3) 保证原则。我们知道,运动竞赛是以竞赛的组织为前提的。因此,在竞赛经营计划的执行中,应经常考虑运动竞赛本身的需要,这不仅是运动竞赛各种能力和因素得以构成及利用的保证,也是保证运动竞赛能够顺利进行的重要手段。应该指出的是,在遵循保证原则的同时,也要贯彻精打细算、勤俭节约的精神,把钱花在刀刃上,这在一定意义上同样是对运动竞赛需要的一种保证。

(4) 分账归类原则。所谓分账归类原则,是指在实际工作中对运动竞赛资金的收支设立账户,并在此基础上按照收支项目归类的一种核算方法。遵循这一原则的好处是:一方面分账可以提供竞赛内容考核计算资料,另一方面可以提供经营收支项目的考核计算资料,从而为运动竞赛资金管理创造了有利条件。

(5) 财务约束原则。所谓财务约束原则,也称财务管理体制和制度。作为运动竞赛经营管理原则之一,它有三层含义:一是运动竞赛经营资金的活动必须符合国家法律、法规和财务制度的要求;二是在不违反上述要求的前提下,确立适应竞赛主体经营开发的财务管理体系;三是具体的财务管理制度、办法等。

遵循上述五项原则,对运动竞赛经营活动的资金管理和实现运动竞赛的目的都是十分重要的。

2. 运动竞赛资金管理的内容

(1) 运动竞赛资金收入的管理。运动竞赛资金收入的管理应当注意以下几点:一是所有经营性收入及其他各种渠道的收入,都要及时入账,以便考核、检查运动竞赛经营的成果及效益;二是在资金收入时要注意可比指标的使用,以便保证收入资金计算具有科学性和系统性,并为整个运动竞赛的顺利进行提供服务与保证。

（2）运动竞赛资金支出的管理。运动竞赛资金支出的管理，就是要根据各部门的职责范围和工作任务编制经费支出预算，并实行费用包干。计划外的经费支出要从严掌握，杜绝任何大手大脚或滥支滥用竞赛资金的现象和行为。与此同时，还应制订一些运动竞赛资金开支标准及财务管理办法等文件，以便统一协调整个竞赛资金支出的管理。

（3）运动竞赛成本费用的确定。运动竞赛走向市场及商业化的操作，客观上提出了计算运动竞赛经营成本的问题。运动竞赛经营成本要从成本项目、开支标准和费用负担等方面加以考虑，并相应作出具体的规定。

运动竞赛成本的计算应主要包括以下内容：

① 体育场馆建设费（或体育场馆折旧费、场地租借费等）。体育场馆及其器材设备是开展运动竞赛的物质前提。运动竞赛所需的体育场馆，一般应坚持以租借现有的体育场馆为主，以改建、新建为辅的原则，这样可以节省大量的成本支出。如果确实必须新建体育场馆，也应根据运动竞赛的实际需要，以中小型、多功能为宜，这样一方面可以减少投入，另一方面也有利于比赛使用以后体育场馆的经营开发。运动竞赛所需体育场馆如果是由运动竞赛经营者投资兴建的，则应该考虑其竞赛结束后的出路问题，这样也可以极大地减少成本支出。

② 人员接待费。包括住宿费、伙食费、交通费、医药费、差旅费等。人员接待费的开支标准要以财政、税务、劳动、人事、物价等部门的规定为依据，严格控制人数和参赛天数。要正确区分各项费用负担，建立、健全财务制度，贯彻精打细算、勤俭节约的原则，把人员接待费降低到最低限度。

③ 组织活动费。这部分费用由裁判员培训、宣传、公关、奖品、安全保卫、通讯联络、大型活动、药物检查等方面的各种费用所构成。由于运动竞赛经营情况不同，这部分费用及范围有较大的不确定性，其开支标准也没有统一的规定。这就要求运动竞赛经营者实事求是，从运动竞赛的实际需要和资金投入的可能性出发，作出科学的、可行的投入决策，力求获得资金使用的整体效果和最大效益。

④ 器材、设备及场地布置费。不同项目、不同级别的运动竞赛，对场地、器材、设备的需求也不一样。一般来说，器材设备的准备在满足并保证竞赛需要的前提下，尽量以租借为主，这样可以减少费用的支出。如果确实需要购置的也应以实用、够用为基本原则，切忌求"洋"、求"大"、求"豪华"等不良决策的发生。为运动竞赛所需而购置的器材设备，在竞赛结束以后可折价出售或转让给他人，以减少成本的支出。另外，运动竞赛所需场地的布置，既要符合竞赛的要求，也要有一定的限制，其开支应以节约为原则。要加强对各种场地布置材料的购置、入库、领用、归还等环节的管理，以减少损耗，从而降低成本的费用。

⑤ 竞赛经营管理费。这是运动竞赛承办者为竞赛经营管理活动而付出的不易计入竞赛的直接费用项目的一切开支,包括人员工资、福利费、贷款利息、养路费、水电费、燃料费、罚款费等。这部分费用一般比较稳定,可参照以往实际使用的比例计入运动竞赛的经营成本。应当指出,经营管理费属于经营性开支,应尽量减少浪费,压缩支出。

3. 运动竞赛资金管理的程序和做法

(1) 做好预算编报。预算就是一种计划,它体现运动竞赛的指导思想和总的要求,是整个运动竞赛经营活动的集中反映。预算是调整运动竞赛所需经费与可能筹集到的经费之间的综合平衡工作,也是执行经费开支的依据。经费开支是否得当,在很大程度上取决于预算安排是否合理。因此,运动竞赛经费预算要及早编制。

编制预算前要进行深入细致的调查研究,以提高预算的准确度。编制预算的依据包括:竞赛委员会的有关决定、调查研究所掌握的资料数据、经费开支标准和财务管理办法、各部办和各竞赛项目委员会(赛区)工作安排和经费预算、场地的租借(改建或新建)、器材设备需要购置的数量、当地的物价水平和群众的消费水平等。

编制预算必须考虑以下原则:消耗性费用应当尽量节约,但要打足预算;场馆及器材设备方面的费用必须充分保证,但要量力而行;各项目竞赛委员会(赛区)的经费支出应实行包干管理;适当留有部分机动费用。

(2) 推行经费预算包干,充分提高资金使用效益。经费预算包干是指预算经费一经核定,就实行包干使用、节余留用、超支不补的原则。实行经费预算包干能够加强竞赛经费开支的计划性,调动基层节省经费开支的积极性,并能较好地控制竞赛经费的开支。

(3) 制定和宣传运动竞赛财务管理办法。大型运动竞赛一般都存在机构多、人员多、涉及面广、开支复杂等问题。如果没有统一的共同遵守的规章制度和管理办法,那是很难控制竞赛经费支出的。为了加强竞赛经费开支的财务管理,需要制订"经费开支标准和财务管理办法实施细则"等文件,来对运动竞赛的财务管理指导思想、经费预算管理办法、经费收支管理办法、财产物资管理办法等方面作出具体规定,以便于有关人员共同参照执行。

(4) 积累数据,精确核算。在运动竞赛资金管理过程中注意积累各种数据是相当必要的,这一方面可以随时掌握竞赛经费的使用情况,另一方面也可以为进行运动竞赛经营效益的精确核算提供第一手数据资料,同时也能为以后的运动竞赛经营管理提供参考。

[本章思考题]
1. 简述现代运动竞赛的经济特点。
2. 概述运动竞赛的主要经营内容。

[本章练习题]
请你为第××届全国运动会组委会提供一个富有创意的经营策划。

[本章案例]

北京2008年奥运会市场开发计划启动书

序　言

2001年7月13日,当国际奥委会授予中国北京2008年奥运会主办权时,全世界的目光在此凝聚了。人们将永远记住这一历史时刻。从此,奥林匹克史册翻开了新的一页。

北京2008年奥运会将把中国和世界更加紧密地联系在一起,将把中华民族大家庭的心紧紧地凝聚在一起。

展望未来,机会无限。北京奥组委将力争把2008年奥运会办成一届最出色的奥运会。我们期望与工商企业通力合作,把中国介绍给世界,把世界邀请到中国。

申办期间北京奥申委做过的一次调查表明,94.6%的中国人支持北京申办奥运会。对赞助企业来讲,民众的这种高度支持和热情意味着极其广阔的宣传和展示空间。

对于国际企业来说,2008年奥运会将为它们加强与中国的联系、拓展新的市场空间提供一个强有力的平台。

对于中国的企业而言,2008年奥运会将是它们走向世界,一展身手的良机。它们将在关键技术、产品和服务领域展示自己,提升企业的形象和产品品牌。

新奥运之旅即将开始。它将引导企业步进无穷的商机,开拓充满希望的市场,融入最有活力的经济,走向生机勃勃的未来。

第一部分　北京2008年奥运会赞助计划

北京2008年奥运会的赞助计划是最为全面的一揽子计划,产品类别众多,营销期长达五年。赞助企业享有使用2008年奥运会、中国奥委会和中国奥运代表团品牌进行市场开发的权利。该计划力求巩固、加强和保护赞助企业的特有权利。

一、宗旨

北京2008年奥运会赞助计划的宗旨为:

◆ 遵守《奥林匹克宪章》,遵循奥林匹克理想和北京2008年奥运会"绿色奥运,科技奥运,人文奥运"的理念;

◆ 推动奥林匹克运动的发展,提升北京2008年奥运会和中国奥委会在国内外的形象与品牌知名度;

◆ 确保北京2008年奥运会获得充足、稳定的组织经费和可靠的技术和服务支持;

◆ 为中外企业提供独特的奥林匹克市场营销平台,鼓励中国企业广泛参与,通过奥运会市场营销提高企业形象和产品品牌;

◆ 为赞助商提供优质服务,使它们获得充分的投资回报,帮助赞助企业与中国奥林匹克运动建立长期的合作伙伴关系。

二、赞助层次

对北京2008年奥运会的赞助包括国际和国内两个方面:国际奥委会第六期全球合作伙伴计划在国际范围内对整个奥林匹克运动提供支持,包括支持北京奥运会。北京2008年奥运会赞助计划在主办国范围内对举办2008年奥运会提供支持。

北京2008年奥运会赞助计划包括三个层次:

◆ 北京2008年奥运会合作伙伴;

◆ 北京2008年奥运会赞助商;

◆ 北京2008年奥运会供应商(独家供应商/供应商)。

每个层次设定了赞助的基准价位。在同一层次中,不同类别的基准价位也会有所差异,以体现不同行业之间的差别。具体价位将在销售过程中向潜在赞助企业做出说明。

北京奥组委的各级赞助商将为奥林匹克运动在全国的发展做出贡献;

通过在技术、产品和服务等方面的赞助,支持北京奥组委的筹办工作,支持2008年奥运会的举办,支持中国奥委会以及中国奥运代表团。不同层次的赞助商享有不同的市场营销权。赞助商在主办国地域范围内享有市场开发的排他权(包括共同排他权)。

三、赞助商权益

赞助企业向北京奥组委、中国奥委会和中国奥运代表团直接提供有力的资金和实物支持。作为回报,赞助企业将享有相应的权益。以下是北京奥组委给予赞助企业的主要回报方式:

◆ 使用北京奥组委和/或中国奥委会的徽记和称谓进行广告和市场营销活动;
◆ 享有特定产品/服务类别的排他权利;
◆ 获得奥运会的接待权益,包括奥运会期间的住宿、证件、开闭幕式及比赛门票,使用赞助商接待中心等;
◆ 享有奥运会期间电视广告及户外广告的优先购买权;
◆ 享有赞助文化活动及火炬接力等主题活动的优先选择权;
◆ 参加北京奥组委组织的赞助商研讨考察活动;
◆ 北京奥组委实施赞助商识别计划和鸣谢活动;
◆ 北京奥组委实施防范隐性市场计划,保护赞助商权益;

根据对奥林匹克运动和北京奥运会贡献的价值不同,合作伙伴、赞助商和供应商享有不同的权益回报。

四、赞助销售

(一) 销售方式

坚持"公开、透明、公平"原则,根据行业的不同情况采取以下不同的销售方式:

◆ 公开销售:公告销售通知或公开征集企业赞助意向;
◆ 定向销售:向具备技术条件的企业发出征集赞助邀请;
◆ 个案销售:直接与符合技术条件的企业进行销售洽谈。

(二) 销售步骤

主要采取以下步骤进行销售:

(1) 北京奥组委将征集情况知会企业或向企业征集赞助意向;
(2) 企业提交赞助意向书;

(3) 北京奥组委评估机构进行企业资格评审；
(4) 北京奥组委销售机构与企业洽谈赞助方案；
(5) 企业提交正式的赞助方案；
(6) 北京奥组委评估机构提出赞助商候选人；
(7) 北京奥组委确定赞助企业，报国际奥委会批准。
在实际操作中，以上步骤可根据需要增加或减少。

(三) 销售进度

鉴于不同层次的赞助商对奥运会贡献的价值不同，销售进度也将体现投资差异。首先开始合作伙伴的销售。但根据销售进程，有可能同时进行不同层次的销售。

具体安排：

合作伙伴：2003年第四季度——2004年第四季度

赞助商：2004年第二季度——2005年第二季度

独家供应商/供应商：2004年第四季度——2007年第二季度

五、赞助商选择标准

选择赞助企业时，主要参照以下标准：

◆ 资质因素：赞助企业必须是有实力的企业，是行业内的领先企业；发展前景良好，有充足的资金支付赞助费用。

◆ 保障因素：能为成功举办奥运会提供充足、先进、可靠的产品、技术或服务。

◆ 报价因素：企业所报的赞助价格是选择赞助企业最重要的考虑因素之一。

◆ 品牌因素：企业具有良好的社会形象和企业信誉，企业的品牌和形象与奥林匹克理想和北京奥运会的理念相得益彰，产品符合环保标准。

◆ 推广因素：企业在市场营销和广告推广方面投入足够的资金和做出其他努力，以充分利用奥运会平台进行市场营销，同时宣传和推广北京2008年奥运会。

第二部分 特许计划

一、奥运会特许计划

奥运会特许经营是指奥组委授权合格企业生产或销售带有奥组委标

志、吉祥物等奥林匹克知识产权的产品。为享有这一权利,特许企业将向奥组委交纳一定的特许权费,以此对奥运会做出贡献。

奥运会特许计划旨在推广奥林匹克理念和奥运品牌,为公众提供接触奥运的机会,激发奥运热情。历届传统的特许产品有纪念章、T恤衫、棒球帽等具有庆祝和纪念意义的产品。如今的特许经营计划已发展成为一个完整的设计统一、品种丰富、品质优秀的商品计划,以更好地宣传和推广奥运会的整体形象。

二、北京2008年奥运会特许计划

（一）北京2008年奥运会特许计划的宗旨

◆ 广泛传播奥林匹克精神,树立北京奥运会、中国奥委会的品牌形象;

◆ 大力弘扬中国文化,宣传北京特色;

◆ 努力为优秀中国企业参与奥运会市场开发提供机会;

◆ 积极推广"中国制造"优质产品,打造"中国制造＝高品质"品牌理念;

◆ 最大化地为北京奥运会筹集资金。

（二）运营模式和发展阶段

北京奥运会特许经营计划将继续弘扬、推广奥林匹克品牌,同时加入中国元素、北京特色,塑造出独特的北京奥运品牌。在确定特许产品类别和品种时将紧紧围绕以上品牌内涵。

整个计划将围绕品牌管理的思路设计和管理特许产品,采取细分市场的营销策略,开发出高、中、低端不同层次的产品,以定位不同的目标顾客群。

整个计划由两部分组成:国内计划和国际计划。国内计划将在2003年下半年开始。国际计划在雅典2004年奥运会结束后开始。

所有特许产品的设计和制作都将遵循奥组委和中国奥委会编制的有关标志的图解手册和使用指南,这些手册中清楚地标明了中国奥委会商用标志和奥组委标志及徽记的使用规范。

1. 选择特许企业

在选择特许企业(生产或销售)时,我们将坚持以下原则:

◆ 通过市场调查、资质评估、实地考察等方式选择特许企业。

◆ 重点考察内容包括资金实力、生产能力、质量管理、设计能力、环保标准、防伪措施、营销策略、销售渠道、物流管理、售后服务等。

◆ 特许企业应有相应的财务能力按时交纳特许权费。

◆ 采取阶段性签约的模式。合同期满后,要对特许经营商生产和经营情况重新评估,以决定是否续约。

2. 特许权费的收取

对于每个特许企业都将收取入门费和最低保证金。入门费不得抵扣特许权费,最低保证金可抵扣特许权费。

(三) 奥运会邮/币计划

1. 奥运会纪念邮票计划

奥运会纪念邮票计划将包括三个具体项目:普通邮票项目、个性化邮票项目和邮品。题材以体育(奥林匹克运动、国际奥委会形象、组委会形象、中国奥委会形象、奥运会项目、火炬接力、开闭幕式等)、文化(中国传统文化、北京传统文化和人文景观)、比赛场馆等内容为主。

整体计划在2003年底开始,时间跨度为5年。

2. 奥运会纪念币计划

奥运会纪念币计划包括纪念币和流通币两个部分,题材以体育(奥林匹克运动、国际奥委会形象、组委会形象、中国奥委会形象、奥运会项目、火炬接力、开闭幕式等)、文化(中国传统文化、北京传统文化和人文景观)、比赛场馆等内容为主。

纪念币项目以金币、银币等贵重金属币为主;流通币项目主要是铜币、镍币、纸币等。

纪念币计划也在2003年底开始,2008年结束。

(资料来源:北京2008年奥运会组委会《北京2008年奥运会市场开发计划启动书》,http://2008.sohu.com/20051104/n240662804.shtml)

[案例思考题]

1. 北京2008年奥运会赞助计划分为哪几个层次?

2. 北京2008年奥运会的赞助商拥有哪些权益?

3. 北京2008年奥运会按什么标准来选择赞助商?

4. 北京2008年奥运会的特许计划由哪些部分构成?

5. 你认为北京2008年奥运会的市场开发具有哪些特色?你认为奥运会的市场开发可以为其他赛事的市场开发提供哪些启示及借鉴?

第五章
体育俱乐部经营管理

本章学习要点

- 体育俱乐部的含义及产生的根源
- 体育俱乐部的类型
- 职业体育俱乐部经营的主要内容和方式
- 职业体育俱乐部的运作管理
- 商业体育俱乐部经营的主要内容
- 商业体育俱乐部的运作管理
- 社区体育俱乐部经营的主要内容和方式
- 社区体育俱乐部的运作管理

体育俱乐部是人们参与体育活动、进行体育锻炼、从事体育消费的重要场所,也是一种体育经营的组织形式。通过对各类体育俱乐部经营管理活动的研究,将有利于我国体育产业的开发及体育市场的拓展。

第一节 体育俱乐部概述

一、体育俱乐部的含义及产生的根源

当今世界上形形色色的俱乐部像雨后春笋一般层出不穷,如美食俱乐部、购物俱乐部等。在各类俱乐部中,数量最多、声势最大、发展最快的首推各种类型的体育俱乐部。

1. 体育俱乐部的含义

俱乐部是英语"Club"的音译,通常作为一种组织制度来解释,指为参加某一特定活动而聚集在一起的人群或社团,或为付费成员提供服务的商业性组织。

所谓体育俱乐部,就是指实行独立核算、自负盈亏的一种体育经营实体或体育组织(社团组织)。体育俱乐部经营的产品主要为:各类健身、休闲、竞技、娱乐及其他配套服务产品。

2. 体育俱乐部产生的根源

体育俱乐部是伴随着现代工业而产生和发展的,迄今已有近200年的历史。但开始时发展速度很慢,直到第二次世界大战结束之后,特别是20世纪70年代以来,随着社会经济的发展、生产力水平的提高、余暇时间的增加、体育市场的不断拓展,作为开展体育活动主要组织形式的各种类型的体育俱乐部才日益发展壮大起来。

二、体育俱乐部的类型

世界上体育俱乐部成千上万,从事的运动项目也各不相同,但主要有职业体育俱乐部、商业体育俱乐部、社区体育俱乐部三种类型。

1. 职业体育俱乐部

(1) 职业体育俱乐部的类型。职业体育俱乐部是指为满足人们体育竞赛表演的观赏需要,将职业体育竞赛及其相关产品作为商品组织生产经营并追求盈利、自主经营、自负盈亏、具有独立法人资格的体育经济实体。

职业体育俱乐部主要有以下三种类型:

① 联办合作型职业体育俱乐部。联办合作型职业体育俱乐部是由相关体育协会和企业以合资、合作的方式组建的俱乐部,这是竞技运动项目由原来的专业队向职业队过渡时期最常见的一种运作模式。目前我国除足球、篮球等职业俱乐部之外,其他进入职业体育市场的运动项目的俱乐部都采用了这种运作方式。

② 联办股份型职业体育俱乐部。联办股份型职业体育俱乐部是指依照《公司法》的有关规定设立,俱乐部全部资本分为等额股份,股东以其所持有股份为限对俱乐部承担责任,俱乐部以其全部资产对俱乐部的债务承担责任的企业法人。这类俱乐部一般是由国有或其他民营经济按合同的投资比例入股成为股东,出资组建、按股分红的股份制职业体育俱乐部。按照《公司法》的规定,设立股份制职业俱乐部的方式有两种:一是发起设立,即由发起人(应当有 5 人以上)认购俱乐部发行的全部股份而设立的俱乐部,如辽宁足球俱乐部、上海申花足球俱乐部基本上可以算作这种形式。二是募集设立,即由发起人认购俱乐部应发股份的一部分(不得少于俱乐部股份总数的35%),其余部分向社会公开募集而设立的俱乐部,也就是我们通常所说的上市公司。这种形式在英国、西班牙的职业足球俱乐部中相当普遍,如英超足球俱乐部中的曼联、西汉姆联队等都是上市公司,西班牙最著名的足球俱乐部中大约有60%是上市公司。目前以股份有限公司的形式设立的职业体育俱乐部,在我国还处在萌芽阶段。

③ 企业独资型职业体育俱乐部。企业独资型职业体育俱乐部是由一个企业独立出资、独立经营,所有权、经营权、管理权都属于企业的一种职业体育俱乐部。这类俱乐部具有企业法人资格,按《公司法》规定的设立条件在工商行政管理部门注册登记,并受《公司法》的保护。这种类型的职业体育俱乐部避免了联办过程中的诸多矛盾,但投资企业需要有雄厚的财力和体育市场的经营经验。西方发达国家职业体育俱乐部大都是这种形式,我国只有足球职业俱乐部和少数篮球职业俱乐部按这种方式组建和运作。

(2) 职业体育俱乐部产生的前提条件。职业体育俱乐部产生的前提条件可以从体育及自身两个方面来分析。

① 职业体育俱乐部产生的体育条件。从体育条件来看,职业体育俱乐部所从事的运动项目必须具备较大的市场价值。这种市场价值主要体现在两个方面:其一,这一运动项目具有一定的民族传统和较广泛的群众基础,为广大群众所喜闻乐见;其二,这一运动项目的比赛比较紧张激烈,富有吸引力。因为只有具备这两个条件的运动项目,观众才会多,票房价值才会大,也才会具有较大的电视转播和广告价值。而同时具备这两个条件的运动项目不会太多。国际上比较流行的职业运动项目有:足球、网球、篮球、高尔夫球、冰球、拳击、赛车和公路

自行车等。在部分国家和地区流行的职业运动项目有：美国的美式足球、棒球，日本的棒球、相扑，印尼的羽毛球等。

由于职业体育俱乐部是经营性的比赛实体，需要有一整套稳定、合理、公平的竞赛体系、秩序和相应的规章制度来规范和保障，才能使全行业正常运营。因此，职业体育俱乐部必须要拥有一个权威的全国同业组织来对加盟的职业体育俱乐部进行统一领导、协调和监督。和社区体育俱乐部相比较，这种全国性的同业组织的权威性就显得更为重要。实行职业体育俱乐部制的国家，均有自己独立的全国性组织，如美国职业篮球的组织为全国篮球协会，简称 NBA。

一个理想的职业运动协会除了进行上述的组织领导之外，还必须善于利用本身的地位优势和有利条件来经营创收，并努力协助所属各职业俱乐部解决部分经营问题。其中主要是围绕着比赛而产生的各种经营活动，如电视转播权、联赛冠名权、场地广告权和各种衍生产品的开发等。

② 职业体育俱乐部产生的自身条件。从自身条件来看，职业体育俱乐部的特征决定了它有一定的数量限制，因此它所具备的自身条件要比业余体育俱乐部严格得多。每个运动项目所要具备的自身条件是不一样的。由于足球是职业体育俱乐部体制较健全的运动项目之一，其经营管理活动也具有一定的代表性，因此下面以职业足球俱乐部为例加以研究。

职业足球起源于英国，足球职业化于 1885 年第一次被英国接纳，从而开创了现代职业足球的发展史。1923 年 12 月，英格兰足协在伦敦全会上专门讨论了职业足球的一些细节问题，他们给职业足球队员下了如下定义：运动员要么是业余的，要么是职业的。所有在足协登记注册为一种职业的或接受报酬的，或在他们住宿、交通所必需的费用之外，再接受任何形式报酬的，都是职业队员。

开展职业足球必须具有一定的经济实力，一般来说在中等收入以上国家才能收到较好效果。依据国际上的惯例和国际足联的要求，职业足球俱乐部一般必须具备以下几个条件：

第一，要拥有一个标准的比赛场，有灯光、草坪及容纳一定数量观众的看台；

第二，要拥有一定的基本资金和周转资金，在经济管理上是一个独立的经营实体；

第三，要具有一支相当实力水平的球队，有正式在册球员 18 名（允许自由转会）；

第四，要承担后备力量的培养，附设青少年队。

只有具备以上条件并向足协申报，经批准后才能成为职业俱乐部队。国家足协对职业足球俱乐部和职业足球队员的条件、数量一般是严加掌握的;并不是谁想宣布为职业队就是职业队,也不是谁想招收职业队员就可以招收的。

[相关链接]

中国足球协会职业联赛俱乐部准入条件

一、俱乐部的组织结构应当符合下列要求

(1) 根据《中华人民共和国公司法》和中国足协相关规定,制定俱乐部章程,建立健全现代企业制度,完善组织机构;

(2) 以博彩等可能影响公平竞赛的行业为营业范围或资金来源的投资方,不得成为俱乐部股东;同一投资方不得同时成为两家及两家以上俱乐部的股东。任何自然人或法人不得以任何手段和方法控制一家以上俱乐部或对决策产生重大影响;

(3) 俱乐部及其股东、高级管理人员和近亲属不得入股其他俱乐部,不得管理其他俱乐部事务,工作人员不得在其他俱乐部任职或兼职;

(4) 俱乐部法定代表人无违法犯罪记录,无不良社会影响;

(5) 保证不存在、不参与任何影响公平、公正比赛的不正当交易,包括双方之间、多方之间直接与间接的以及显性与隐性的不正当交易;

(6) 根据工作需要,设置必要的工作机构,配备必要的办公设施,聘用必要的工作人员;

(7) 制定管理制度和工作人员行为规范。

二、俱乐部应当按照下列要求进行球队建设

(1) 加强运动员、教练员及工作人员思想道德、遵纪守法和精神文明的教育,自觉接受社会和公众的监督;

(2) 拥有职业球队,并组建教练组(教练员数量和资质应符合联赛规程的具体规定)。职业球员应当在中国足协办理注册手续,其数量应当符合中国足协的规定;

(3) 成立青少年球员训练中心,聘任青少年发展计划主管,组建精英梯队(预备队[18岁以上]、17岁以下队[即U17队,每队不少于25人])和符合球队发展需要的教练组,并制定青少年球员发展规划;俱乐部应当以学校为依托,积极建设10—17岁以下(即U10—U17)各年龄段的培训网点梯队,并争取当地体育部门的支持,与其配合共同培养青少年球员;俱乐部青少年经费,中超俱乐部每年不低于400万元人民币,中甲俱乐部每年不低于200万元人民币;

(4) 保证青少年球员接受义务教育,培养全面发展的高素质体育运动人才;

(5) 与教练员、职业球员及其他工作人员签订劳动合同并缴纳社会保险费,与精英梯队球员签订培训合同;

(6) 重视球员身体健康,每年为职业球员和精英梯队球员提供身体健康检查。

三、俱乐部应当拥有下列基础设施

(1) 符合国家标准和《职业联赛体育场标准》的比赛场;

(2) 可用于职业球员和精英梯队球员训练、培训的训练基地;

(3) 满足职业联赛实际工作需要的办公场所。

四、俱乐部财务管理应当符合下列要求

(1) 遵守国家财务、税务制度,保证良好的财务运行状况;

(2) 聘用专职财务人员,建立健全财务工作和管理制度;

(3) 中超俱乐部保证所有者权益3 000万元人民币以上,中甲俱乐部保证所有者权益1 500万元人民币以上;

(4) 按时支付员工工资及奖金、体育场租金、管理、安保等费用;

(5) 接受中国足协指定的会计师事务所进行审计和财务检查。

五、俱乐部参赛应当符合下列要求

(1) 达到参加职业联赛的比赛成绩要求;

(2) 尊重和遵守《中国足球协会章程》和中国足协相关规定,签署并履行《俱乐部公平竞赛公约》及《俱乐部参赛承诺书》。

(资料来源:中国足协《中国足球协会职业联赛俱乐部准入条件和审查办法》,http://www.fa.org.cn/bulletin/zcfg/2013-08-08/416608.html)

2. 商业体育俱乐部

(1) 商业体育俱乐部的含义。商业体育俱乐部是基于"花钱买健康"的消费观念而兴起的,以提供休闲、娱乐、健身服务为目的,以商业性健身娱乐设施为活动场所,依靠市场机制和利益机制运转的会员制群众体育俱乐部。商业体育俱乐部根据不同年龄、不同层次的消费者的体育需要,提供相应的服务,通过等价交换获取报酬。

(2) 商业体育俱乐部的类型。

商业体育俱乐部可以分为高级的商业体育俱乐部和一般的商业体育俱乐部两种类型。高级的商业体育俱乐部主要是面向中上层收入人群的会员制体育俱乐部。高级的商业体育俱乐部有先进的设备,周全的课程设置,并提供专业的、个性化的健身指导服务。一般的商业体育俱乐部是面向社会大众的体育俱乐部,相对于高级的商业体育俱乐部来说,一般的商业体育俱乐部的硬件和软件水平相对较低,但参与健身的人数却非常多。

商业体育俱乐部起源欧美。在当今欧美等经济发达的西方国家,健身已经不再是追求时尚,更重要的是获得健康,它已逐渐成为人们生活中的一部分,成为了生活必需,健身运动已被越来越多的人所接受,因此商业体育俱乐部就应运而生了。

[相关链接]

欧美国家商业体育俱乐部发展概况

当前美国有商业性俱乐部 13 300 家,其中体育健身俱乐部 12 000 家,占总数的 90.22%。从欧洲各国健身市场的情况看,在健身俱乐部数量上,意大利、德国、英国分别以 6 200 家、5 610 家和 4 380 家分列前 3 位。

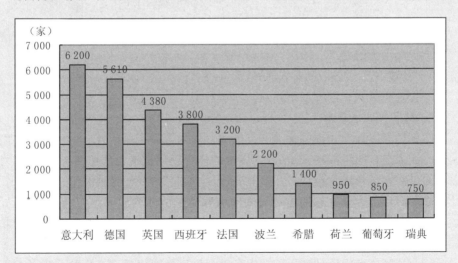

(资料来源:《财富体育论》,作者:鲍明晓,人民体育出版社 2012 年 3 月版)

自 20 世纪 80 年代在我国深圳特区出现商业性体育健身休闲场所以来，我国商业体育俱乐部经过了 80 年代到 90 年代初的缓慢发展阶段和 90 年代中后期的快速发展阶段，目前已初步形成了多种所有制投资主体并存，高、中、低档商业体育俱乐部并存的市场格局。进入 21 世纪以来，商业体育俱乐部已经成长为我国健身休闲体育服务业的主体部分，并处于自由竞争的发展阶段。

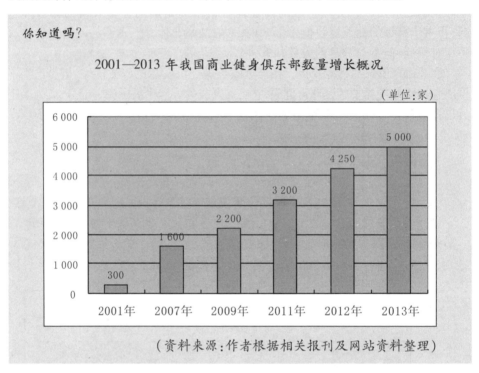

你知道吗？

2001—2013 年我国商业健身俱乐部数量增长概况

（资料来源：作者根据相关报刊及网站资料整理）

3. 社区体育俱乐部

（1）社区体育俱乐部的含义。社区体育俱乐部是指城市社区居民根据共同的目的和兴趣自愿组成的，以辖区内特定的体育场地设施为依托，经常开展体育活动的公益性群众体育组织。主要目的是通过体育锻炼，促进健康、增强体力。社区体育俱乐部为愿意参加体育锻炼的人群提供的体育服务是全方位的，不同性别、不同年龄、不同爱好的体育锻炼者，在社区体育俱乐部都能找到自己喜欢并适宜的运动项目。

（2）社区体育俱乐部产生的前提条件。社区体育俱乐部产生的前提条件可以从社会、体育及自身三个方面来分析。

① 社区体育俱乐部产生的社会条件。从社会条件来看，社区体育俱乐部比

较发达的国家或地区,一般来说,经济比较发达,人民生活比较富裕;闲暇时间比较充裕;社会比较安定,民主、自由气氛较好;政府比较重视和支持体育事业。

② 社区体育俱乐部产生的体育条件。从体育条件来看,要有一个统一的体育组织(协会)或政府体育主管部门来对各社区体育俱乐部进行业务领导、协调和监督;社区体育俱乐部要拥有一定数量的并且面向群众开放的体育场地设施;必须拥有一批经过培训的社会体育指导员或专业人员以及俱乐部的管理人员。

③ 社区体育俱乐部产生的自身条件。从自身条件来看,必须要有一个强有力的领导核心,自身要拥有一定的运动场地设施,所开展的运动项目要有一定的社会基础,再加上一定的启动资金,社区体育俱乐部才能够正常运转。

社区体育俱乐部在经济发达国家有比较悠久的历史。英、德、日三国的社区体育健身俱乐部是本国大众体育活动最广泛、最基本的单位,并扮演着重要的角色,它们对体育人口的稳定和发展起着决定性的作用。

[相关链接]

美、德、日社区体育社区俱乐部的发展背景及现状

一、美国的社区体育中心

美国社区体育发展历史悠久,可追溯到 19 世纪 20 年代初的"美国休闲活动"。随着工业化和城市化进程的加快,人们长期生活和工作在紧张、压抑的环境下,健康水平每况愈下,1885 年著名的社会活动家玛丽博士提出可以学习德国模式,探讨建立开展多种体育休闲活动的社区体育活动中心。经过近半个多世纪的努力,1956 年美国政府颁布法令"Mission66"(第 66 号命令),明确规定了社区公园体育配套设施的相应标准。现在,美国几乎每个社区都有自己的社区活动中心,美国的社区体育中心一般由室内和室外设施组成。室内设施包括:多用途的体育馆、健身房、游泳池等。室外体育设施包括:高尔夫球场、网球场、游泳池、钓鱼池、野营地等,在这些地方还可以开展骑马、滑翔、飞机模型等休育活动。社区体育中心还辟有更衣室、大厅、游戏室、俱乐部会议室、快餐店、阅览室等附属设施。

二、德国的社区体育健身俱乐部

二战后德国曾经数次启动旨在推动社区体育发展的"黄金计划",制定社区体育发展的配套设施。经过半个多世纪的发展,目前德国的社区体育及社区体育健身俱乐部的发展是世界各国较为成熟、完备的。据调查，在2001年德国已有社区体育健身俱乐部81 000个，俱乐部会员2 400万，是各国中俱乐部数量较多的国家。

三、日本的社区体育健身俱乐部

日本社区体育的发展历史已近50年的时间。1964年东京奥运会后，日本政府借助奥运会的巨大影响力，大力发展社区体育活动，提高国民体质水平。日本政府在1972年颁布了《关于普及振兴体育运动的基本计划》，对社区体育的发展规模、场地、器材等都进行了确定，保障了社区体育发展的硬件环境。2000年日本政府颁布的《体育振兴基本计划》规定：到2010年前，要在全国各市、街、村至少发展、建立1个综合型地域体育俱乐部，各都、道、府、县发展、建立1个泛区域体育中心。目前，日本已有378 000个体育俱乐部，在发达国家位居前列。

（资料来源：《国外社区体育健身俱乐部的管理与组织形式》，作者：梅丽娜，《电子制作》，2014年第3期）

我国社区体育活动现象的出现是从20世纪60—70年代开始的，最初是在一些省市由大企业牵头，周围企业参与组成了地区（片）体协。但这种组织较为松散，组织的稳定性较差。20世纪80年代中期，北京、上海等大城市出现了以街道牵头组织的体育活动，成立了街道社区体协，就地就近开展体育活动，这成为社区体育兴起的标志。进入20世纪90年代，随着居民小区的大批兴建，出现了住宅体协。1997年4月，国家体委、国家教委、民政部、建设部和文化部五部委联合发布了《关于加强城市社区体育工作的意见》。至此，全国各个城市社区体育开展得轰轰烈烈，社区体育活动进入高潮。

为了全面贯彻党的十六大、十六届三中全会的精神和《中共中央、国务院关于进一步加强和改进新时期体育工作的意见》，深入实施《全民健身计划纲要》第二期工程，推动体育进社区工作的深入开展，加强社区体育的基层组织建设，充分利用和有效整合社区体育资源，顺应全面建设小康社会的体育发展要求，满足广大社区居民日益增长的体育健身需求，2004年1月6日国家体育总局办公厅发布了《关于开展创建社区体育健身俱乐部试点工作的通知》，这标志着我国社区体育俱乐部开始建立。经过10多年的创建与发展，社区体育俱乐部在我国各地迅猛发展，并已经成为广大社区居民参与体育建设活动的主要组织形式。

> **你知道吗？**
>
> **我国社区体育俱乐部的创建概况**
>
> 为推动社区体育活动的开展，国家体育总局从2004年起，分3批创建资助共236家国家级社区体育健身俱乐部，并带动大批省级和地市级社区体育健身俱乐部的创建工作，为社区居民尤其是青少年群体参与体育锻炼创造了条件。同时国家体育总局自2000年开始命名和资助青少年体育俱乐部，截至2014年底，青少年体育俱乐部已达6 000多个，这些俱乐部很多都是依托社区创建的。
>
> （资料来源：国家体育总局《对十二届全国人大三次会议第3596号建议的答复》，http://www.sport.gov.cn/n315/n10701/c216725/content.html）

第二节 体育俱乐部的经营管理

一、职业体育俱乐部的经营管理

1. 职业体育俱乐部经营的本质和特点

从职业体育的产生和发展过程中可以看出，职业体育俱乐部产生的前提是将竞技体育竞赛作为商品并进入市场交换。因此，职业体育俱乐部是体育与商业相结合的产物，它所从事的经营活动实质上就是把职业运动员高水平的体育竞赛及相关的产品作为商品推向市场，通过交换从中获取经济利益。作为与现代市场经济相适应的职业体育俱乐部经营具有如下特点：

（1）职业体育俱乐部以体育竞赛为媒介，把体育服务作为商品进行生产经营。职业体育俱乐部的经营活动通过不断提高运动员的运动技能以及竞赛活动的组织、策划、营销等环节，使竞技体育竞赛服务产品成为观赏型体育消费者的消费对象。它通过运动员高超的运动技能、紧张激烈的比赛对抗、热烈的赛场氛围、运动员的人格魅力等，使观赏型体育消费者产生消费需求。职业体育俱乐部组织、策划具有观赏价值的体育竞赛，并通过市场交换向消费者提供体育竞赛娱乐服务，从而使俱乐部获得经济效益和社会效益。因此，职业体育俱乐部经营管理成功与否，取决于它能否最大限度地为观赏型体育消费者提供优质服务，能否充分满足观赏型体育消费者观赏体育竞赛的需要。

（2）职业体育俱乐部把营利作为俱乐部发展的重要目标。职业体育俱乐部在市场经济条件下，按照市场经济规律来经营竞技体育，把竞技体育与市场结合起来，向社会提供体育竞赛表演及其相关产品，在满足社会需要的同时，获得相应的经济利益，使俱乐部得到不断发展。职业体育俱乐部的经营目标更多的是追求投资者或俱乐部自身的利益。职业体育俱乐部实质上是按市场机制运作的竞技体育组织。职业体育俱乐部向社会提供体育文化娱乐服务，且从中营利，是市场经济的必然要求，也是职业体育俱乐部正常运作与发展的客观需要。

（3）职业体育俱乐部是拥有必要的资产或经费的企业性法人实体。职业体育俱乐部是职业体育的主要经营单位及基本的组织形式，是有着自身经济利益的经济实体，是由投资者、经营者、管理者、运动员和教练员组成的有机整体。因此，职业体育俱乐部应该是一个独立的经济实体和经营单位，具有独立的管理机构和管理方式，实行企业式的运作管理。职业体育俱乐部在符合条件的情况下向协会登记注册后，即享有法人的各项权利及义务。经济上自筹资金、自主经营、自负盈亏，并按国家有关规定上缴利润和税收。职业体育俱乐部在国家法律和规定范围内进行经营活动和开展竞争，其经营活动同时也受到法律保护和约束。

为此，任何职业体育俱乐部的投资者都要考虑俱乐部的经济利益，把追求运作利润最大化，使资本在运作过程中不断增值作为俱乐部的运作目标，由此形成企业化的运作管理方式，建立起特有的运行机制。对于职业体育俱乐部来说，运动员是最重要的资产，尤其是队中的明星球员。一个职业体育俱乐部只有拥有较多的高水平的明星球员，才能吸引到更多的观众、更高的电视转播费以及更多的赞助商，从而获得更多的经济效益。因此，一个职业体育俱乐部的价值主要取决于职业队的价值，职业队的价值又源于与俱乐部签订工作合同的运动员。俱乐部所拥有的运动员在比赛中表现出的竞技水平则是职业体育俱乐部生存与发展的基础，因为职业体育俱乐部提供的商品是体育竞赛娱乐服务，它的主要成分是运动员在竞赛中高超的运动技能。随着竞赛次数的增多、竞赛级别的提高，观众就会更加踊跃，俱乐部就可以获得较高的门票销售额和理想的电视转播权售价。同时，俱乐部的竞赛水平高，对观众吸引力大，就会比较容易引起社会的关注，从而为俱乐部进一步开拓市场提供较大的空间。

2. 职业体育俱乐部经营的主要内容和方式

所有职业体育俱乐部都是一个经营实体，经营活动是职业体育俱乐部赖以生存的基础，是经济上独立核算、自负盈亏、实行合同制的先决条件和重要保障。职业体育俱乐部经营活动的特点是走体育与市场相结合的道路，实行企业化管理,严格按照市场经济的竞争、价格和供需三大基本法则来开展经营活动。职业体育俱乐部经营的主要商品有两种：一是运动员所进行的比赛；二是伴随比赛而产生的各种衍生产品。经营的目的也有两个：一是努力创收以解决运动员的生计和训练、比赛等费用问题；二是以经济为杠杆，促进运动水平的提高，夺取更好的比赛成绩，为俱乐部及运动员本人增光，为老板获取更多的利润。

职业体育俱乐部的经营活动主要有以下七个方面：

(1) 开发门票市场。职业体育俱乐部主要靠体育自身的魅力去筹集发展资金,很少进行非营利比赛。因此,开发门票市场是最基本的经营活动。在俱乐部的经费来源中,门票收入一般要占25%以上。在英超,门票收入几乎达到了各支球队总收入的30%以上。

观众是足球比赛的上帝,因此国外各职业队均十分重视票房价值,每年都要公布观众人数和门票收入情况,并和上一年进行同期比较,以此作为衡量俱乐部经营好坏、比赛水平高低的重要因素之一。足球观众最多的首推西班牙和意大利,甲级联赛平均每场观众逾3万。没有观众就没有职业足球,也就没有足够的门票收入,从而俱乐部也就难以为继。为此,各俱乐部不惜重金高价聘请著名运动员加盟俱乐部,以增加票房价值。如马拉多纳转会到那不勒斯俱乐部的第一年,在14场比赛中就为俱乐部赚得320万美元门票收入,收回马拉多纳转会费的三分之一。所以,开发门票市场是职业足球俱乐部的基本经营活动。

门票的经营形式可以有零售,也可以出售套票。提高票房价值、增加门票收入的经营方法包括：采用高价收购体育明星的方法来造成轰动效应,提高自身的实力,从而吸引更多的观众和广告；举办各种形式的门票促销活动,如有奖门票、赛后抽奖或中场抽奖、赛季套票、贵宾席门票、购票赠送纪念品、明星签名合影售票；营造和出租供豪华客户和体育场馆里的大多数观众同场欣赏精彩比赛的豪华包厢等。

(2) 发展俱乐部的会员。职业体育俱乐部为扩大自己的实力和影响都积极发展自己的会员,并使会员费成为俱乐部的主要经费来源之一。职业体育俱乐部的会员一般在本地发展,但一些影响较大的职业体育俱乐部在全国各地都有它的会员。经营会员的方式有多种,如一般会员、荣誉会员、理事会员等,保证会员能看到一些重大比赛。职业体育俱乐部还可为会员提供队服、纪念品和随队到外地或国外观看比赛的优惠。在交通费、住宿费等方面提供便利条件和提供优惠。这样既满足了会员看球的欲望,又为本队增加了拉拉队,增进会员与职业体育俱乐部之间的感情。另外,职业体育俱乐部向会员出售优惠的年票、季票和月票,使会员成为最基本的观众(国外一般占50%左右),这样也使门票基本收入得到保证。职业体育俱乐部还可办会员之家,提供休闲、娱乐、用餐等便利,活跃会员的生活,增进会员与俱乐部之间的交往和感情。这样,会员以球队为荣,球队以会员为后盾,共建俱乐部。因此,发展职业体育俱乐部的会员并在会员中开展各种经营活动,是职业体育俱乐部的重要经营活动之一。

(3) 经营广告业务。职业体育俱乐部可经营的广告业务很多,如场地广告、比赛服装和器材上的广告、门票广告、赛场实物广告以及拍广告片等。职业体育赛事独特的广告覆盖面及广告效益,是商家企业梦寐以求的。商家企业要扩大自己的知名度、介绍和推销自己的产品,需要借助于职业体育俱乐部、职业运动员或职业联赛来开展体育营销,因此愿意投入的广告宣传费用是十分惊人的。据报道,国外有些职业体育俱乐部的广告收入一般要占比赛收入的30%—50%。职业体育比赛观众多,电视转播涉及面宽且时间长,广告宣传效果自然好,从而使职业体育俱乐部的广告业务源源不断。因此,广告就成为职业体育俱乐部的重要运作管理活动之一。

俱乐部经营的广告业务也可以通过接受各种赞助进行。赞助商通过资助为自己的厂商和产品做广告宣传的俱乐部或运动员,从而达到提高知名度和推销自己的产品的目的。广告赞助的形式,一般有现金、实物或提供某些便利等,如提供训练比赛费用、提供资金以及提供交通、食宿、营养品和服装器材等。俱乐部一方则是在比赛中冠以厂家的名字,或在球队名称前加上厂商名字,或在队服上印上厂商的名字或产品的商标。这种广告宣传效果远远胜于场地上的广告牌,因此付出的金额就更大。

(4) 出售电视转播权。出售电视转播权是职业体育俱乐部的又一经营活动,也是职业体育俱乐部经费的主要的可靠的来源之一。出售电视转播权的收入一般要占职业体育俱乐部财政收入的30%左右,个别球队甚至达到50%以上。由于电视机构特别是网络媒体为争夺职业体育赛事的电视转播权而展开竞价,导致职业体育赛事的电视转播费增长十分迅猛。

你知道吗?

NBA迎来土豪时代,9年240亿新天价转播协议达成

北京时间2014年10月7日晚上10点,NBA总裁萧华通过NBA官网及NBATV正式宣布,联盟与ESPN及TNT已经完成了新的电视转播续约合同。尽管萧华没有明确这份合同的金额,但据《纽约时报》此前的爆料,

这份9年合同从2016—2017赛季开始至2024—2025赛季结束,每年将为NBA带来26.6亿美元的收入,9年总收益将超过240亿美元。

ESPN官网在萧华正式宣布新合同签署后,通过援引《纽约时报》的报道,以"每年超过25亿美元"的表述基本证实了新合同的金额。ESPN总裁斯奇伯称:"NBA从没像现在这么广受欢迎,并且我们相信在萧华的带领下,它还会越来越壮大。"

NBA目前与ESPN及TNT的电视转播合同只有每年9.3亿美元,一下跃至每年超25亿美元也意味着NBA将另两大联盟MLB(每年8亿美元)与NHL远远抛在了身后,但距离NFL的每年54亿美元电视转播收入仍有一定差距。

(资料来源:《NBA迎来土豪时代,9年240亿新天价转播协议达成》,作者:窦俊,《南方都市报》,2014年10月7日)

出售电视转播权一般采取集中销售方式,由该运动项目的协会掌管,各参赛俱乐部提取一定的比例分成。例如,英格兰足球超级联赛的电视转播权收益就必须严格按照章程分配。电视转播费的总额中一部分划归职业足球联合会支配,主要用于福利、教育和保险等方面。剩余部分分成三大块:50%平均分配给所有英超俱乐部;25%按照比赛所取得的名次按一定比例分给各俱乐部;剩下的25%分给参加的比赛被电视转播过的俱乐部,不分主场还是客场。每支英超球队大多能从电视转播费中获得几千万英镑不等的收益。

但也有的国家是由职业体育俱乐部直接与电视台或新媒体进行交易,特别是一些商业性比赛,其收入大多数归入职业体育俱乐部的经营收入。随着有线电视和网络、手机在线直播的发展,以及为适应电视转播和提高比赛观赏性的要求,对体育比赛的组织、赛制、规则、器材等进行的改革,电视转播费将在职业体育俱乐部的收入结构中越来越占据重要的位置。

(5)转卖队员。由于职业体育俱乐部拥有众多优秀的球员及后备队员,因此球员本身就是大笔财富。职业体育俱乐部若经济拮据,濒临破产,则可通过转让自己的球员,甚至是优秀球员,以换取转会费来渡过难关。若俱乐部经营有方,也可通过培养优秀的后备球员并转卖给其他球队以获取收益。若俱乐部资金充足、实力雄厚,则也可以从国内外网罗球星,以吸引眼球,提高运作效益。

(6)开发球迷用品。由于职业体育俱乐部一般都拥有众多的会员及球迷,球迷用品开发是俱乐部的一项重要收入来源。

职业体育俱乐部可以开发的球迷用品主要有：

① 纪念品类球迷用品，如队标、队旗、桌旗、队徽、纪念牌、冠军纪念盒、冠军纪念卡、纪念盘以及冠以俱乐部标志的各种纪念小球、文具用品等。

② 日用品类球迷用品，如冠以俱乐部标志的雨衣、雨伞、望远镜、小喇叭、毛巾、扇子、油彩等。

③ 服装类球迷用品，如球迷帽、球迷手套、训练圆领衫、运动套服以及冠以俱乐部标志的领带夹、领带、围巾等。

④ 玩具类球迷用品，如球迷钥匙链、标志扑克、球星模拟塑像、俱乐部吉祥物等。

⑤ 图书图片音像类球迷用品，如球员照片、队歌CD、队歌磁带、俱乐部年历、俱乐部会刊等。

⑥ 个性化球迷用品，如与球星交谈音像制品、与球星合影的照片、球队比赛服装的定制等。

职业体育俱乐部球迷用品的开发模式可以有自营、转让开发权、授权开发等形式。

你知道吗？

英国足球俱乐部球迷的开销

在英国，职业体育俱乐部可以赚到的球迷的开销至少如下：球迷的第一笔开销是装备，一套俱乐部球衣最便宜的价格也在30英镑；另外球迷一般还要买一套稍正式的运动便装，大约花费40英镑；然后再向球迷推销印有俱乐部标志的帽子、围巾和T恤，这些东西分别为5英镑一件；几枚纪念章要2英镑；球迷在欢庆胜利时往往还要买一顶小丑帽，价格是3英镑；球迷们经常会在脸上涂抹油彩，油彩的售价是2英镑；更狂热一点的球迷还会带上一面真正的旗帜摇旗呐喊，这需要10英镑。这样，俱乐部武装好一个球迷，就可以创造102英镑的销售额。

（资料来源：《中国足球俱乐部内幕》，作者：韩勇，中国城市出版社1998年11月版）

（7）经营第三产业。除了以上一些经营内容外，俱乐部也可利用自己的场地提供有偿训练、开办主题公园、组织俱乐部观光旅游、提供娱乐场所和健身中心等，以获取相应的经营收入。

你知道吗？

皇马"不差钱" 自有"生意经"

9 300万欧元购进C·罗纳尔多，6 500万欧元买到卡卡，皇马前些日子的烧钱举动震惊世界。大家都在问："皇马哪来那么多钱？"

昨天下午，记者来到位于马德里北部、已有62年历史的皇马主场伯纳乌。经过仔细的探访，记者发现皇马"不差钱"自有它的道理。

一、参观者每天排长队

在所有马德里的导游图上，伯纳乌球场都被作为一个著名景点突出介绍。"你不想看看全世界著名的大球场是什么样吗？"一份导游手册上这样介绍。

参观伯纳乌球场是要买票的，而且不便宜，原先是9欧元，现在已涨价到15欧元（著名的马德里大皇官门票才8欧元）。让记者吃惊的是，即便是在工作日，参观伯纳乌的游客依旧在购票窗口前排起了长队。一位工作人员告诉记者"每天都是这样"。

参观的内容包括球场的看台、替补席、荣誉室、新闻发布厅等。在荣誉室，皇马的许多座奖杯给参观者极大震撼，俱乐部为所有效力过的球员制作的"球员墙"也让人深受感动。在与皇马有过交手的俱乐部队旗陈列中，记者找到了当年中国龙队和北京国安的队旗。

二、合影留念皆有文章

皇马精心安排了参观路线，让参观者既能感受到皇马的俱乐部文化，同时又能为俱乐部的经济建设"添砖加瓦"。

在参观过程中有两个拍照环节，一个是和巨大的冠军杯合影，一个是通过电脑合成与皇马巨星合影，这必须由工作人员拍摄。拍完后游客会领到一个号码牌，到最后出口时凭号拿照片并付钱。

在参观过程中，你还可以了解到皇马的很多小秘密，比如皇马的场边替补席，每个椅子都是价格不菲的蓝色沙发椅，让人觉得"坐板凳"也是一种享受。此外，参观者还可以坐在皇马的新闻发布室的桌子前，正儿八经地留影。但精明的皇马在话筒旁放了一个标牌，上面写着"不是真的"，以防有人拿着照片出去"招摇撞骗"。

三、衍生产品大有赚头

最后一站是俱乐部纪念品销售部,这是一个上下三层楼的大商店,也是参观路线的唯一出口。

皇马主席弗洛伦蒂诺夸口"光卖球衣就能挣回买 C·罗的钱",记者看到,商店里皇马球衣标价 70 欧元,印上球员名字的售价 85 欧元。所有的球衣里,C·罗的球衣确实卖得最快。

皇马用自己的标志设计了无数衍生品,大到野营帐篷,小到婴儿奶嘴。一路接受皇马俱乐部文化熏陶的参观者此时已彻底折服,很多纪念品连标价都不看就直接往购物篮里装。记者粗略估计了一下,参观门票收入加上纪念品收入,伯纳乌球场在闲置期间一年的收入就接近 3 000 万欧元。根据 2009 年最新的俱乐部收入排行榜,皇马一年的收入大约为 3.3 亿欧元。

皇马果然深谙经营之道。

(资料来源:《皇马"不差钱"自有"生意经"》,作者:张玮,《解放日报》,2009 年 8 月 25 日)

3. 职业体育俱乐部的运作管理

(1) 职业体育俱乐部实行独立的经营管理。所谓独立的经营管理,即意味着职业体育俱乐部是一个独立的经济实体和经营单位,具有独立的管理机构和管理方式,实行企业式的经营管理。职业体育俱乐部在符合条件的情况下向协会登记注册后,即享有法人的各项权利及义务。经济上自筹资金、自主经营、自负盈亏,并按国家有关规定纳税。职业体育俱乐部在国家法律和规定范围内进行经营活动和开展竞争,其经营活动同时也受到法律保护和约束。职业体育俱乐部的收入必须用于自身建设,不能挪为他用或私人占有。

(2) 职业体育俱乐部的管理机构。职业体育俱乐部是能承担民事责任的、具有法人资格的经济实体,因此有着较为明确的组织结构。一般情况下,职业体育俱乐部的组织结构由董事会和一些职能部门组成。职业体育俱乐部主席领导俱乐部董事会,俱乐部总经理管理运动员、经营部、财务部、办公室等职能部门,并直接对董事会负责。职业体育俱乐部董事会主要由俱乐部股东或代表组成,对俱乐部发展的重大问题作出决策。职业体育俱乐部主席由董事会推选或指派,通常由出资最多的一方或由其指定代表担任。董事会聘请总经理负责俱乐部的日常事务和运作。俱乐部还设有主管具体业务活动的职能部门,如行政管理部主要负责俱乐部财务方面的工作,宣传公关部主管宣传、公关、广告业务等,运动管理部负责俱乐部球队的竞赛训练工作,办公室主管俱乐部的行政性事务,市场开发部负责俱乐部的经营开发,会员部负责俱乐部与球迷之间的联系。这些职能部门均对总经理负责。

(3) 职业体育俱乐部的人员管理。职业体育俱乐部对教练员和运动员均实行合同制,即意味着允许竞争和球员流动。职业体育俱乐部按自己的需要和经济实力在所属协会规定允许范围内聘请教练员和运动员,教练员和运动员根据自身的价值和球队条件与水平自由选择职业体育俱乐部。实行合同制是职业化管理的核心,聘方和受聘方通过契约的形式确立双方之间的劳资关系,明确双方的责、权、利,其契约具有法律效力。社区体育俱乐部和职业体育俱乐部的本质区别就在于社区体育俱乐部的运动员和俱乐部之间的关系是会员关系,而职业队员和俱乐部之间的关系不是会员关系,而是劳资关系、法律关系。这种法律关系就是通过具有法律效力的劳动合同或契约来体现的。职业合同是构成所属协会、俱乐部之间关系的法律基础,运动员与协会之间的关系也是在合同的基础上对双方的权利和义务进行调解。为调解合同关系中的争议,双方缔结仲裁协议,以保证纠纷的尽快解决。运动员和职业体育俱乐部合同关系中的纠纷,可由劳动法庭解决。

吐故纳新是职业体育俱乐部生存和发展的根本之道,因此每一个职业体育俱乐部都非常重视后备人才的培养和选拔。俱乐部后备人才培养的主要途径有:一种是俱乐部自己培养,设青少年队(德国的做法);另一种是俱乐部成立专项体校(南美的做法);也有的俱乐部是从学校代表队中选拔(美国的做法);或者利用球探(职业的或业余的)到处寻觅;还有的俱乐部是采取试训的办法来进行的。

(4) 职业体育俱乐部的成本管理。职业体育俱乐部成本管理的基本原则是:根据市场的实际情况,在满足俱乐部日常开支的情况下,用尽可能少的资金来争取尽可能多的经济效益,使投资者获得最大、最为客观的利益回报。职业体育俱乐部是一个独立的经济实体,必然要讲求效益,讲投入与产出比,讲成本核算和控制。美国 NBA 各个俱乐部十分讲究成本管理,注重投入后的产出,同时经营着球赛门票、电视转播、广告、服装、器材、标志产品、吉祥物、餐饮、娱乐、旅游、博彩等业务。凡是可以获取利润的业务,俱乐部都会努力去经营。因此,职业体育俱乐部在运作管理中非常重视成本管理,尤其重视训练和竞赛的管理,训练水平高,竞赛成绩好,就是最好的成本控制;同时也非常重视投资效益,在进行一项投资之前,一般都要事先对该投资的效益进行评估,以提高投资的经济效益和社会效益。

二、商业体育俱乐部的经营管理

1. 商业体育俱乐部经营的基本特征

(1) 一般商业体育俱乐部的特征。一般商业体育俱乐部的特征主要表现为如下几个方面：

① 名副其实的商业企业。商业体育俱乐部以提供较高质量的体育服务为手段来获取盈利。因为来商业体育俱乐部活动的消费者与俱乐部之间的关系是一种商品买卖关系，所以商业体育俱乐部是名副其实的商业企业。

② 活动内容丰富多彩。商业体育俱乐部的活动内容丰富多彩，设备先进而齐全，可同时满足体育消费者的多种需要。

③ 提供专家的辅导、咨询和保护。商业体育俱乐部一般均提供专家的辅导、咨询和保护，并协助体育消费者结合自己的兴趣爱好、身体条件和健康状况，选择合适的运动项目和器械，进行适量的运动，这样有利于提高运动锻炼的针对性、安全性和效果。

④ 营业时间比较长。商业体育俱乐部营业时间比较长，一般都从清晨到深夜全天开放，周末和节假日也是如此。每个体育消费者可以自由地选择最合适自己的闲暇时间从事体育消费活动。

(2) 高级商业体育俱乐部的性质和特征。高级商业体育俱乐部的性质和特征与一般商业体育俱乐部大体相同，所不同的主要表现在以下几个方面：

① 市场定位以社会名流和绅士富豪为主。一般商业体育俱乐部的市场定位是以社会大众为主，而高级商业体育俱乐部的市场定位主要以社会名流和绅士富豪为主。

② 运动项目以时尚、高雅为主。一般商业体育俱乐部开展的运动项目是以大众化的运动项目为主，而高级商业体育俱乐部开展的运动项目主要以时尚、高雅的运动项目为主，如高尔夫球、网球、桌球、游艇等。

③ 功能定位以运动、游乐、社交等为主。一般商业体育俱乐部的功能定位主要是为社会大众强身健体、欢度余暇提供场所，而高级商业体育俱乐部的功能定位主要是以运动、游乐、社交等为主，甚至是洽谈生意的理想场所。

④ 经营形式以封闭式的会员制为主。一般商业体育俱乐部采取开放式的经营方式，体育消费者只要付钱均可以进入俱乐部从事体育消费活动，而高级商业体育俱乐部一般采取封闭式的会员制经营形式。

商业体育俱乐部不管是一般的还是高级的，其主要作用是为了满足人们花钱买健康的需要;同时,商业体育俱乐部的发展也促进了体育产业乃至整个第三产业的发展,并为社会提供了新的就业岗位。

2. 商业体育俱乐部经营的主要内容

由于商业体育俱乐部是一个商业企业,其经营的方式主要是通过以下方法来吸引体育消费者:提高服务质量,增添优良练习设施和器械,加强专人辅导和保护,维护环境美观和整洁,延长服务时间,降低费用等。

商业体育俱乐部经营的主要内容有以下几个方面:

(1) 游泳池。游泳池是一种重要的娱乐设施。由于游泳能给消费者带来诸多益处,因而热衷于这项运动的消费者越来越多。游泳池可分为室内、室外、室内外综合等多种类型。

① 室内游泳池。室内游泳池不受季节和天气的影响,任何时间都可以开放,因而使用率高,并且水温、室温都比较容易控制。一般在繁华地区的俱乐部因地价昂贵,为了节省占地面积,游泳池都建得较小;而在远离繁华市区的俱乐部内,游泳池则相对大一些。

② 室外游泳池。室外游泳池受季节、气候变化的影响较大,在南方可以春、夏、秋三季使用,在北方一般只能在夏季使用,而且由于在室外,水质保洁和温度控制比室内游泳池的难度要大。但室外游泳池的视野比较开阔,空气也比较清新,符合回归大自然的时尚,对锻炼身体的益处大,因而受到很多消费者的欢迎。

③ 室内外综合型游泳池。室内外综合型游泳池兼具室内游泳池和室外游泳池的优点,不受季节和气候的影响,又可以根据需要享受大自然的阳光和空气。它的天棚是活动的,可以根据天气的变化和消费者的需要,通过控制系统开启和关闭。但是天棚结构复杂,工程造价较高,保养和维修费用比普通游泳池要高。

(2) 健身房。健身房是商业体育俱乐部中最为常见的经营项目。它融体操运动、器械运动、田径运动等运动项目于一体,具有显著的健身、健美功能。由于它的各种器械都具有模拟运动的特点,每项运动所需要的场地都很小,这对于节约场地、提高场地利用率非常有利。同时,由于健身房的器械种类多,运动量、运动速度都可以调节,因此健身房对各种体质、年龄、性别的消费者都适用,无论何种消费者都可以因人而异地进行锻炼。

目前,健身房中使用得比较多的器械主要有:跑步机、自行车练习器、划船模拟器、举重器、多功能组合练习器、健骑机、哑铃等。

(3) 高尔夫球场。高尔夫球场的要求很高,它需要一大片占地面积不小于60公顷的绿化极好的丘陵地带,所以高尔夫球场一般建在城区的近郊或远郊。

近些年,为了满足体育消费者对高尔夫球运动的需求,一些新型的与传统高尔夫球场有密切关系的运动场所应运而生。

① 标准高尔夫球场。一个标准的高尔夫球场的面积一般为60—100公顷,球场一般长6 000—7 000米,宽度不限,设有18个球洞,洞与洞之间一般相距为90—540米不等。每个球洞周围都有天然的或人工设置的种种障碍,如:沙坑、草丛、小溪、池塘、或是灌木丛。每个洞的场地均设有开球区、球道和球洞,以开球区为起点,中间为球道,果岭上的球洞为终点。标准的高尔夫球场一般设有长、中、短三种球道。长球道:男子的距离在471码以上,女子的距离为401—575码之间,标准杆为5杆;中球道:男子的距离在250—470码之间,女子的距离为201—400码之间,标准杆为4杆;短球道:男子的距离在250码以内,女子的距离为200码以内,标准杆为3杆。一般前9洞和后9洞分别设有长短球道各2个,中等距离的球道5个,18洞的标准杆为72杆。

② 高尔夫球练习场。这种场所是为练习打高尔夫而开设的,场地比正规高尔夫球场小得多,一般内场在120米×50米左右,因此可以建在离市区较近的俱乐部内,免得运动者舟车劳顿,因而颇受欢迎。

③ 模拟高尔夫球场。这是一种用现代科技手段模拟展现出某个或某几个高尔夫球场场景的模拟球场,它能反映出运动者在该模拟球场打球的方位。一般在一间约50平方米的房间里,用幻灯机或是投影电视投射出某个100多公顷的真正球场的场景,根据感应的力度和方向将球的影像及球的飞行轨迹反映到屏幕上,并通过计算机反映出球的飞行距离,使击球人产生在现实球场击球的感受。

④ 城市高尔夫球场。这种高尔夫球场也称为微型高尔夫球场,它是用木材或水泥等材料制作出各种不同障碍的球道及洞穴,从9洞到26洞的都有。它只有推击杆,没有开球杆,球杆的长度也较短,从74—90厘米不等,适合不同身高的消费者使用。

(4) 网球场。网球运动在经济发达国家兴起较早,也很普及。我国的网球运动开始于19世纪30年代,但一直不够普及。随着2002年网球大师杯在上海的成功举办,以网球运动为主营项目的商业俱乐部前景看好。网球场地可为室内和室外两种,室外网球场的地面又分为草地、沙地、塑胶场地等。

(5) 保龄球馆。保龄球运动于20世纪80年代初期传入我国,现在已开展得十分普及,是商业体育俱乐部中另一个比较常见的娱乐项目。这是因为保龄球运动的趣味性很强,能使参加者提高兴致,同时运动量适中,能增强消费者的体质,不论体质好坏,消费者都能从中得到锻炼。

(6)其他项目。随着行业竞争越来越激烈,只经营单一项目,不能同时满足不同层次、不同兴趣的消费者的需求,会使自己处于劣势地位。因此,大多数商业体育俱乐部在搞好自己的主营项目的同时,也开发其他大众健身项目,如台球房、射箭馆、乒乓球房、羽毛球场、棋牌室等。此外,有一些商业体育俱乐部还通过增加卡拉OK歌厅、游戏机、咖啡厅、酒吧、网吧等配套娱乐设施来吸引消费者光顾。

3. 商业体育俱乐部的运作管理

(1)商业体育俱乐部的组织结构。由于商业体育俱乐部的公司体系、面积大小、可设项目不同,其内部的组织结构也会有所不同。一个常规的商业体育俱乐部的组织机构由董事长、总经理和运营部、会籍部、团操部、教练部等职能部门组成。俱乐部的总经理一般由董事长任命,并对董事长负责。各职能部门则受俱乐部总经理的领导,对总经理负责(参见图5-1)。

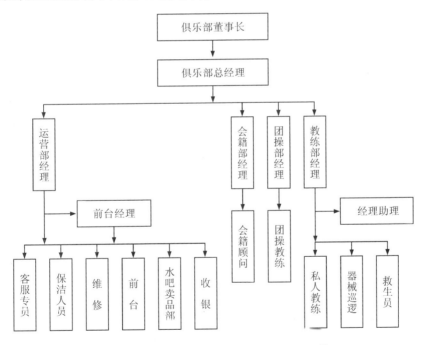

图5-1 常规的商业体育俱乐部的组织机构

(2)商业体育俱乐部的会员管理。由于商业体育俱乐部的从业人员的所有服务都是在销售"服务",让会员满意是商业体育俱乐部的营业宗旨。因此在商业体育俱乐部的会员管理上,商业体育俱乐部奉行的服务策略是以活动刺激消费,以服务代替营销,主动提供各种活动。俱乐部应主动、积极地与会员保持联系,充分了解会员的意见、反映并介绍自办的各种活动,邀请会员参与,加强会员与俱乐部之间的互动。俱乐部依据自身的定位,积极主动地策划各种活动,引导会员参与,并通过活动制造各种消费,创造利润,使会员产生适用感、实用感、尊贵感。同时,由于入会费是商业俱乐部的重要经济来源之一,良好的会员售后服务及会员服务工作则是俱乐部长期招募会员的最佳方案。俱乐部针对不同年龄、不同层次的会员的需求,策划出相宜的活动,吸引会员及其家人参与,以此凝聚会员与俱乐部之间的感情。

会员卡是会员在使用商业俱乐部各项设施或要求商业俱乐部提供各种服务时,用作识别身份、登录或结算消费的凭证。会员卡可分为:长期卡(十年卡、一年卡)、短期卡(半年卡)、季度卡、月卡、次卡等。会员分为荣誉会员(指对俱乐部作出重大贡献的会员,须经理事会推荐、董事会批准,除享有荣誉称号外,在会费方面还享受一定的优惠直到全免)、个人会员和团体会员(以单位名义参加的会员,本单位的人均可使用会员卡)三种形式。

有些高级健身休闲体育俱乐部的会员证一般分为金卡、银卡和铜卡三个等级,也有的商业俱乐部不分等级。

高级商业体育俱乐部的会费一般分为入会费、年会费和保证金三种类型。入会费一次缴纳,退会时不退款;年会费每年缴纳一次;保证金是会员在俱乐部内的信誉担保,无利息,会员如拖欠俱乐部的费用时可以从保证金中扣除,保证金在退会时还给会员。

持有俱乐部会员卡的消费者可前往俱乐部及所属设施消费。会员在接受俱乐部所提供的服务后,应出示会员卡。当会员卡遗失时,原持有者应于一定期限内向俱乐部提出补发申请,并支付补发费用。

[相关链接]

观澜湖高尔夫球会部分个人会籍价格及会籍权益

一、特许钻石个人会籍价格:RMB 2 600 000

特许钻石会籍权益:

球场设施——尊享观澜湖深圳和东莞12个球场、会所及酒店;尊享观澜湖深圳和东莞四大会所设施;以会员待遇入住观澜湖深圳和东莞酒店。

附属卡——配偶及年龄介于12—21岁未婚子女可享受打球权益及球会设施。

打球权益——主卡、配偶卡及子女卡均可免果岭费打球;主卡及配偶卡可携带嘉宾打球。

特别权益——独享北戴球场;尊享提前15天预订球场、球僮及穿梭巴服务之优先权;任何时间可预订多至2组相连开球时间(差点球场除外);尊享专用高球登记服务台;尊享东莞会所和黎光会所特许钻石会员专用更衣区。

二、绿宝石个人会籍价格:RMB 588 000

绿宝石会籍权益:

球场设施——尊享观澜湖深圳和东莞除北戴球场和张连伟球场外的10个球场、会所及酒店;尊享观澜湖深圳会所、黎光会所和乡村俱乐部设施;以会员待遇入住观澜湖深圳和东莞酒店。

附属卡——配偶及年龄介于12—21岁未婚子女可享受打球权益及球会设施不需额外缴纳月费。

打球权益:主卡、配偶卡及子女卡星期一到星期五任何时间及星期日15:30之后均可免果岭费打球;主卡及配偶卡可携带嘉宾打球。

三、东莞/深圳红宝石个人会籍价格:RMB 428 000

红宝石会籍权益:

球场设施——东莞/深圳红宝石会籍可尊享观澜湖东莞/深圳5个球场、会所及酒店;东莞/深圳红宝石卡尊享观澜湖东莞/深圳会所、乡村俱乐部设施;以会员待遇入住观澜湖深圳和东莞酒店。

附属卡——配偶及年龄介于12—21岁未婚子女可享受打球权益及球会设施,不需额外缴纳月费。

打球权益——主卡、配偶卡及子女卡星期一到星期五任何时间及星期日15:30之后均可免果岭费打球;主卡及配偶卡可携带嘉宾打球。

(资料来源:观澜湖高尔夫球会官网,http://www.missionhillschina.com/zh-CN/shenzhen/golf/membership)

(3)商业体育俱乐部的服务管理。俱乐部的服务质量对于招募会员也是至关重要的。服务质量是衡量服务的提供对消费者服务期望满足程度的重要指标,即俱乐部所提供的服务是否符合消费者的期望。服务质量主要包括服务设施的平时保养维护、服务时间与迅速性、服务人员的态度等。商业俱乐部在进行服务质量的管理时,一般以会员重视的重点、留意错误的激励方式、衡量系统需求对员工的影响、依据会员的满意度调查开发新的服务等为衡量原则。为了提高俱乐部的服务质量,满足不同会员的消费需求,赢得会员的信心,必须加强俱乐部服务人员的训练与专业技能的培训,提高对服务人员的监督,授予一线工作人员更大的处理权与判断范围,以技术、教育及质量为导向挑选服务人员,塑造员工荣誉感与质量感,掌握服务人员接洽业务的服务质量与绩效。

(4) 商业体育俱乐部的财务管理。俱乐部在制定财务计划时,应当注意会员招聘的支出、会员招聘的奖励费用、会员的随机消费机会、俱乐部管理成本等方面。俱乐部的财务管理主要包括制定收支计划、资金周转计划、资金调度计划等三项重要的财务管理计划。其中最为重要的是收支计划,它分为收入计划和支出计划两个方面。收入计划主要是以销售计划设定目标销售额,预测何时可有多少收入,包括销售收入的预测、销售收入以外的其他收入的预测。支出计划主要是采购贷款的支出计划、人事费用的支出计划、促销费用的支出计划、其他销售费用及一般管理费用的支出计划等。俱乐部的管理人员只有有效地掌握了财务计划,从数字上客观地了解俱乐部的实际运作状态,才能进行卓有成效的财务管理。

三、社区体育俱乐部的经营管理

1. 社区体育俱乐部的作用与特征

(1) 社区体育俱乐部的作用。社区体育俱乐部之所以发展迅速,备受人们的欢迎,主要是因为社区体育俱乐部具有以下三方面的作用:

① 有利于最大限度地组织广大群众从事体育活动。社区体育遍布城乡各地,且大多设在居民区和厂矿企业附近,在一些发达国家,几乎凡有人群的地方,都有社区体育俱乐部。因此,有利于最大限度地组织广大群众从事体育活动。

② 有利于竞技体育和群众体育的全面协调发展。一部分社区体育俱乐部同时开展群众体育和竞技体育,这样使两者相互促进、协调发展。特别是作为俱乐部中坚力量的广大青少年积极投身各个运动项目的系统训练和丰富多彩的比赛活动,一方面为竞技体育提供了大批有高度自觉性的、基础比较扎实的、合格的后备人才;另一方面又为群众体育培养了大批有较强体育意识和技能的后备骨干。因此,社区体育俱乐部的机制有利于竞技体育和群众体育的全面协调发展。

③可以节省政府在体育方面的投入。由于社区体育俱乐部是群众自治组织,它主要是自主经营、自负盈亏,实现自我发展。这种依靠社会办体育的形式,可以极大地节省政府在体育方面的投入。

(2) 社区体育俱乐部的特征。

① 以体育为共同的爱好。社区体育俱乐部的主要任务是组织会员开展体育活动,这里的体育活动分为积极的体育活动和消极的体育活动两种。前者是指亲自参加体育锻炼、训练和比赛等活动,后者则指球迷之类的会员,即只观赏体育比赛,充当拉拉队,为本体育俱乐部的运动员摇旗呐喊,加油打气,本身不一定直接参加体育活动,因此社区体育俱乐部的会员是以体育为共同的爱好。

② 业余性。社区体育俱乐部的会员都是利用业余或课余时间参加体育活动,这一特征决定着社区体育俱乐部的活动时间大部分只能局限在早晨、傍晚和节假日。

③ 自愿性。参加社区体育俱乐部的人完全出自自愿,没有任何强迫,而且来去自由,不受任何约束。除了少数有特殊规定之外,绝大多数社区体育俱乐部的大门始终面向所有人敞开。任何人,不分年龄、性别、宗教信仰、阶级、职业和文化程度,只要承认俱乐部的章程并定期交纳会费,均可报名参加。

④ 民主性。社区体育俱乐部由民主选举的理事会领导,会员的民主权利得到充分的保证。俱乐部的领导和会员之间只是平等的伙伴关系,而无任何从属和雇佣关系。

⑤ 公益性。社区体育俱乐部是一个公益性的组织,其运转主要依靠会员的两种奉献:一是时间,即利用业余时间无偿参与俱乐部的各项工作;二是金钱,这里指的主要是会费和捐赠。俱乐部的财产和盈利全归集体所有,任何个人不得占有。这就是说,任何个人既无权参与分配俱乐部的盈利,当俱乐部经营亏损时也不负赔偿责任。

⑥ 独立性。社区体育俱乐部是一个自治组织,独立自主是其灵魂。俱乐部及其成员对第三者保持高度独立。俱乐部主要凭借全体会员的奉献精神和自身的财力而独立生存和发展。即使俱乐部接受了第三者的捐赠或赞助,也不能影响俱乐部自身的独立性。

2. 社区体育俱乐部经营的主要内容和方式

由于社区体育俱乐部是一个非营利性的、业余的、自愿的、自治的群众性体育组织,其经营管理工作的核心是如何巩固和壮大会员队伍,以确保俱乐部的生存与发展,最大限度地满足各类会员的需要,因此,社区体育俱乐部的经营管理活动主要有以下三个方面:

（1）最大限度地满足各类会员的需要。为了最大限度地满足各类会员的需要，社区体育俱乐部采取的主要措施有：积极组织成人及青少年会员参加各种级别的比赛；积极组织一般会员大力开展多种形式的、丰富多彩的体育锻炼、游戏和竞赛活动；逢年过节举行庆典活动以联络会员感情；经常举办健身健美、健康保健等讲座，以满足会员健康、长寿、提高生活质量的愿望。

（2）激发会员的奉献精神，提高俱乐部的亲和力、向心力和凝聚力。为了激发会员的奉献精神，提高俱乐部的亲和力、向心力和凝聚力，俱乐部采取上述措施以满足各类会员的切身需要，使会员感到能够从参与俱乐部活动中得到实惠，从而舍不得离开俱乐部。此外，俱乐部还应该经常召开会员大会，向会员通报情况、征求意见，和会员商讨问题，以充分发扬民主，并针对各人的专长，吸收他们参加力所能及的工作，以培养"爱部如家"的精神。同时，授予对俱乐部作出重大贡献的运动员和工作人员荣誉会员称号，并免收会员费，以此来激发会员的荣誉感和奉献精神；对老会员给予特殊优惠，会员可以以优惠价租用会员之家来举办私人庆典活动。

（3）努力扩大财源。社区体育俱乐部的经费主要靠自筹，除了当地政府的少量补贴之外，会员交纳的会费是一个重要来源，因此社区体育俱乐部扩大财源的主要渠道是努力扩大会员的数量，以获取更多的会费收入。此外，尽可能多举办俱乐部之间的比赛等大型活动，以获取门票收入、广告赞助收入以及参赛收入；也可以对非会员有偿开放一部分场地和设施或在会员中开展募捐和义卖等活动，也可以获取一定的经营收入。

[相关链接]

美、英、德三国社区体育俱乐部资金的主要来源

美国社区体育俱乐部的资金主要来源于政府拨款、社会捐助、个人资助、会费等4部分，其中政府投入所占比例较大。而在政府的资金投入中，主要包括联邦政府的资金投入、州政府的资金投入和当地政府的资金投入3部分。在这3部分资金投入中，联邦政府和州政府的资金投入比例相对较少，当地政府的资金投入比例较多。由此可见，美国社区体育俱乐部的资金来源主要依赖于政府，特别是当地政府。

英国社区体育俱乐部的资金来源包括入会费、会费、事业收入、社会捐

助、个人赞助、政府资助、俱乐部的其他收入等,这个其他收入主要是指社区俱乐部所附带运营的酒吧收入、体育比赛收入、广告收入等。即使英国社区体育俱乐部的资金来源渠道多样化,但俱乐部维持正常运转还是捉襟见肘,财力紧张。主要原因在于英国社区体育俱乐部的会费较低,低廉的会费虽然保证了低收入居民参加体育俱乐部的权益,但是给俱乐部的运营带来了不小的困难。为此,英国政府出台了一系列的政策。首先,社区体育俱乐部的经营活动可以委托给民间专业性企业,依靠专业性企业帮助社区体育俱乐部运营;其次,对于运营成熟的社区体育俱乐部,可以申请变成慈善事业,如果一旦确定为慈善事业那么就会享受很多财政优惠政策,等等。

德国社区体育俱乐部的资金主要来源于会费。社区体育俱乐部的会费没有统一的资费标准,各俱乐部主要根据场地、器材等运营成本由理事会商议决定会费的多少。即使在同一个社区体育俱乐部,参与的项目不同会费也有所不同。在社区体育俱乐部,所有会员都必须缴纳会费,会费一般在年初支付。除了会费之外,社区体育俱乐部也会开展一些经营活动来贴补俱乐部的支出,当然这些经营活动都是在相关政策法律允许的范围内开展,而且都是以不营利为目的的经营。无论是会费还是非营利性的经营,这些经费来源都属于社区体育俱乐部的自筹资金,一般情况下自筹资金占其经费来源的大部分。社区体育俱乐部属于非营利的社会公益事业,承担着体育公共服务的职能,因此,德国政府给社区体育俱乐部也有一些资金上的扶持,不过所占比例很小。由此可见,德国社区体育俱乐部的资金来源主要还是以自筹为主,政府资助为辅。

(资料来源:《欧美发达国家社区体育俱乐部管窥》,作者:朱惠平,《体育大视野》,2016年第5期)

3. 社区体育俱乐部的运作管理

(1) 社区体育俱乐部的外部管理。社区体育俱乐部是体育社会化的基层组织和有效载体,其发展水平在一定程度上代表着一个国家体育社会化的发展水平,在国家体育事业的发展中起着举足轻重的作用。因此,各国政府都大力扶持社区体育俱乐部的发展,并把它看作是公共福利事业,在政策、经费、场地建设和使用方面给予一定的优惠和支持。政府对社区体育俱乐部的管理主要表现为宏观调控,即通过财政、行政和法律手段,如制定有关法规,对社区体育俱乐部提出一些必须履行的基本要求和协调原则；通过注册登记，控制兴办社区体育俱乐部的必要条件；制定对社区体育俱乐部收入进行免税等特殊优惠政策；向社区体育俱乐部免费开放公共体育场馆及学校的体育场地；对不能自负盈亏的社区体育俱乐部，予以部分经费补助等。

此外，社区体育俱乐部由相关体育协会和项目管理中心对其进行行业管理。

（2）社区体育俱乐部的内部管理。社区体育俱乐部的内部管理以自我管理为主，管理者以民主选举方式产生，有大量的志愿者提供服务。在社区体育俱乐部开展较好的国家，美、德等国的社区体育俱乐部多为长官负责制，下设专门机构进行管理；日本的社区体育管理体制为政府机构下设体育科，负责社区体育的宏观管理，社区体育组织及体育协会负责对社区体育俱乐部资金的筹措、人才的招收等，社区体育俱乐部的直接管理则是由大财团、大企业等自发筹建，属民间体育组织。我国社区体育健身俱乐部一般设名誉会长、副会长，实际负责运营的是俱乐部及各部门的负责人。俱乐部主席是由会员投票产生的，其责任是对全体会员负责。

（3）社区体育俱乐部的业务管理。社区体育俱乐部的业务管理主要是活动时间的管理和活动场地的管理。一般大型的社区体育俱乐部拥有属于自己的活动场地，因此大型的社区体育俱乐部可以实行全天候开放，也可以每天安排或组织活动。而一些中、小型俱乐部由于没有属于自己的活动场地，一般是利用学校或社区的公共运动场地来开展活动，也有极少部分的社区体育俱乐部是借用工厂、企业的体育设施来开展活动。因此，这部分社区体育俱乐部的活动受到时间限制，一般是集中在早晨、晚上或节假日进行。

[相关链接]

我国有关部门对社区体育健身俱乐部的管理要求

第一，俱乐部建立要到当地民政部门或所在的街道办事处或社区居委会登记、注册。

第二，俱乐部业务上接受所在区（县）体育行政部门的指导，俱乐部自然成为街道社区体协或区体育总会的团体会员。

第三，俱乐部要坚持经常开展活动，原则上每周不少于3次，每次不少于2小时。俱乐部要建立会员花名册和俱乐部工作档案。

第四,俱乐部每年年底要向登记注册部门和业务主管部门上交当年的工作总结和下一年度的工作计划。

第五,俱乐部年底进行经费使用情况审计,并向会员公布经费使用情况。

(资料来源:《体育俱乐部的经营与管理》,作者:刘平江,北京航空航天大学出版社2009年5月版)

[本章思考题]
1. 简述体育俱乐部的类型及它们之间的区别。
2. 概述各种体育俱乐部经营管理的特点。

[本章练习题]
请你制作一份商业体育俱乐部招募会员的营销策划书。

[本章案例]

中体倍力健身俱乐部的经营策略

一、中体健身俱乐部的三大优势

中体倍力健身俱乐部有限公司的"父母"皆系"贵族",一方是中国国家体育总局控股的中国第一家体育上市公司,即中体产业股份有限公司;另一方则是全美国也是全世界最大的健身俱乐部的商业运营商美国倍力公司。强强联手造就的"中体倍力"也就具有了不可比拟的天然优势:第一是资源优势,依托中体产业公司可以享用资金等多方面的资源。第二是品牌优势,美国倍力是全球最大的健身俱乐部运营商,已经拥有10多年的历史,是一个享誉全球的品牌,品牌意味着有保证的服务质量。第三是管理优势,这也是其最为核心的优势。目前,我国的健身行业尚处于起步阶段,没有多少经验可供参考借鉴,而美国倍力10多年的专业管理系统非常细致、完善,它包括培训系统、管理系统、市场营销系统等,这个系统的操作规范对于国内的健身俱乐部而言无疑是一笔丰厚的资源。

二、专业化的健身服务体系

中体倍力健身俱乐部的目标是为中国市场提供专业化、高品质的健身服务,它为每一位会员量身定制个性化的健身方案。这种专业的健身服务体现在服务的每一个环节——从会籍顾问、健身操教练到私人教练,甚至到前台、水吧和收银员。会籍顾问向顾客提供入会咨询时,详细了解顾客的基本情况(如工作状况、健身历史、饮食结构等)和具体的需求,根据这些基本信息为其设计最适宜的健身计划,带领顾客参观各种健身设备,并邀请顾客入会前在中体倍力俱乐部免费体验一天。在会员入会后,即为其提供专业的体能测试,使会员充分了解自己的身体状况,并根据测试数据为其量身定制一个安全、有效并充满趣味的训练方案。中体倍力的健身操教练和私人教练都是从体育大专院校选拔的学有专长的毕业生,并由美国倍力公司进行进一步的培训,在获得美国倍力认证书之后方可上岗。

私人教练通过一对一的方式为会员提供多方面的健身指导,包括对会员的身体进行机能评定,为会员制定健身方案,提供合理的饮食、营养建议,指导各种无氧器械训练和有氧课程训练。通过这些专业健身、健美指导,私人教练向会员传授健身知识和技能的同时,极力为会员创造一个激励性的环境,提供一种热情的、互动式的运动体验。会员和私人教练一起训练,其体能及心理将得到不同程度的挑战,整体健康及精神状态将达到会员自己从未达到的新水平。中体倍力的私人教练课程包括:实用的力量训练,使肌肉耐力及力量得到提高,延缓骨骼老化,使肌肉线条更加完美,身体形态得到改善,身体脂肪含量随着基础代谢率的增长而加快消耗;时尚的功能性训练,将平衡性、灵活性及协调性的运动结合在一起,运用多种不同的附加器械,使身体在运动后能更加自如地适应日常生活和各种特殊体育项目的需要;趣味性的互动式心肺功能运动,使心脏、肺以及血管的功能得到强化和提高,在多样性的锻炼中,真正体验到运动的快乐和挑战;BALLY 神拉,加快机体恢复,减少延退性肌肉酸痛,提高关节运动幅度,加强运动表现,并帮助提高柔韧性、伸展性,使形体更加优美,动作更加舒展。

与私人教练不同,中体倍力的健美操教练主要以集体课的形式向会员教授套路操。这些套路操由中体倍力专职健美操教练组成一个优秀的团队,通过大家的共同钻研、精心编排,制定出中体倍力的健美操套路,它包括舞蹈类课程(街舞、拉丁舞),心肺功能类课程(动感单车),基础类课程(踏板),

身心类课程(瑜伽),力量类课程(杠铃)等。关于套路操的音乐,全部经过教练精心挑选,专门制作,针对不同风格的音乐,编排不同的动作,从而形成了一个具有各种风格的内容健身项目,使套路操更具有趣味性、多变性。套路操的动作则尊崇简单、易学的理念,内容以基础动作为主。这样当会员们参加集体课程时,能够在学会动作的基础上,完全感受锻炼的乐趣。从2005年1月开始,中体倍力首先在北京推出了第一套套路操,紧接着在3月份向全国外地加盟店教练培训全新的第二套课程,从而形成中体倍力套路操在全国的统一推广。中体倍力套路操每一次课程持续3个月,因此每个季度都会推出全新的课程,健美操教练也会在不同的加盟店之间流动上课,让会员总能产生新鲜感。

中体倍力健身俱乐部专业的健身服务归根结底来源于其完善的培训系统。中体倍力的员工从进入开始,就要接受系统的培训,培训细致到应该如何接客户的电话,在中体倍力无论职位高低,都要定期培训。目前,中体倍力健身俱乐部有四种培训方式,即每年美国倍力的培训师来中国培训俱乐部专业教练,亲身传授北美最流行的健身操和训练方法;中体倍力的专业教练去美国参加倍力健身学院的培训;面对中层以上管理者的培训;对于广大员工的基础培训、专题培训等。因此,健身人才的培养、储备、输送成为中体倍力的核心能力之一,是中体倍力能保持与世界同步的一流服务品质的关键所在。

值得一提的是,中体倍力健身俱乐部在迅速发展的过程中也曾面临专业人才缺乏的问题,面对迅速的发展速度和大量的人才培养需求,仅仅依靠中体倍力自身的力量是远远不够的。而中体倍力选择了产学研结合的方法来解决"人才瓶颈"。为此,中体倍力公司在全国高校范围内寻找合作伙伴,先后与北京体育大学和首都体育学院合作,建立"北京体育大学—中体倍力健身教学研发中心"和"首都体育学院—中体倍力健身培训中心",借助高校优秀的办学经验和雄厚的教学实力,培养专业化的健身管理人员、教练和服务人员,从而缓解了专业人才严重匮乏的局面。企业与高校的合作还在健身俱乐部与专业体育院校之间搭建起一座桥梁,让俱乐部已经有工作经验的员工来到专业体育学府进行再培训,同时也能让体育院校的在校学生参与到健身俱乐部日常的经营管理中,为今后体育院校人才走向社会提供了进一步学习、实践和就业的机会。中体倍力健身俱乐部与高校联合办学,为双方未来发展都带来更强的竞争优势。与此同时,还为社会培养了专业健身人才,打造了行业内一流的培训基地,促进了我国健身行业的发展。

三、完整的加盟管理模式

"把美国倍力的成功经验与中国的实际结合起来,让每一位投资加盟者都盈利"是中体倍力发展的理想。为实现这一理想,中体倍力采取连锁加盟的方式迅速扩张,把已有的成功经验标准化,通过经营和管理的标准化复制,严格控制加盟店的服务质量,规避不同加盟店由于人员、经验、能力、悟性的不同而可能造成的工作失误,把总部和加盟者的风险都降到了最低。

中体倍力拥有一套完整的加盟管理模式,仅加盟管理手册就高达一尺多厚,内容涉及俱乐部运营的方方面面。从着手中体倍力健身俱乐部特许经营协议至新站试营业,通常需要6个月时间。其中设备从签订协议至到货需3个月。装修从方案确定到施工完毕至少需要2—3个月。首批员工招聘、培训、预销售所需的培养时间需5个月。在俱乐部经营管理的每一个环节,中体倍力都有规范的操作程序。

但是,连锁加盟店如果管理不善,将会严重损害连锁品牌的整体形象,造成不可挽回的严重后果,连锁总部或加盟者遭遇失败的案例在我国也十分常见。因此,以连锁加盟的方式扩张,要求对拥有品牌的连锁总部具有成熟的管理经验和完备的质量控制体系,在不断进行自我复制的过程中,提高品牌、设备、店面、管理等诸要素的标准化程度。

四、独树一帜的快乐营销

在众多健身俱乐部以"健康"为营销主题时,中体倍力健身俱乐部却独树一帜地选择了以"快乐"为主题,并围绕"快乐"探索出一套贩卖快乐、传播快乐的快乐营销模式,把一种"快乐主张"悄悄地渗透给自己的会员和潜在顾客。

1. 贩卖快乐

在我国,健身俱乐部仍属一项高消费的活动,尤其是像中体倍力这样的高档健身俱乐部,前期采购器材的投入和后期的运营成本都很高,会员卡的价格并不是一笔小数目。因此,中体倍力将目标市场锁定在都市高薪的白领一族。这一人群生活节奏快,工作压力大,而收入水平普遍较高,除了满足基本的衣食需求外,他们比一般人更关心自己的健康、形体,希望工作之余得到充分放松,希望扩大自己的生活范围,结交更多的朋友。中体倍力健身俱乐部除了按国际标准为他们提供软硬件设施外,更主要的是根据目标顾客的需求,为他们提供健身、交友、放松身心的环境和一种享受性的服务,让所有参加中体倍力健身俱乐部的会员在健身的过程中感觉到快乐无所不在。

2. 传播快乐

吸引更多的会员是任何一家健身俱乐部生存和发展所必须要做的事情。尽管中体倍力有自己的品牌和资源优势以及独特的快乐主张,但是怎样让更多的消费者知道自己、爱上自己呢?为此,中体倍力探索出了一套独特的传播快乐的方法。

第一,每个顾客都可以来中体倍力免费体验一天。健身俱乐部既是一项高消费的活动,又是一项体验型的产品,没有亲身体会,顾客就不会知道中体倍力的服务与其他健身俱乐部的差别,也就不会购买高额的年卡。通过一天的健身体验,顾客可以充分享受到中体倍力的贴心服务。而体验的结果是更多的人购买年卡,并加入俱乐部之中。

第二,在邀请新顾客体验的同时,不忘为老顾客提供始终如一的优质服务,依靠老顾客的口碑传播。事实也证明,服务性产品依靠口碑传播,其效果远远好于发布广告。前两年知道中体倍力的人并没有多少,但从2001年开始,它的知名度一下子就上去了,这并不是偶然的,而是长期口碑积累到一定程度的必然结果。更多的人把中体倍力介绍给朋友,更多的人向别人说中体倍力的好,口碑传播不仅提高了中体倍力俱乐部在业界的影响力,还带来了更多的会员。

第三,中体倍力更为出色的传播手段是参与健身类节目的策划和制作。

2005年中体倍力与北京电视台6套的《时尚体育》合作制作了《时尚体育——运动红人》节目。从节目的策划到场地器材的配合等都全程参与。节目组挑选的运动红人到俱乐部来,在中体倍力教练的指导下学习各种课程,最后再去挑战教练。节目本身的故事和趣味性很强,众多健身迷在看到"红人"们对课程的学习后,自然被激发起对教练和课程的兴趣。中体倍力在北京的8家加盟店的LOGO和店内布置特写镜头,多次在节目中得到自然展现,对消费者形成了犹如电影嵌入式广告的效应。

第四,中体倍力每年都会在《健与美》《时尚》等媒体发布硬广告,但更聪明的做法是:让俱乐部知名的健身教练在上面发表文章和图片。通过他们对健康、快乐等知识的传播,把中体倍力塑造成一个传播快乐的主阵地。传播快乐的传教士,更容易吸引虔诚的教徒进入教堂。

(资料来源:《中体倍力健身俱乐部经营策略研究》,作者:何兰英,《商场现代化》,2009年1月[下旬刊])

[案例思考题]
1. 中体倍力健身俱乐部具有哪三大优势?
2. 中体倍力健身俱乐部是如何构建专业化健身服务体系的?
3. 中体倍力健身俱乐部是如何开展快乐营销的?
4. 你认为中体倍力健身俱乐部的经营策略为其他同类健身俱乐部的经营管理提供了哪些启示?

第六章
体育广告经营管理

本章学习要点

- 体育广告的含义及特点
- 体育广告的功能及优势
- 体育广告的分类
- 体育广告的经营策划
- 体育广告的经营管理

体育广告是体育产业的重要组成部分。体育部门面向市场、走产业化发展道路,在所开展的体育经营活动中,有许多是和体育广告经营活动有关的。学习研究体育广告的经营管理对于提升体育无形资产的价值、拓展体育资金的来源均具有十分重要的意义。

第一节　体育广告概述

一、体育广告的含义及特点

广告,顾名思义,就是广而告之。《辞海》的解释是:"广告是向公众介绍商品、报道服务内容或文娱节目等的一种宣传方式。"美国市场营销协会(AMA)对广告的定义是:广告是由明确的广告主在付费的基础上,采用非人际的传播(主要指媒介)形式,对观念、商品及劳务进行介绍、宣传的活动。一般来说,广告就是一种宣传方式,它是在特殊的媒体上锁定特殊的对象、传达特殊的商品信息、达到一定商业目的的一种有价的传播。随着商品经济的发展、市场和商品竞争的出现,广告作为一种推销产品、传递信息、开展竞争的手段为人们所普遍使用。

广告的媒体很多,主要有报纸、杂志、广播、电视、网络、户外建筑物等六种类型。不同类型的广告媒体虽然各有其特点,但都是通过有偿形式传递产品或信息,在企业和顾客、广告经营者和广告主体之间建立起联系的一种手段。

1. 体育广告的含义

所谓体育广告,就是指以体育活动、体育场馆、体育报纸杂志、运动员及其他与体育有关的形式为媒介,将商品、服务和精神产品等信息传递给经营者和消费者的手段和方式。

2. 体育广告的特点

广告一般都具备四个基本要素,即广告的对象、内容、媒体和目的。体育广告在对象、内容和目的上,和一般广告差别不大,但在广告媒体上差别却十分明显,有自己的特点。体育广告不仅通过体育场馆、体育活动、体育比赛以及比赛期间所发行的刊物,如秩序册、纪念册、画册、门票、奖杯等为媒体,而且还可以通过运动员作为体育广告的媒体,这是体育广告的一大特点。

[相关链接]

恒大亚冠决赛临时换胸前广告

11月21日,万众瞩目的2015年亚冠决赛在广州进行,最终恒大成功获得亚冠联赛冠军。作为恒大球衣胸前赞助商东风日产,却在赛后第一时间发了一份声明,谴责恒大没有按照合同规定在决赛中穿上印有"东风日产"广告的球衣。根据比赛现场图片,恒大球员胸前替换东风日产广告的是"恒大人寿"。

(资料来源:《恒大亚冠决赛临时换胸前广告 赞助商怒讨说法》,作者:李星,http://sports.xinmin.cn/bjtj/2015/11/22/28975781.html)

二、体育广告的产生与发展

广告是商品经济的产物,并随着商品经济的发展而发展。在西方市场经济国家,广告作为推销产品、扩大销路、开展竞争、提高产品知名度的一种手段,得到了极普遍的重视和利用。企业家为了推销产品、扩大影响,一般都愿意花钱做广告,并且在产品的成本中,广告费支出也占有相当的比重。

2015年,全球广告支出达到5 440亿美元,同比增长4.4%。有关专家预测,2016年全球广告支出将增长4.7%,到年底将达到5 790亿美元(资料来源:凯络中国《2016年全球广告支出将持续增长,电视广告投入仍占半壁江山》,http://mt.sohu.com/20160921/n468904936.shtml)。

我国处在社会主义初级阶段,生产力不发达、生产社会化程度比较低,加上以往商品实行计划供应,故广告意识不强。十一届三中全会以来,随着改革开放和社会主义市场经济体制的逐步建立,广告业在我国也得到了日益兴旺及迅速的发展。自1979年上海电视台播出新中国电视史上第一条外商广告以来,我国的广告业以惊人的速度迅猛发展。据国家工商行政管理总局公布的数据,截至2015年底,全国实有广告经营单位67.2万户,比2014年增长23.6%;广告从业人员307.3万人,增长13.0%;广告经营额5 973.4亿元,增长6.6%,可见广告业在我国正处在方兴未艾的发展时期(资料来源:中国广告协会《我国广告市场规模居世界第二》,http://www.cnad.com/html/Article/2016/0422/20160422144
4322633231.shtml)。

体育广告作为一种商业广告,首先也是在西方市场经济国家获得最广泛的发展。其发展历史可追溯到19世纪。18世纪开始出现自行车运动,19世纪末就有厂家在自行车运动员身上挂广告。因为自行车公路比赛时,运动员长途骑行,他们身上的广告就成为一种流动的广告宣传,许多人也许并不知道运动员是谁,但却知道了厂商及产品的名称。环法自行车大赛路长3 000—4 000公里,奖金高达七八十万美元,参加比赛的不少骑手,从手到脚都是广告标志。这个比赛多少年来长盛不衰,就因为既深受人们的喜爱,又有着很高的经济效益,所以厂商愿意投入的广告费也多。

体育广告服务业经过一百多年的发展,目前已成为体育服务业中的支柱产业。随着现代体育运动的不断发展,公众对体育的兴趣不断提高,大众体育意识不断强化,体育运动不仅成为强身健体的需要,更是培养拼搏精神、应付各种激烈竞争的需要。体育比赛的胜利,显示了一个国家的综合国力,可以振奋民族精神,其影响力远远超过体育本身。目前,体育比赛特别是像奥运会这样的大型运动竞赛,规模大、耗资多,且来自政府的资助越来越少,甚至没有。因此,只有通过提供体育广告服务才能得到企业公司和商业财团的支持,以筹措到足够的资金。如果没有这种体育广告服务的经营活动,任何大赛都难以进行。

[相关链接]

部分奥运会的广告赞助概况

1980年莫斯科奥运会接受了60多家公司的广告赞助,1984年洛杉矶

> 奥运会,广告赞助出资额在400万美元以上的企业财团就有30家,其中可口可乐公司独家赞助1 500万美元,1988年汉城奥运会的赞助企业近100家。2008年北京奥运会的赞助企业共有65家,其中国际奥委会全球合作伙伴(TOP计划)12个,北京2008合作伙伴11个,北京2008赞助商10个,北京2008独家供应商15个,北京2008供应商17个,赞助总收入近100亿人民币。2016年里约奥运会的赞助企业有57家,其中国际奥委会全球合作伙伴(TOP计划)11家,2016年里约奥运会官方赞助商6家,2016年里约奥运会官方支持伙伴10家,2016年里约奥运会官方供应商30家,赞助总收入超过20亿欧元。
>
> (资料来源:作者根据相关报刊及网站资料整理)

广告与体育结下了不解之缘,广告支撑着现代体育运动,体育同经济的密切结合,已经成为引人注目的社会发展趋势。这是由于体育具有较强的交往功能,经济有着旺盛的拓展需求,这种功能与需求都是客观的、内在的、不以人的意志为转移的。从经营管理的角度来认识,世界级的体育比赛具备了最佳的广告时机,亿万观众的视觉焦点都集中在热烈的赛场,在激动人心的时刻,金牌与广告交织,自然会大大提高广告传播的速度和规模,广告价值也必然随之得以快速提升,这当然是企业家梦寐以求的。因为凡是人群集聚的地方,也是企业家最感兴趣的地方。所以,竞技体育已经成了一个特殊的广告媒介形式,有着巨大的经济效益。美国的可口可乐公司、日本的丰田汽车公司、韩国的三星集团、我国的健力宝集团等一批商家企业均是借助于体育广告提升自己品牌形象及品牌竞争力并获得成功的典范。

体育广告在目前得到了迅速发展有其必然的社会背景。随着商品的极大丰富和市场竞争的日趋激烈,沟通的重要性也日益突出。商家无不八仙过海,各显神通,通过各种方式大力宣传推广本企业和产品。因此,广告大行其道。人们每天都要接触大量的广告信息,无论是生活、娱乐还是工作的时候,都处在这种铺天盖地的广告包围之中。久而久之,人们难免会感到厌倦,甚至产生逆反心理。根据某专业机构的调查,商家广告所提供的信息中,98%不为消费者所关注,即使是被他们所关注的那些少得可怜的信息,过目的时间也很短。此外,由于某些广告的夸张和虚假,使人们对广告的置信度急剧下降。面对这样的现实,商家处心积虑、千方百计地探寻一种新的、更有效的营销手段。体育是一种具有强烈感染力的肢体语言,它已经成为人类生活的重要组成部分,是人们交流、娱乐、发泄和自我认可的良好载体。现代体育的发展呈现出国际性、社会性、科学性的趋势。体育的这些特点使它具有独特的沟通作用。体育也是人们价值观和生活形态的体现,参与体育对满足人们的某些社会文化心理、实现其价值观、迎合其消费观念有重要作用。所以,体育成为"注意力经济""眼球经济"关注的热点。体育广告便在这种情况下开始迅速发展。它的出现和发展,大大丰富了沟通手段,把企业营销方式推上了一个新高度。

随着改革开放和我国体育部门体制改革的不断深化,体育广告服务业在我国也正处在方兴未艾的阶段。无论是全国性综合运动会,还是地区性综合运动会,无论是单项运动会,还是部门举办的邀请赛、杯赛,甚至是群众性体育竞赛,都为体育广告服务经营单位提供了极好的经营机会。体育广告服务业已成为我国体育服务业的重要组成部分。尤其是最近几年,随着我国竞技体育的社会化和职业化的推进,体育广告资源日渐丰富,众多的体育明星活跃在广告领域,越来越多的企业也开始注意借助体育来扩大知名度,体育广告得到了很大的发展。

三、体育广告的功能、优势和分类

1. 体育广告的功能

体育广告的功能和作用,一般可归纳为以下几个方面:

(1) 传递信息,沟通产需。体育广告的首要功能与作用,就是通过体育媒体把产品或服务的信息传递给可能的消费者(包括现实的和潜在的消费者),即沟通产品的生产者与消费者(或用户)之间的联系。为了沟通产需之间的联系,不仅生产单位、销售单位需要做广告,寻找顾客,而且一些急需某种设备或原料的单位也刊登广告,寻找生产厂家。体育作为一种独特的宣传载体,吸引了众多人的目光,它在促进生产者和消费者之间的沟通上具有很好的桥梁作用。

(2) 激发需求,增加销售。体育广告就是要借助体育媒介的宣传,使那些原来不打算购置这种产品的单位或个人,能对这种产品发生兴趣,进而产生购买的欲望和冲动,最后自觉掏钱来购买它,以此扩大产品销售量。特别是由著名运动员代言的体育广告的促销作用尤其显著。

(3) 介绍知识,指导消费。体育广告和其他广告一样,可以通过对产品知识的介绍,起到指导消费的作用。消费者在购置某些产品以后,由于对产品性能和结构不十分了解,既不会正确使用,也不善于保养,往往会发生问题。通过广告对产品知识的介绍,可以更好地指导消费者做好产品的维修和保养工作,从而延长产品的使用寿命。所以,广告可以给人们带来方便和利益。

（4）树立企业形象，扩大产品知名度。许多企业、许多产品、许多品牌原来并不为人们所认识，而通过体育广告的宣传作用，会成为家喻户晓的著名品牌。不少消费者通过体育这一媒介而认识了某企业及其产品。

（5）促进体育事业发展。综合国内外体育发展的经验，体育事业走社会化、产业化的道路是它的必然发展方向。在体育事业收入中，体育广告起到了非常重要的作用。通过吸纳社会的广告收入，运动竞赛可以摆脱国家拨款不足的矛盾，使竞赛的经费来源趋于多样化。体育广告也可以提高运动员的收入，并提高运动员的竞技水平。运动员为了获得更多的广告收入，就必须注意自己的社会形象，提高运动技术水平，从而使体育竞赛的竞技性和可观赏性有了进一步的提升。

你知道吗？

健力宝因赞助中国奥运军团而"一夜成名"

1980年左右广东体育科学研究所研发出一种药水，可以让运动员迅速恢复体力。成果出来后，他们找遍大厂，却无人愿意生产，科技成果转化为产品依然是难题。

一次，发明人和李经纬的表弟区盛联闲聊，区说可以到三水酒厂试一试，结果双方一拍即合。发明人黄协荣等在三水酒厂三个多月，做了130多次实验，终于成功做出了健力宝汽水。

当时国内没有易拉罐包装饮料，为了提升品牌形象，李经纬说服一家香港企业生产易拉罐，然后在百事可乐的罐装线上偷偷完成。刚刚诞生的健力宝成为中国奥运军团的首选饮料，并在1984年8月随着中国队的出色成绩而大放异彩。健力宝赞助的中国女排在本届奥运会上实现三连冠。健力宝成为"东方魔水"，一夜成名。

健力宝的初始资金只有28万元，全部押宝在奥运会上，可以说是赌博。健力宝是魔水，而李经纬就是魔法师。

当时国家队每年饮料费6 000元，每个运动员一年只能买一箱健力宝，而在一年只有几万元利润的情况下，健力宝每年赞助国家队26万元。

1987年李经纬以250万元价格买下广州六运会的饮料专用权，250万元相当于三水县企业全年的利润总和。

六运会结束后的订货会，两个钟头健力宝订单达2亿元。

1990年亚运会,健力宝赞助1 000万元成为第一家赞助商,并且是赞助额最高的中国企业。李经纬再一次赌赢了,1990年全国糖酒订货会上,健力宝订单高达7.5亿元,占整个订货合同的1/4。

健力宝销售额从1984年的345万元狂飙到1996年的接近60亿元并成为中国民族饮料第一品牌,从1991—1996年,健力宝囊括产品、销量、利润所有的全国第一。

(资料来源:《健力宝因赞助中国奥运军团而"一夜成名"》,作者:鹏飞哥,http://blog.sina.com.cn/s/blog_b27a946a0101fffr.html)

2. 体育广告的优势

现代社会广告媒体很多,其中主要有报纸、杂志、广播、电视及网络等。不同的广告媒体,其特点和优势是不一样的。和以上这些广告媒体相比较,利用体育媒体提供广告宣传具有如下特点及优势:

(1)观众多,广告传送面广。一场体育竞赛的现场观众动辄成千上万,国际体育竞赛的电视观众、网络观众更是以百亿来计,这是其他任何活动望尘莫及的。因此,利用体育媒体做广告,其广告信息传递的受众非常宽广,在上百亿人群面前出现,无疑意味着巨大的曝光机会,这是众多商家对体育赛事广告争相追捧的根本原因之所在。

> 你知道吗?
>
> **近4届世界杯的观众概况**
>
> 2002年世界杯足球赛决赛阶段的64场比赛,在全球213个国家吸引了累计290亿人次的电视观众。
>
> 2006年德国世界杯全世界的电视观众总人次在500亿左右,平均每场比赛电视观众多达5亿人次。
>
> 2010年南非世界杯期间现场观众达到300万,全球大约有36亿观众观看了比赛,累计观看次数超过300亿人次,而中国观看次数超过110亿人次,占全球的三分之一。
>
> 2014年巴西世界杯现场观众总人数接近340万人,全球累计观看人次260亿,共198个频道转播。
>
> (资料来源:作者根据相关报刊及网站资料整理)

（2）时间长，一次投资多次受益。平常厂商在电视上做一次广告的时间只能以分以秒计算，而一场体育比赛往往需要数十分钟甚至数小时。而且大型国内外体育比赛，无论是场地展示还是电视转播的重复率都很高，因而广告的重复率就高，这样对广告主来说是一次投资、多次受益。

（3）效果自然，易为人们所接受。现代社会市场竞争相当激烈，商业广告铺天盖地，使消费者对此不感兴趣并产生厌烦情绪。而利用体育媒体做广告，特别是比赛时作为背景的场内广告牌屡屡进入人们的视野，使观众在欣赏精彩比赛的同时，也自然而然地接受了广告的宣传。

（4）影响大，广告效益好。由于著名运动员及著名球队是广大球迷心目中的偶像和模仿的对象，并且人们普遍具有"爱屋及乌"的消费心理特点，因此"追星族""粉丝"不仅崇拜运动明星本人，而且对运动明星所穿的运动服装、所使用的运动用品等产生一种追求、模仿的渴望。因而由运动明星所代言的广告的示范效应特别显著，从而促进了产品的销售。

3. 体育广告的分类

按照不同的广告形式和不同的媒介，可以把体育广告分为以下各类：

（1）场地广告。这是最普遍的形式，即利用体育场所、借助各类体育比赛或其他体育活动的机会，在场地内外悬挂或摆设立牌广告、横幅广告、赛场地面广告等。

（2）路牌广告。即借助体育比赛或其他体育活动的机会，在比赛线路（赛段）沿途的路边或建筑物上摆放、悬挂、展示各类广告牌。

（3）冠名广告。这就是给各种体育活动、运动队、体育俱乐部等冠以企业或产品的名称，如"××杯中国足球超级联赛"。还有一种是在奖杯上冠名，即在运动会颁发的奖杯上冠以企业或产品的名称。

（4）印刷品广告。即利用体育活动的入场券、佩戴的证件、号码布以及秩序册、宣传画、成绩册、明信片、信纸、信封等做媒介，在这些媒介的适当位置印上企业的宣传材料进行广告宣传。

（5）排他性广告。即在某些体育活动中，体育组织授权某企业独家提供某一类别的产品，如指定饮料、指定产品、标志产品等。

（6）奖券（奖品）广告。即在某些体育活动中，通过体育彩票、可抽奖门票、购物打折券、实物奖品等形式来提供体育广告服务。

（7）实物广告。在运动服装、运动器械、纪念品、礼品上带有广告宣传用的商标名称或企业名称。

（8）明星广告。利用在社会上具有较大影响力的体育明星作为广告载体，制作广告节目,开展现场促销或做形象代言人等。

除上述几类体育广告外,还有体育场馆内外设置的立牌广告、横幅广告、电子记分牌广告、气球广告、拉拉队广告、背景台活动广告等。

4. 体育广告体系的构成

体育广告体系的构成(见图6-1)有一个演进的过程。在最初阶段,体育广告涉及的对象一般只是广告主、体育媒介(包括体育赛事、体育明星、体育俱乐部等)和小范围的目标受众。在传媒产业还不发达、企业营销理念和手段还不先进的情况下,企业一般通过体育媒介把想要表达的信息直接传达给受众。但这种广告的信息量比较少,传播面比较窄。随着现代传媒的发展、中介力量的兴起以及赞助质量的提升,传媒和中介组织成为现代体育广告体系中不可缺少的重要环节。

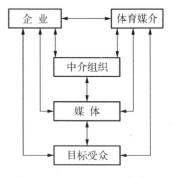

图6-1 体育广告体系的构成

一个完整的体育广告体系应包括企业、体育媒介、中介组织、媒体和目标受众等五个部分。除了传统的企业、体育媒介和目标受众外,媒体和中介组织已成为现代体育广告体系中不可缺少的部分,这两者的加入使体育广告更加专业化,使广告的信息更加明确,信息传播的途径更具针对性。

需要特别说明的是,体育广告体系的五个部分只有通过有效的互动才能取得良好的广告效果,但这五个部分的关系并不固定,关键要看各方利益的结合程度以及体育广告的策划效果。

第二节　体育广告的经营策划与经营管理

体育广告是一项实践性很强的活动。它实行的效果好坏关键在于它的运作。另外,广告作为一种营销手段,是服务于企业的业绩增长和体育组织收益增加的。在实施体育广告的过程中,必须做到理性决策,以实现"双赢"为最终目的。因此,在策划体育广告时,必须对它的每一个环节都进行精心的设计和操作,使广告体系中的各个主体都能有效地发挥作用,从而使广告的效果达到最大化。

一、体育广告的经营策划

获得体育广告经营业务并不容易,少数体育广告是由客户主动找上门来的,大多数体育广告业务则是靠体育广告经营单位提前同企业联系,主动争取来的。体育广告经营的实践证明,争取体育广告业务是一门技术、一门学问,要搞好体育广告经营管理,必须掌握有关的经营策划谋略。

1. 体育广告经营策划的基本原则

互惠互利是体育广告经营策划的基本原则。互惠互利是体育广告赞助合作的基础,也是体育广告经营的基本原则。这是因为:广告客户和体育广告经营单位都是独立的或相对独立的商品生产者和经营者,彼此消耗的物化劳动都要得到适当补偿,否则双方再次合作就有困难。对于厂商来说,广告投资一定要有广告效益回报。因此,争取体育广告赞助首先要考虑广告客户的利益,赢得企业厂家的信任和支持,否则一味强调自身利益是很难进行合作的。由于目前我国体育市场发育不健全,从而体育广告业的发展也不平衡,因此互惠互利的实行在各地也不完全一样。

恪守诚信、与人为善是体育广告的另一个重要原则。同企业经常保持联系,是体育广告业务经营中的一项重要公关活动。不管企业经营好坏,也不管企业是否打广告,都要与其保持密切联系与沟通。适当进行"感情投资","以诚待人",这样可取得企业的好感及信任,从而为今后的业务往来打下基础。不能"有事有人,无事无人"。

2. 体育广告经营策划的基本思路

(1) 广告主的选择。并不是任何商家企业的任何产品都适合利用体育媒体进行广告宣传的,因此体育广告服务业客户的选择是有一定讲究的。选择理想的体育广告服务业的目标客户必须充分考虑各种因素,研究两者之间的最佳契合点,这样才能取得较好的广告效益。为此,在选择目标客户的时候,应该考虑以下四个方面的因素:

一是企业产品与体育运动的关系。一般来说,和运动有关的企业及产品(如运动器材、运动服装、运动鞋帽等产品)、家电产品(如电视机、影碟机、家用电脑、手机等产品)、摄影器材(如胶卷、照相机等产品)以及民用和大众日常生活用品(如建材、服装、饮料、保险等产品)比较适合利用体育媒体进行广告宣传。

二是了解企业总的情况。要向企业提出一年的体育竞赛活动计划,宣传活动的规模、影响和优惠条件;为企业提供产品需求量和需求趋势的预测资料;提供竞争者对市场占有情况的资料;提供用户对产品的设计、商标、包装的反馈信息;为企业拟定广告计划和广告策略提供较好的媒体;争取企业把体育广告赞助列入活动计划。

三是了解企业的宣传需求。对一个企业来说,它的老产品要宣传,新产品更要宣传;销路不好的要宣传,销路好的为了更有力地参加竞争、扩大市场占有率也要宣传。因此,想得到企业的广告赞助,重要的是要了解企业迫切需要重点宣传的是什么,以及怎样宣传才对它有利。

四是了解企业领导人的个性心理特征及爱好。由于企业广告费开支是计入产品成本且有固定比例的,因此其广告费用可投入任何广告媒体来宣传其产品及企业。企业领导人对体育是否感兴趣、对体育的经济功能是否有清楚的认识、对体育运动哪些项目感兴趣,这对体育广告经营者能否拉到体育广告业务有直接关系。如果他们爱好体育活动,热心社会公益事业,并对体育的经济功能十分熟悉和了解,那么,上门去争取广告赞助,效果就会比较好;否则,难度较大。对体育广告经营单位来说,能够注意到这些细小问题对工作是有利的。

(2) 体育广告的营销方式。体育广告的营销方式有很多种,不同性质的体育活动,其广告招商的方式和途径也有所不同。一般来说,体育广告的营销方式主要有以下六种:

① 招商。招商就是将体育广告资源包装策划后,向社会公开推出,征求合作伙伴。这是一种基本以自我为中心的营销手段,适合于广告价值大、水平高、影响大的体育活动。

② 广告。在电视、报纸、网络等新闻媒体上发布广告,推介体育广告资源,公布招商计划,或请记者写一些软性的报道。这种主动搏击市场的方式为大多数体育广告经营单位所采用。

③ 游说。人际关系在现代营销中起着不可轻视的作用。体育广告经营单位在广告营销过程中,应充分利用各种社会关系,以提高广告的寻找效率,降低搜寻成本。

④ 中介机构代理。随着市场经济的深入发展和社会分工的日益明细化,中介组织以其独特的功能在促进市场交易方面起的作用越来越大。在体育广告营销中,中介机构的作用也非常明显。

⑤ 行政手段。行政机构在考虑其整体利益的基础上,有时会对体育活动的广告营销给予一定的扶持,如一些具有较大社会影响力的体育赛事的举办(奥运会、亚运会、全运会等)会给举办地的社会带来重要的影响,所以政府会给予较大的支持。我国目前的体育广告营销中的行政痕迹比较明显。

⑥ 主动出击。体育广告经营单位在进行广告营销时,成立专门的机构,组织

相关的人员,制订营销计划,并主动与目标企业联系。这是一种依靠自己力量的广告营销。这种营销方式的缺点是可能会因为运作的不规范而影响广告收益。

3. 体育广告费用的支付方式

具体的费用支付方式须在双方签订的协议中予以明确规定,如费用支付的手段、时间,费用的形式是资金还是实物,如果是实物,如何计算其价值。这都必须在协议中作出明确规定,以免在以后的广告操作中出现纠纷。但是,体育广告经营单位在广告招商中应该采取机动策略,对广告费用的支付方式要视具体情况灵活处理。

在体育广告费用的支付上要善于利用"变通"的技术。所谓"变通",就是指以较灵活的方式帮助企业解决想做广告但经费一时难以筹措的问题。当某一企业想做广告,而经费一时有困难而支付不出时,完全可以采取缓交或分批交纳广告费的办法给客户做广告。有时企业没有现金,愿意给产品,也可以先接受产品然后再变卖。"变通"是建立在相互信任基础之上的相互支持和合作的一种形式。因此,"变通"是有原则的,是在政策和法律许可的范围内的"变通",而不是违反政策原则搞不正之风的"变通"。

4. 体育广告的回报手段

体育广告回报手段,就是指体育广告经营单位给予广告主的各项权益。体育广告回报手段基本可分为以下几种:

(1) 赛事冠名权和各种称号使用权。这是体育广告的主要回报措施。其中赛事冠名权影响最大,是冠名广告主的独享专利。广告主除了从签订合同起就享有赛事冠名权,在任何场合提及这一赛事时都必须使用包括广告主名称在内的全名,不得省略外,一般同时还享受奖杯杯名权和向获奖者授奖权。其最大特点是广告主的名称和赛事总是联在一起。

(2) 会徽和吉祥物使用权。重大赛事一般都有会徽和吉祥物。作为体育广告回报,主要是将会徽和吉祥物印在产品包装和广告上,使广告主的名称及产品直接和赛事挂钩,借以提高广告主及其产品的档次和声望。

(3) 各类广告权。体育广告权通常分为两种:一种是与回报无关,只是单一地买体育广告权;另一种是回报性体育广告权,即把各种体育广告权利作为体育广告回报的方式之一,供广告主进行广告宣传。

(4) 公关活动权。公关活动权就是指广告主可以利用赛场开展公关活动。如广告主在赛场内或周围设立自己的独立展厅、展棚、展台或接待处,以便展览供观赏和试用的产品,散发广告和推广产品,提供咨询,或接待应邀而来的官员、社会名流、主要代理商、供应商等尊贵客人;现场活动举办权,即广告主可以利用比赛前或中间休息的时间举办一些抽奖、有奖趣味比赛、体育或文艺表演等活动,使大家在休闲、娱乐的过程中愉快地接受广告主的沟通意图。

(5)赛场专卖权。就是在赛场只能独家专卖主要广告主自己的产品,如饮料、食品、纪念品等。

(6)媒体曝光权。主要指广告主的名称、商标、主要产品以及领导人活动(如出席开、闭幕式,开球,讲话,授奖等)的电视和报纸的曝光权,其中包括曝光的时间、次数和力度等具体权利。这是影响最大、赞助者最感兴趣的一种回报。由于这种回报在很大程度上牵涉到媒体的合作,因此,事先必须要和媒体协商并取得书面承诺之后方可。

(7)礼遇权。主要是指广告主可享有不同档次的包厢和贵宾席,在赛场主要入口处拥有专用而方便的停车位,出席招待会、宴会和新闻发布会时在贵宾席入座,独立召开新闻发布会或记者招待会等特殊礼遇权。

5. 体育广告的实施过程

(1)体育广告计划的制定。计划是组织决策活动的前提,目的明确的计划可以在充分考虑企业现有资源并加以整合的基础上,有效地调动各方面因素的积极性,以保证企业某项活动的发展方向。企业在确定了以体育为媒介进行营销的方案后,就必须制定详尽的广告计划,以确保广告的成功。一般来说,一个体育广告计划的制订大致包括以下几个方面:

① 体育广告的必要性分析。体育广告服务的经营单位在市场营销过程中,应对自身所掌握的资源和目标进行全面的分析,以探求两者结合的必要性和可行性。只有这样,才能做到有的放矢地制定营销策略,提高营销的成功率和效果。对体育广告服务资源分析的内容主要包括:一是体育赛事或体育组织的性质。如是职业比赛还是业余比赛,是国内比赛还是国际比赛,是综合性赛事还是单项赛事;是职业体育俱乐部还是业余体育俱乐部,是体育俱乐部还是体育协会组织等。此外,还要分析该体育媒介的发展状况。二是传播途径,即有关该体育赛事的信息主要是通过哪些渠道传播的,传播的范围有多大,传播的时间有多长。三是影响人群,即该体育活动的现场观众和电视观众、报刊读者的人群特征主要是什么。四是影响地区,即该体育活动的地区影响力的辐射范围有多大。五是体育活动的开展时间,看其是否与目标企业预先确定的营销时间相吻合。

对目标商家企业的分析主要围绕五方面进行:一是市场定位,即商家企业是以怎样的身份参与市场竞争的,商家企业有怎样的市场营销和发展规划等。二是近期市场规划,即商家企业在最近一段时间里的市场开发规划是什么,是否与体育广告服务营销相矛盾。三是营销传统,即商家企业主要的并经常采用的营销手段是什么,接受新的营销手段的可能性有多大。四是目标市场,即商家企业的主要目标顾客有什么特征,商家企业营销的主要区域在何地。五是地理位置,即商家企业位于哪一个行政区域。

通过对体育广告资源和目标商家企业的全面分析,探求两者的结合点,以寻求商家企业的需求与体育广告资源的最佳结合点,并以此作为向商家企业开展体育广告服务营销活动的主要依据。

② 拟订体育广告服务目标。体育广告服务的经营单位在获得可开发的体育广告资源后,应结合体育广告经营单位以往的营销活动和本次营销的特点,确立本次体育广告服务要实现的目标。确定合理的目标有利于使体育广告服务计划的制订更富有可操作性,并使日后评价体育广告服务的效果有了依据。体育广告服务的营销目标一般包括以下几个方面:一是媒体参与度,包括吸引的新闻媒体数量及级别。二是价格,包括哪些有形和无形资产可以利用,利用的方式如何;这些可开发资源的价格是多少;如何确定实物赞助的价格。三是目标市场,包括体育广告服务资源与哪些商家企业或产品的形象有关联;这些商家企业成为体育广告服务客户的可能性有多大。四是风险避免,包括谁承担体育广告服务实施过程中发生的风险、如何避免这些风险。

③ 建立体育广告服务的专门工作机构。一项体育广告服务计划的实施不应单单是体育广告服务经营单位的事情,它还应有一些辅助机构,特别是还应有上级领导的督导。因此,在实施体育广告服务计划时,根据体育广告服务的规模和性质,尽管有时可以不设立由多部门参与的专门机构,但应建立起各部门的协作机制,以使事务处理的效率得到提高。

一般来说,确立实施某项体育广告服务计划后,首先应确定直接负责的体育组织领导和部门(一般为广告或市场部门),然后确定负责实施计划的团队,这个团队是所要实施的体育广告服务计划的直接操作者。必要时,体育广告服务的经营单位可聘请专业人士参与机构的工作,以提高操作的专业性,保证广告的实施效果。

④ 体育广告服务方案的选择。体育广告服务的经营单位出于集思广益的需要,可能制定多份体育广告服务的策划方案。因此,必须选择一个既符合实际,又能充分体现体育广告服务经营单位利益的方案,以此作为和目标商家企业谈判的底本和实施的预案。

在选择体育广告服务方案时,应结合体育广告服务经营单位过去体育广告服务营销的案例和事先确定的体育广告服务的目标,对比不同方案的优缺点,选出最具操作性和切合体育广告服务经营单位实际的方案,并根据目标商家企的营销需要,对此不断加以补充和完善,力求做到商家企业的利益诉求最大化。

⑤ 谈判并签订协议。体育广告服务经营单位与商家企业的实际接触是把可能性转变为现实性的关键环节。因此,双方应本着互惠互利的原则,务实地进行交流和协商。在谈判中要注意谈判技巧。一要做好谈判前的准备工作。首先,要明确目标商家企业的相应负责人和机构,并与对方协商好谈判的时间、地点。其次,应准备好本方的相关材料以及收集对方的材料,选择本方的主要谈判人,确定本方的谈判底线。二要把握好谈判的时机,力争赢得胜利。在谈判过程中,谈判人一定要尽量阐明本方的立场和利益要求,并利用所掌握的对手的材料,压挤对方的要求,满足自己的需求。要善于把握住时机,找准双方利益的妥协点,及时达成体育广告服务的协议。在会谈结束部分,应澄清模糊的内容,进一步明确达成共识的部分,并约好正式签署体育广告服务协议的时间。

一般来说,体育广告服务协议的约定有三种形式:确认函、协议书和正式合同。确认函的正规化程度最低,仅是双方权利义务的确认。协议书的正规化程度略高于确认函,是双方签署的正式文件,是一种不具有威胁性的非标准化的合约书。正式合同最规范、最正规,是具有法律效力的正式文件,双方都必须根据合同来履行各自的义务。选择哪一种约定形式,可根据双方当事人的需要和体育广告服务的规模确定。一般而言,使用正规的合同对维护双方的权益最有保障。体育广告服务合同的内容一般包括:双方的名称、负责人;广告的方式;双方的权利和义务;违约责任等。

(2) 体育广告方案的执行。当体育广告经营单位与企业签订广告合作协议后,就进入了体育广告协议执行阶段,执行阶段的核心任务就是落实体育广告合同条款,保证合作双方利益的实现。为确保体育广告合同的履行,体育广告经营单位应指派专门人员负责企业权益的落实,为企业提供贴身服务。企业也要加强对体育广告过程的调控,制定相应的工作进程安排,经常与体育广告经营单位保持沟通和联系。必要时,双方还可以成立协调会,对双方在合同履行过程中出现的问题进行磋商,并就双方的立场、观点、行为和利益作深入的沟通,以达成全面的共识,使双方的行动尽可能保持一致。

对体育广告经营单位来说,在体育广告合同履行期间,最重要的是严格遵循体育广告合同的条款,全力配合企业的市场营销活动,企业利益的实现也就是体育广告经营单位利益的实现。在目前国内的体育广告中,有不少体育广告经营单位存在不重视履约的情况,以为一旦体育广告合同签订了,就大功告成了,为企业服务的意识不强。这样的短期性做法是极具危害的,它不仅会使双方在广告合同履行中产生纠纷,甚至会导致双方合同关系的破裂,乃至引起法律纠纷,而且也会给体育广告经营单位以后的市场营销活动带来很大的负面影响。国内外的体育广告实践表明,体育广告是企业和体育广告经营单位双方的有效互动过程,只有坚持诚信,相互协作,才能使双方的利益达到最大化,达到双赢的结果,并建立起双方长久的合作关系。

(3) 体育广告效果的评估。体育广告效果就是体育广告作品通过体育广告媒体传播后所产生的作用,或者说是在体育广告活动中通过消耗和占用社会劳动而得到的有效效果。这种有效效果一般表现为:体育广告的经济效果——对企业经营的作用;体育广告的心理效果——对消费者的作用;体育广告的社会效果——对社会的影响。广告是企业营销活动的构成要素之一。现代经济的发展,要求生产必须与销售相配合,而销售又必须以广告活动为前提。所以,广告作品推出的成功与否,直接影响企业销售活动,直接影响企业扩大再生产的能力。广告效果的评估是完整的广告活动中不可缺少的重要内容,是检验广告活动成败的重要手段。体育广告经营单位应协助企业加强、完善体育广告效果的评估工作,提高评估工作的质量,从而更好地促进体育广告经营活动的开展。

效果评估是体育广告营销中非常重要的环节。但体育广告的效果评估相对较难。首先,大多数企业在运用体育广告的同时,还会利用其他广告营销手段,所以很难确定哪些是由体育广告产生的市场效果。再者,体育广告是一种含蓄性的广告传播手段,它所产生的效应能否在预计的时间内出现也很难确定。而且,体育广告效果主要体现在企业形象的提高和知名度的扩展等心理因素方面,这些抽象的因素很难量化。虽然有这些不利因素的存在,但体育广告的效果是必须评估也是可以评估的,关键是要建立有针对性的、有成效的评估方法和指标体系。能否反馈某项体育广告活动的效果,常常成为企业是否继续维持与体育广告经营单位合作的关键因素。具有战略眼光和市场意识的体育广告经营单位应作好体育广告活动的效果评估,这样不仅可以提高自己的营销水平,也是对企业负责任的表现,还可以增进与企业之间的相互信任,延长与企业的合作关系。

体育广告经营单位对体育广告效果的评估可包括以下内容:

体育广告合同的落实——企业有关权益的实现(可列示合同条款的落实情况);

体育广告资金的使用——列示广告费用于赛事宣传和组织的情况,列示有关人员的劳务费开支等;

体育广告的社会影响力——电视转播报道的时间、次数、收视率,报刊、电台报道文章的篇数,观众的来信、来电情况,互联网的点击率。

如果可能的话，体育广告经营单位可以组织力量或委托专门机构，对企业在广告前后的形象或产品销售情况作专门的市场调查，以令人信服的数据向企业表明其体育广告的效益。体育广告活动结束后，体育广告经营单位可组织正式或非正式的答谢活动，以进一步与企业沟通感情，建立与企业之间长久的合作关系。

二、体育广告的经营管理

对广告活动的管理包括微观管理和宏观管理。微观管理指广告发布主体对广告活动的管理，广告发布主体在广告发布过程中必须清楚与其有关的某些具体规定、行为规范、权利和义务；宏观管理指广告活动受到广告发布主体以外因素的影响，也就是指能够对从事广告活动的广告主、机构和人员行为产生监督、检查、控制和约束作用的法律、法规、社会组织或个人、社会舆论与道德等。对体育广告而言，它的发布过程同样应受到微观管理和宏观管理。企业和体育广告经营单位在体育广告中必须严格自查，遵循国家法律、法规及有关规定，所制作的广告应符合社会道德规范。同时，体育广告的发布也受到国家有关行政部门、消费者协会等部门的监督。体育广告有着比较广泛的社会影响力，一般代表着健康、向上的形象，因此在体育广告发布过程中，必须注意它的社会影响。体育广告经营单位在体育广告发布中扮演着极其重要的角色，它既可是发布者，也可是监督者。体育广告经营单位必须在注重经济效益的同时，也要考虑社会效益，切实担负起维护企业利益和公共利益的社会责任。具体来说，体育广告的经营管理应包括以下几方面内容：

1. 加强广告双方的交流和沟通

在实际的体育广告操作中，许多体育广告经营单位在寻找广告商的过程中与后者的关系往往是"如胶似漆"，但一旦签订合同后就"相敬如'冰'"。这是一种短视行为的表现。体育广告经营单位与广告商的关系应该是利益共同体，只有双方进行有效的配合和积极的互动，才能实现"共赢"的结果。体育广告经营单位必须具有这种意识才能持续地赢得发展的资金。因此，体育广告经营单位和企业之间必须进行富有成效的互动和沟通。

沟通分为正式沟通和非正式沟通。正式沟通指双方通过协议建立的沟通机制进行交流和沟通，正式沟通的对象一般为比较重要的事件。非正式沟通指双方通过不定期的小范围的交流来进行协调互动。在体育广告的营销过程中，正式和非正式沟通都是必要的，只有双方沟通的渠道畅通，才能使双方在问题处理中取得更多的共识，达成更多的谅解，取得更多的成果，从而实现最大的利益。

2. 预防埋伏营销

埋伏营销(Ambush Marketing)是从20世纪90年代开始出现的现象,而且被越来越多的公司所采用。所谓埋伏营销,就是指某公司通过其他广告和推广活动,直接减弱那些通过支付体育广告费用而获得体育广告经营单位认同的官方广告主(赞助商)的关系,企图从广告主(赞助商)那里挖走部分观众,吸引到自己那里去。埋伏营销的本质,就是不向体育广告经营单位支付体育广告费用,但却寻求与体育广告经营单位的联系,从而试图迷惑消费者,使他们错误地认为埋伏营销的企业就是比赛的官方广告主(赞助商)。因此,埋伏营销被人们称为"寄生虫营销",是欺诈行为。

埋伏营销对体育广告经营单位造成的最大危害是对体育广告经营单位的体育广告资源的整合造成威胁,这使得广告主(赞助商)望而却步,使预期的收益无法实现,最终影响体育活动的顺利开展,对体育广告的筹资工作造成威胁;埋伏营销对广告主(赞助商)的最大损害是混淆视听,使广告主(赞助商)的目标受众感到困惑,最终导致预期利益无法实现,导致企业资源的浪费。

埋伏营销大致可分为以下五种类型:

① 比赛。公司组织一些与比赛结果有关的猜奖活动,或者把比赛门票当作奖品发送。

② 电视转播赞助。通过赞助电视机构转播赛事,从而与体育活动搭上关系。

③ 电视广告。在比赛期间播放广告,有意通过这种方式使公司产品与赛事发生联系。

④ 赞助某运动队或运动员。某公司可能对参加比赛的运动员个人或整个运动队进行赞助,但对整个比赛的组织者没有支付任何费用。

⑤ 推广宣传。使用观众所熟悉的体育活动的照片从事商业活动;在广告中使用体育活动的巧合背景;以伏击者的名义发布对竞争对手所赞助的运动员、运动队和赛事的庆祝性的广告;制作和发行印有运动员、运动队和赛事标志的纪念品。

埋伏营销有很大的危害。埋伏营销者虽然也花了不少钱,但却没有落在体育广告经营单位的手中,而与体育广告经营单位有正式协议的公司的利益却受到了极大威胁。更为可怕的是,它可能会诱使更多的企业参与这种高收益、低成本的营销活动。我国对埋伏营销的危害已给予了一定程度的重视,也采取了一些防范措施。国家工商总局对赞助体育活动的企业广告用语作出了规范,原国家广电总局、国家体育总局分别就电视转播管理和转播权问题下发文件,这对防范埋伏营销起到了很好的作用。但这还远远不够,应该通过完善相应的法规对这种行为实行严格的法律监管。体育广告经营单位也要充分发挥自己的作用,积极与政府、赞助企业、传媒进行沟通和联系。在实施体育广告活动前,体育广告经营单位就应制定防止埋伏营销的方案。对体育广告活动的过程实行有效的监控,发现埋伏营销者应及时与之交涉,并争取有关部门的配合。体育广告经营单位应树立自身利益与广告主利益共生存的指导思想,坚决打击埋伏营销行为。

3. 处理好体育商业化与其公益性的矛盾

体育是一项具有公益性的社会事业,它对于提升人们的精神面貌、丰富人们的精神生活有重要意义;同时,体育也是一种有经济价值的资源,开发体育的经济价值,对于补充体育事业经费、促进经济发展有重要作用。因此,各国的体育事业基本都走上了社会化、产业化的发展道路,通过社会集资的手段来弥补国家投入的不足。但体育资源的经济开发不应是无限制的,体育必须继续发挥它的社会价值。在开发体育的经济价值的同时,体育也必须保持它的独立性,不应被赞助商完全掌控。处理好体育商业化与其公益性的矛盾是在体育广告操作中必须注意的问题。

第一,体育广告经营单位在与企业进行谈判时,应以社会的公共利益为出发点,不能随意答应企业提出的不合理要求。体育广告经营单位必须切实掌握好和用好自己所掌握的有形和无形资源。要严格按照国家的有关法规和部门规章操作体育广告事宜,自觉接受有关部门的监督。对广告主在活动开展期间出现的违规行为要及时予以纠正。要积极与广告主进行沟通和交流,争取企业对某些限制的理解和支持。

第二,体育明星是具有广泛社会影响的知名人物,他们的言行会对社会造成一定程度的影响。尤其在我国,体育明星一般都是由国家培养出来的,他们身上包含着一些政治因素,对激励全国人民的精神风貌有重要作用。因此,利用体育明星作为体育广告媒介也必须注意社会影响。体育明星所做的广告内容应是健康的,不能含有庸俗的甚至不健康的内容,不能对明星所在的运动队带来负面影响。体育广告经营单位必须加强对所辖明星的商业活动的管理,使其在不违规、不影响训练和比赛的情况下从事商业活动。

第三,体育广告经营单位在进行商业开发时,要注意区分可开发资源和不可开发资源。在开展商业活动前,体育广告经营单位应在征得上级及有关部门同意的情况下,正确区分所拥有资源的性质,确定可开发资源的数量,并制定出价位合理的商业开发计划书,经有关方面批准后实行。体育广告经营单位的商业开发不能以营利为根本目的,应以补贴事业经费、发展体育事业为首要的任务。

4. 做好危机公关的准备

在体育广告运营过程中,体育广告经营单位和企业都应有危机意识,注意防范风险。在任何活动开展的过程中,都会遇到一些问题。这些问题如果解决得好,则可保障活动的顺利开展;如果解决得不好,则会对活动造成很大危害,甚至使其陷入夭折的境地。如体育赛事因不可抗力而被迫中断、运动队因某些问题的干扰而不能正常比赛、明星代言人出现丑闻等。

没有哪个企业愿意将自己的品牌笼罩在丑闻和非议之中。体育广告中非正常因素的出现对企业和体育广告经营单位来说都是不利的。因此,企业和体育广告经营单位都应做好危机公关准备,尽量消除潜在的负面因素。

体育广告经营单位要加强对体育活动全过程的管理,促进体育活动的顺利开展。体育广告经营单位在选择合作企业时,要选择社会形象、经济效益较好的企业,防止在体育广告活动进行过程中出现合作企业不能及时支付广告费用的问题。体育广告经营单位还应监督企业利用体育媒介开展的营销活动,对于企业在营销中出现的违规现象要及时促其改正,甚至叫停。如果广告主在生产经营中出现了违反国家法律、违背社会道德的事情,应果断与之切断关系,防止这种不利因素影响到体育广告经营单位的形象。

在体育广告合同履行过程中,企业要加强与体育广告经营单位的沟通和交流。对体育广告过程中可能出现的问题要作出预测,并制订相应的对策和措施。一旦体育赛事、明星代言人、体育广告本身发生问题,要及时作出反应,并及时作出处理,以最大限度地挽回社会影响。当体育媒介出现严重危害社会利益的行为时,要果断停止与它的联系。

经济合同是保障体育广告双方利益的关键。在签订合作协议时,应对可能发生的问题作出详细的规定,明确双方的权利和义务。

[相关链接]

刘翔危机公关走励志路线

对于体育迷来说,刘翔在伦敦奥运会上的摔倒只是一个谈资,但是对于他的赞助商来说,却犹如晴天霹雳。

此次刘翔的事件中也反映出,国际品牌对危机公关的把握优于国内企业,国内企业在这方面尤其需要再进一步,在代言之前,就要考虑多手方案,一旦有变化,马上改变营销方案。这一次,在刘翔失败后,不少国际品牌公司的营销文案马上改成励志路线。比如,耐克的文案是"让13亿人都用单脚陪你跳到终点"。宝马中国则表示"总会有人记得你为国人所带来的感动和荣耀,也一定会有人明白你所背负的重任和伤痛"。刘翔摔倒,实质上就是一次危机公关,成熟的企业和广告商往往拥有更强大的应变力。他们拿出充满人文关怀的广告语,表示有信心和代言人一起再出发,因为雪中送炭要比锦上添花的效果强很多。

(资料来源:《刘翔危机公关走励志路线,商业价值转淡或靠公益挽回》,作者:于港,《球迷报》,2012年8月17日)

5. 加强体育广告的法律管理

广告的法律管理在广告的宏观管理中占有重要地位,宏观管理法制化是市场经济发展的必然结果。法律管理具有规范性、权威性、强制性和稳定性。为了维护正常的市场秩序,促进广告活动的规范运作,保护相关方的利益,许多国家都颁布了广告法,我国也不例外。广告的法律管理是广告管理机关依据有关法规,对广告宣传和广告经营活动进行的引导和监督,其目的在于保护合法经营、维护消费者利益、维护正常的经济秩序,并以此保证我国广告事业健康发展。

(1) 对广告宣传的管理。广告宣传是指广告客户,包括工商企业、机关团体、公民个人等为达到某种目的,通过一定的媒介或形式向社会公开传递信息的行为。对广告宣传的管理实质上是对广告客户的管理,管理的核心是保证宣传内容的真实、可靠、合法。根据《中华人民共和国广告法》的有关规定,广告客户必须保证宣传内容、材料是真实的、合法的,必须交验有关权限资格证明以及产品质量认证书、合格证。广告的内容必须真实、健康、清晰,不得以任何形式欺骗用户和消费者。广告禁止刊播以下内容:违反我国法律、法规的;损害我国民族尊严的;有中国国旗、国徽标志或国歌音响的;有反动、淫秽、迷信、荒诞内容的;弄虚作假、贬低同类产品的;等等。

(2) 对体育广告经营的管理。我国的体育广告业尚处在发展和完善过程中,许多具体的管理制度、管理办法还需要进一步研究和探讨。然而,国家颁布的《广告法》是体育广告经营管理必须遵循的基本法规。为了保障体育广告的正常经营活动,对体育广告的经营活动要加强管理。

一是举办体育广告经营活动的单位必须编制体育广告经营活动计划,报省、自治区、直辖市工商行政管理部门或其授权的地市级工商行政管理部门批准。大型国际比赛体育广告经营活动必须报国家工商行政管理总局批准。工商行政管理部门对体育广告经营活动计划要严格审查。体育广告经营活动计划的内容包括：举办体育广告经营活动的理由和名目；体育广告的项目、费用预算总额和用途；体育广告的收费标准；体育广告宣传的具体实施方案；上级主管部门批准经营体育广告活动的函件等。

二是体育广告的具体收费标准，在工商行政管理部门批准的范围内，本着收支平衡、略有节余的原则，由广告经营单位与广告宣传单位协商确定。开展体育广告经营活动，应讲究效益、勤俭节约，不得任意加重企业的负担。

三是举办体育广告经营活动的单位，对广告费的收支，必须加强管理，单独核算，并按批准的计划专款专用。如有剩余，必须纳入举办单位收入总额，按国家财务制度的规定执行，不得私分或用于请客送礼开支。广告费的收支情况，年度终了，都要编报决算报有关部门备案。

(3) 对体育广告经营活动的具体管理办法。

一是经营体育广告业务，属全国或国际性的，须纳入国家体育总局年度体育比赛计划，经国家工商行政管理总局批准；未纳入年度计划的，由国家体育总局临时提出计划，报国家工商行政管理总局核准。属地方性的，须经省、自治区、直辖市工商行政管理部门核准。

二是体育广告必须由持有营业执照的体育中介服务公司或广告公司代理。外商来华广告必须由经批准代理外商广告的广告公司或体育中介服务公司代理。主办单位不得直接承办或代理外商来华广告。

三是承办国内体育广告的代理费，不得超过广告费的10%；承办外商来华广告的代理费，不得超过广告费的15%。

四是代理体育广告业务的单位必须严格审查广告内容，对不符合我国广告管理法规的广告不得接受。

五是对国际体育组织在我国举办比赛活动统一承揽的广告，国内主办单位或其委托的广告代理单位必须按照我国广告法进行审查。凡不符合规定要求的，应提前通知对方变更，否则不得发布。

六是体育比赛不得使用烟酒企业名称和商标名称冠名、冠杯，个别需要使用的须经国家工商行政管理总局批准。不允许利用比赛场馆的横幅、立牌、记分牌以及比赛用的器械、成绩册、秩序册及体育宣传品以卷烟、烈性酒企业名称或商标做广告。禁止以礼品、纪念品馈赠实物为媒介做卷烟、烈性酒广告。

七是企业赞助的广告性服装、体育器械、体育用品、纪念品等实物，只能用于体育活动,不得销售。

八是经国家体育总局批准举办的重大国际、国内体育活动,主办单位对体育场馆原有广告可临时覆盖或迁移,场馆及广告客户不得向主办单位索要补偿。

九是全国性综合体育运动会,不得使用冠杯广告。其他全国性单项体育比赛,允许使用冠杯广告。

十是体育场馆设置国内、国外广告的比例和位置要合理安排,不准用外商广告挤国内广告。

除此之外,体育活动结束60天内,主办单位应速将广告费收支结算报送财政、审计机关。广告费的结余,经财政部门批准,主办单位可留作下次活动使用,或交省、自治区、直辖市级以上体育主管部门作为体育事业的补充经费,禁止挪作他用。

违反以上规定的,由省、自治区、直辖市工商行政管理部门及其授权的工商行政管理部门按《中华人民共和国广告法》及其他有关条例进行查处。

[本章思考题]
1. 简述体育广告的优势和分类。
2. 概述体育广告经营策划的基本理念。

[本章练习题]
为某一场运动会制定一个体育广告营销方案。

[本章案例]

2015年秦皇岛马拉松赛招商细则

一、主办单位

中国田径协会、河北省体育局、秦皇岛市人民政府。

二、承办单位

河北省体育局田径运动管理中心、秦皇岛市体育局、秦皇岛市海港区人民政府、秦皇岛市北戴河区人民政府。

三、赛事直播

CCTV-5。

四、竞赛日期和地点

2015年5月31日在中国秦皇岛市举行。

发令时间:上午8:00。

五、竞赛项目

(一)男、女马拉松(42.195公里)

(二)男、女半程马拉松(21.0975公里)

(三)男、女迷你马拉松(5公里)

六、赞助商级别

2015秦皇岛马拉松赛将设置以下赞助项目:

(一)总冠名商1家,赞助金额人民币400万元以上

(二)顶级合作伙伴3家,赞助金额人民币150万元以上(含物折款,视金额不同,提供不同的权益回报)

(三)高级合作伙伴5家,赞助金额人民币50万元以上(含物折款,视金额不同,提供不同的权益回报)

(四)唯一指定产品/服务商,赞助金额人民币30万元以上(含物折款,视金额不同,提供不同的权益回报)

(五)一般赞助商,赞助金额人民币10万元以上(含物折款,视金额不同,提供不同的权益回报)

七、赞助原则

(一)高级别赞助商优先原则

总冠名、顶级合作伙伴、高级合作伙伴享有要求获得某个唯一指定产品/服务的权利。若不同级别的赞助商要求获得同一类型的唯一指定产品/服务的权利,则高级别的赞助商享有优先权。

(二)赞助回报等值原则

赞助费用和赞助回报成正比。如不同赞助商提供的赞助费用相同,则赞助回报价值相同;如赞助商要求增加某一项资源的回报,则需减少另一项同等价值资源的回报。

(三) 唯一指定赞助商排他原则

唯一指定赞助商具有唯一性、排他性,如某一产品/服务企业已同组委会签订唯一指定产品/服务赞助合同,则组委会不再向该领域内其他产品/服务企业签订唯一指定产品/服务赞助合同,也不再向该领域内其他产品/服务企业购买或要求提供同类产品/服务。

(四) 赞助商信誉至上原则

为维护2015秦皇岛马拉松赛的品牌形象和其他赞助商的利益,组委会要求赞助企业及其产品必须具有高尚品质和良好形象,在市场上居于知名、领先地位。如果赞助企业及其产品严重损害秦皇岛马拉松赛的品牌形象和其他赞助商的利益,组委会有权解除赞助合同,并追索相应的赔偿。

八、总冠名赞助商

(一) 商业权益

1. 全球范围内使用××杯2015秦皇岛马拉松赛"总冠名"名称用于商业活动;
2. 组委会公告为××杯2015秦皇岛马拉松赛"总冠名"单位;在宣传资料、海报、广告中出现赞助商品品牌标志;
3. 组委会授予××杯2015秦皇岛马拉松赛"总冠名"牌匾;
4. 在赛事组委会授权范围内,可在商业活动中使用2015秦皇岛马拉松赛的赛事名称、会徽、吉祥物、口号、赛事竞赛衍生产品。

(二) 完整礼遇权

1. 邀请企业领导观摩赛事;
2. 邀请企业领导作为颁奖嘉宾为运动员颁奖;
3. 邀请企业领导作为嘉宾参加赛事晚宴。

(三) 赛事设施广告

1. 主席台、新闻采访、记者见面会、颁奖仪式背景板、拱门体现品牌标识(注:新闻采访、记者见面会、颁奖仪式背景板、拱门与其他商家共享);
2. 起终点、赛道沿线A字版广告300个;
3. 观众手摇旗5 000面(企业自行制作);
4. 现场企业展位4个(企业自行布展);
5. 主会场企业拉拉队2队(企业自行组织);
6. 主会场气模广告1个(企业自行提供);

7. 赛道折返点广告1个;

8. 全程运动员号码布体现企业标志;

9. 冲刺带体现总冠名标志;

10. 赛事起、终点门体现企业标识;

11. 赛道企业拉拉队2队(由企业自行组织);

12. 赛道地贴或地幔广告(根据机位定点)。

(四) 户外广告

视具体情况而定。

(五) 平面媒体和网站

1. 赛事秩序册广告版面1p;

2. 赛事参赛须知广告版面1p;

3. 赛事成绩册广告版面1p;

4. 赛事海报体现名称或品牌标识;

5. 马拉松官方网站全年免费广告。

九、顶级合作伙伴

(一) 商业权益

1. 全球范围内使用2015秦皇岛马拉松赛"全球顶级合作伙伴"名称用于商业活动;

2. 组委会公告为2015秦皇岛马拉松赛"全球顶级合作伙伴";

3. 组委会授予2015秦皇岛马拉松赛"全球顶级合作伙伴"牌匾;

4. 在赛事组委会授权范围内,可在商业活动中使用2015秦皇岛马拉松赛的赛事名称、会徽、吉祥物、口号、赛事竞赛衍生产品。

(二) 完整礼遇权

1. 邀请企业领导观摩赛事;

2. 邀请企业领导作为嘉宾参加赛事晚宴。

(三) 赛事设施广告

1. 主席台、新闻采访、记者见面会、颁奖仪式背景板、拱门体现品牌标识(注:新闻采访、记者见面会、颁奖仪式背景板、拱门与其他商家共享);

2. 起终点、赛道沿线A字版广告150个;

3. 观众手摇旗3 000面(企业自行制作);

4. 现场企业展位2个(企业自行布展);

5. 赛道折返点广告1个；
6. 赛事起、终点门体现企业标识；
7. 主会场气模广告1个(企业自行提供)；
8. 主会场企业拉拉队1队(企业自行组织)；
9. 赛道企业拉拉队1队(企业自行组织)。

(四) 户外广告

视具体情况而定。

(五) 平面媒体和网站

1. 赛事秩序册广告版面1p；
2. 赛事参赛须知广告版面1p；
3. 赛事成绩册广告版面1p；
4. 赛事海报体现名称或品牌标识；
5. 马拉松官方网站全年免费广告。

十、高级合作伙伴

(一) 企业类高级合作伙伴

1. 商业权益

(1) 全球范围内使用2015秦皇岛马拉松赛"高级合作伙伴"名称用于商业活动；

(2) 组委会公告为2015秦皇岛马拉松赛"高级合作伙伴"；

(3) 组委会授予2015秦皇岛马拉松赛"高级合作伙伴"牌匾；

(4) 在赛事组委会授权范围内，可在商业活动中使用2015秦皇岛马拉松赛的赛事名称、会徽、吉祥物、口号、赛事竞赛衍生产品。

2. 完整礼遇权

(1) 邀请企业领导观摩赛事；

(2) 邀请企业领导作为嘉宾参加赛事晚宴。

3. 赛事设施广告

(1) 主席台、新闻采访、记者见面会、颁奖仪式背景板、拱门体现品牌标识(注：新闻采访、记者见面会、颁奖仪式背景板、拱门与其他商家共享)；

(2) 起终点、赛道沿线A字版广告100个；

(3) 观众手摇旗1 000面(企业自行制作)。

4. 户外广告

视具体情况而定。

5. 平面媒体和网站

(1) 赛事秩序册广告版面1p;

(2) 赛事参赛须知广告版面1p;

(3) 赛事成绩册广告版面1p;

(4) 赛事海报体现名称或品牌标识;

(5) 马拉松官方网站全年免费广告。

(二) 社会团体或协会类高级合作伙伴

此类合作伙伴只能以社会团体或协会的名义推介具有地方特色的产业。

1. 商业权益

在赛事组委会授权范围内,可在商业活动中使用2015秦皇岛马拉松赛的赛事名称、会徽、吉祥物、口号、赛事竞赛衍生产品。

2. 完整礼遇权

(1) 邀请相关领导观摩赛事;

(2) 新闻发布会背景板体现产业宣传标志。

3. 赛事设施广告

(1) 主席台、新闻采访、记者见面会、颁奖仪式背景板体现产业宣传标志(注:新闻采访、记者见面会、颁奖仪式背景板与其他商家共享);

4. 户外广告

视具体情况而定。

5. 平面媒体和网站

(1) 赛事秩序册广告版面1p;

(2) 赛事参赛须知广告版面1p;

(3) 赛事成绩册广告版面1p;

(4) 赛事海报体现产业宣传广告;

(5) 马拉松官方网站全年免费广告。

十一、唯一指定产品/服务

(一) 商业权益

1. 全球范围内使用2015秦皇岛马拉松赛"唯一指定××"名称用于商业活动;

2. 组委会公告为2015秦皇岛马拉松赛"唯一指定××";
3. 组委会授予2015秦皇岛马拉松赛"唯一指定××"牌匾;
4. 在赛事组委会授权范围内,可在商业活动中使用2015秦皇岛马拉松赛的赛事名称、会徽、吉祥物、口号、赛事竞赛衍生产品。

(二)完整礼遇权

1. 邀请企业领导观摩赛事;
2. 新闻发布会背景板体现企业标志。

(三)赛事设施广告

1. 主席台、新闻采访、记者见面会、颁奖仪式背景板、拱门体现品牌标识(注:新闻采访、记者见面会、颁奖仪式背景板拱门与其他商家共享);
2. 起终点、赛道沿线A字版广告30个;
3. 观众手摇旗300面(企业自行制作)。

(四)户外广告

视具体情况而定。

(五)平面媒体和网站

1. 赛事秩序册广告版面1p;
2. 赛事参赛须知广告版面1p;
3. 赛事成绩册广告版面1p;
4. 赛事海报体现名称或品牌标识;
5. 马拉松官方网站全年免费广告。

(六)唯一指定产品具体项目及特殊回报

1. 唯一指定专用计时器

为赛事提供专用计时器;

倒计时独家冠名,赛场计时车上标有品牌标志的计时器,沿线提供10处以上明显位置,供赞助商设置计时器及相应广告,电视直播或录播画面上赛程计时与赞助商品牌标志以角标形式随机出现。

2. 唯一指定专用汽车

为赛事提供专用汽车;

指定专用汽车须符合环保要求,达到欧四标准,系知名品牌,部分车辆须符合赛事要求,如电视直播摄影车、计时车等;

赛事引导车由赞助方提供,可在车上表现明显品牌标志,须配合组委会安装必要设施；

组委会可在赛道沿线提供场地，配合赞助商宣传、策划活动。

3. 唯一指定饮用水

知名品牌，矿泉水、纯净水等；

赛道沿线设饮水站，均安排指定饮用水品牌广告；

组委会可在赛道沿线提供场地，配合赞助商宣传、策划、销售活动，其他同类产品不得进入比赛现场销售（固定商店除外）。

4. 唯一指定饮料

知名品牌，非碳酸型饮料；

赛道沿线设饮料站，均安排指定饮料品牌广告；

组委会可在赛道沿线提供场地，配合赞助商宣传、策划、销售活动，其他同类产品不得进入比赛现场销售（固定商店除外）。

5. 唯一指定啤酒

作为赛事指定啤酒；

组委会可配合相关策划活动。

6. 唯一指定庆功酒

除啤酒外，白酒、果酒、红酒等；

作为赛事欢迎酒会、颁奖酒会等指定用酒。

7. 唯一指定保健品

知名品牌，具中国卫计委正式批文；

为赛事提供专用保健品，主要提供给参赛运动员、裁判员、工作人员等。

8. 唯一指定办公设备

作为赛事组委会指定办公设备提供商。

9. 唯一指定电脑设备

作为赛事组委会指定电脑设备提供商，可享有直播室主持人台面电脑广告。

10. 唯一指定通讯器材

为赛事提供专用通讯器材，主要是手机、对讲机等设备。

11. 唯一指定体育器材

作为赛事非竞赛用指定体育器材设备提供商。

12. 唯一指定纪念品

为赛事提供专用纪念品,并可获授权开发马拉松纪念品,如太阳镜、扑克、气球等。

13. 唯一指定颁奖用品

为赛事提供专用颁奖用品,主要是运动员奖杯、奖牌等。

14. 唯一指定食品

为赛事提供专用食品;

主会场运动员补给站,安排指定食品品牌广告;

西式、中式便餐,或水果、农产品类,或提供资金赞助购买食品。

15. 唯一指定其他产品

为赛事提供其他类产品。

(七)唯一指定服务具体项目及特殊回报

1. 唯一指定移动/通讯商

为赛事提供指定移动/通讯服务;

赞助商可针对赛事开发各类相关服务,如马拉松充值卡、电话卡等;

组委会可在赛道沿线提供场地,配合赞助商宣传、策划、销售活动,其他同类产品不得进入比赛现场销售(固定商店除外)。

2. 唯一指定保险公司

作为赛事大型综合保险机构(免保费),为组委会提供保险服务;

可开发马拉松相关保险产品,如马拉松纪念保险卡等。

3. 唯一指定影像记录设备商

作为赛事组委会指定摄影器材、胶卷设备提供商;

比赛现场唯一允许销售的摄影器材、胶卷设备商;

与组委会共同开展摄影比赛,组委会画册的主要合作伙伴。

4. 唯一指定礼仪服务商

为赛事提供各种礼仪服务。

5. 唯一指定其他服务提供商

为赛事提供其他类服务。

十二、一般赞助商

(一)商业权益

1. 全球范围内使用2015秦皇岛马拉松赛"唯一指定××"名称用于商业活动;

2. 组委会公告为2015秦皇岛马拉松赛"唯一指定××";

3. 组委会授予2015秦皇岛马拉松赛"唯一指定××"牌匾;

4. 在赛事组委会授权范围内,可在商业活动中使用2015秦皇岛马拉松赛的赛事名称、会徽、吉祥物、口号、赛事竞赛衍生产品。

(二) 完整礼遇权

1. 邀请企业领导观摩赛事;

2. 新闻发布会背景板体现企业标志。

(三) 赛事设施广告

1. 主席台、新闻采访、记者见面会、颁奖仪式背景板体现品牌标识(注:新闻采访、记者见面会、颁奖仪式背景板与其他商家共享);

2. 终点、赛道沿线A字版广告20个;

3. 观众手摇旗300面(企业自行制作)。

(四) 户外广告

视具体情况而定。

(五) 平面媒体和网站

1. 赛事秩序册广告版面1p;

2. 赛事参赛须知广告版面1p;

3. 赛事成绩册广告版面1p;

4. 赛事海报体现名称或品牌标识。

(资料来源:2015秦皇岛马拉松赛组委会《2015秦皇岛马拉松赛招商细则》,http://www.qhdmarathon.com/a/news/92.html)

[案例思考题]

1. 该赛事的赞助商分为哪几个级别?每个级别的赞助商分别享有哪些赞助回报?

2. 该赛事制定了哪些广告经营的原则?

3. 该赛事广告资源的开发有何特点?

4. 你认为该赛事还可以开发哪些广告资源?

第七章

体育彩票经营管理

本章学习要点

- 体育彩票的含义及性质
- 发行体育彩票的社会意义
- 体育彩票的种类及玩法
- 体育彩票的经营策划
- 体育彩票的经营管理
- 体育彩票的营销策略

随着社会物质文明和精神文明程度的不断提高,人们对体育的需求也日益迫切。要满足这种需求,单靠国家的财力是难以实现的,即使是发达国家也不可能大包大揽,其体育经费中的相当一部分要依靠社会筹集,对我国这样的发展中国家来说,积极通过多种渠道筹措资金显得尤为重要。体育彩票是一种有效吸引社会游资的方式,具有周期短、收益大的特点,是世界上许多国家筹措体育事业资金的重要途径。

第一节　体育彩票概述

一、体育彩票的含义及性质

1. 体育彩票的含义

体育彩票是彩票的一种,理解了什么是彩票,也就对体育彩票有了最基本的理解。在过去相当长的时间里,人们对彩票存在偏见,对它的认识具有很明显的意识形态特征。随着我国市场经济体制的建立和人们思维意识的转变,人们对彩票的认识也发生了转变。2002年财政部《彩票发行与销售管理暂行规定》中对彩票的定义是:"彩票是指国家为支持社会公益事业而特许专门机构垄断发行,供选择和自愿购买,并按特定规则取得中奖权利的有价凭证。"(资料来源:中华人民共和国财政部《彩票发行与销售管理暂行规定》(财综〔2002〕13号),http://sports.sina.com.cn/l/2008-01-04/10193397042.shtml)这一定义表明了我国彩票的发行目的、发行方式和性质等。2009年4月22日国务院第58次常务会议通过的自2009年7月1日起施行《彩票管理条例》下了全新的且是最权威的定义:"彩票,是指国家为筹集社会公益资金,促进社会公益事业发展而特许发行、依法销售,自然人自愿购买,并按照特定规则获得中奖机会的凭证。彩票不返还本金、不计付利息。"(资料来源:中华人民共和国国务院《彩票管理条例》,http://www.mca.gov.cn/article/zwgk/fvfg/shflhshsw/200905/20090500030770.shtml)

体育彩票,又称体育奖券,是指以筹集体育资金等名义发行的,印有号码、图案或文字的,供人们自愿购买并能够证明购买人拥有按照特定规则获取奖励权利的有价凭证。从根本意义上来说,体育彩票是市场经济的产物,它在本质上是一种商品,是具有特殊价值和满足特殊需要的商品。

2. 体育彩票的性质

体育彩票是商品,具有商品的一般属性,但体育彩票又是一种特殊的商品,它又有区别于一般商品的特殊性质。这些特殊性质表现为以下几个方面：

第一，体育彩票是政府间接财政收入的工具。体育彩票是政府专控的一种特殊商品，它的特殊性就源于它是政府补充财政收入的一种工具。本应是政府投入的一些公益事业由于得不到政府充足的财政拨款而面临发展困境，于是政府就必须找到一些补偿性投入工具。体育彩票就是政府为解决体育事业投入不足而给予体育部门的一项特殊的补偿性财政政策。所以，体育彩票是一种国民收入的再分配行为，它从国民收入的第二次分配中取得一部分资金用于发展社会公益事业。

第二，体育彩票具有公益性。体育彩票的发行收入必须用于社会公益事业及体育事业。我国规定，体育彩票资金由奖金、发行费用和公益金三部分组成。体育彩票的公益金主要用于实施全民健身计划和奥运争光计划，公益金由各省、市、自治区体育局设立专门账户统一管理，任何部门、个人都不得随意挪用，并须定期向社会公布公益金的使用情况，接受社会监督。

第三，体育彩票的运作是计划性与市场性并存。体育彩票发行工作具有严格的计划性和活跃的市场性，是计划行为和市场行为的有机统一。所谓计划性，是指政府通过制定规章制度、实行严格的财务监管等方式，对体育彩票的发行全过程实行严格的控制。所谓市场性，是指体育彩票的发行是一种市场行为，其玩法设计、营销方式、技术手段等都必须是以适应市场需求为前提的。计划性和市场性是一对对立统一的矛盾。没有计划，体育彩票就失去发展方向；没有市场，体育彩票就失去生命力。

第四，体育彩票是一种文化娱乐的方式。体育彩票作为一种载体，为大众提供了一种文化娱乐的方式。购买体育彩票既是为了获得赢取奖金的机会，也是为了为社会公益事业添砖加瓦，是个人对社会的奉献，道德高尚的人购买体育彩票的目的中有部分是社会责任感，从而使购买彩票的意义得到升华。另外，体育彩票也为减少社会上的赌博行为起到了一定作用。

二、发行体育彩票的社会意义

从我国体育彩票的发行实践来看，发行体育彩票的社会意义主要表现为以下四个方面：

第一，能起到广泛宣传体育、培养公民奉献意识的作用。发行体育彩票是利用市场营销手段和形式在全社会广泛宣传体育事业的方式，也是培养大众关心社会公益事业、树立奉献意识的手段。2008年北京奥运会前，全国各大媒体及所有体育彩票销售网点前都张贴了奥运会体育彩票推广的海报，不仅吸引了大量彩民的关注,而且也激发了广大彩民的使命感和责任感。很多彩民购买体育彩票的动机就是支持承办工作,支持体育事业,这就在客观上起到了宣传体育、培养公民奉献意识的作用。

第二,能够在短期内筹集体育发展资金,减轻国家财政负担。体育彩票把人们对体育彩票的兴趣与对物质利益的追求有机地结合起来,能在短期内筹集到大笔的体育经费。因此,发行体育彩票周期短、收益大,集资效果比较显著,是一种吸引社会游资的有效办法。

第三,有助于全民健身计划和奥运争光计划的实施。发行体育彩票不仅能进一步激励体育爱好者关心和支持体育,而且能吸引一些对体育不甚了解的人关心体育事业。因为体育彩票的发行过程就是培养人们对体育的兴趣、吸引人们广泛参与体育活动的过程。搞好体育彩票的特色经营,不仅能为全民健身和奥运争光两个计划的实施提供大量资金,而且能赢得两个计划实施所必需的群众基础,有效地扩充体育人口,增强体育事业发展的活力和动力。

第四,扩大就业。我国社会正处于经济体制转轨和经济结构调整的时期,就业压力比较大。目前,西方发达国家以体育彩票为龙头的体育博彩业已成为国民经济中的一个重要行业,在吸纳社会就业方面发挥了十分重要的作用。体育彩票的印刷、宣传、发行及销售等环节都需要大量的人力,确立长期稳定的体育彩票发行制度,培育和发展体育彩票市场,是缓解当前我国社会就业压力的有效途径。

三、体育彩票的种类及玩法

世界各国发行的体育彩票种类繁多,玩法也多样。根据不同的标准,可以将体育彩票划分为不同的类型。按照购买者参与的程度,可以分为主动型体育彩票和被动型体育彩票;根据销售方式,可分为人工型体育彩票和电脑型体育彩票;在电脑型体育彩票中,根据游戏规则(玩法),又可分为乐透型体育彩票、数字型体育彩票和竞猜型体育彩票等。

1. 被动型体育彩票

所谓被动型体育彩票,就是指彩民在购买体育彩票过程中,一般没有选择号码、文字或图案的机会,只能被动接受销售者提供的体育彩票。被动型体育彩票主要有三种类型:传统型、即开型和结合型彩票。

传统型体育彩票一般由发行部门事先将销售量、奖组构成、中奖方式、奖级设定、奖金多少等相关情况公布于众,以吸引购买者。彩票印有固定号码,待销售一段时间或全部销售完毕后,进行公开摇奖,形成中奖号码,然后依照体育彩票上的号码是否相符、相符几位等"对号入座",来确定中什么奖。有部分被动型体育彩票购买者在购买体育彩票时也可选号,但仅限在销售的有限号码中选择,因此选择的面相当有限,所以彩民总体上是处于被动地位的。

即开型体育彩票又分为"撕开式"和"刮开式"两种,它具有即买、即开、即中和即兑的特点。

结合型体育彩票是指传统型体育彩票和即开型体育彩票两种玩法相结合的体育彩票,这种体育彩票可具有一次以上的开奖机会,对人们的吸引力较大。

2. 主动型体育彩票

这类体育彩票的购买者在购买体育彩票时可自行选择号码、文字或图案,彩民的主动性较大。主动型体育彩票可分为乐透型体育彩票、数字型体育彩票和竞猜型体育彩票三种类型。

所谓乐透型体育彩票,通常是在一组数字中选择若干号码,根据所中的号码多少确定奖级。我国目前流行的"M选N"型的体育彩票就属于乐透型体育彩票。乐透型彩票趣味性强,彩民可以根据生日、电话号码、门牌号、车牌号、幸运号码等选择彩票投注内容。因此,相对于被动型彩票,有人把乐透型彩票称为主动型彩票。乐透型体育彩票与电脑、网络、电视等的结合使体育彩票业的运行机制更加完善。

数字型体育彩票就是购买者在规定可选的数字中选择一组自己喜欢或中意的号码。由于开奖结果的不确定性,可能导致许多彩民选择同样的数字而均分奖金,也可能出现连续无人中奖的情况,从而使奖池中累积的奖金越来越多,进而出现巨额大奖的情况。这种参与的主动性赋予了彩民很大的自主权,使购买体育彩票的知识性和智力性大大提高。

竞猜型体育彩票是以体育运动竞赛的结果为竞猜对象的一种电脑型体育彩票,最普遍的是足球彩票,也有国家选择棒球、篮球、橄榄球、自行车作为竞猜内容。单就足球彩票而言,玩法也花样繁多,可以竞猜一场球哪方胜,哪个队先进球,比分是多少等。竞猜型彩票的主动性更强,购买者可以完全凭自己的主观意志购买,是一种智力型的游戏,所以深受彩票爱好者的喜爱。

体育彩票的销售方式可分为人工型销售和电脑型销售。前者指主要采用人工而不采用电脑为发行手段的体育彩票,后者指利用电脑为主要发行工具的体育彩票。目前,电脑型体育彩票已成为体育彩票销售的主要方式。与人工型体育彩票相比,电脑型体育彩票具有明显的优势:一是便于管理。采用电脑为发行手段,在数据收集、信息传递、安全保障等方面可提供便利,使体育彩票管理的层次简化,效率提高。二是便于销售。电脑型体育彩票销售点比较分散,可有效分流购买人群,而且其速度比人工要快得多,可信度也比较高,所以能有效增加销售。三是降低成本。电脑型体育彩票的销售人员、销售场地等方面的投资要小于人工型体育彩票。四是便于开设各种玩法。由于软件的可更换性和适应性,电脑可很快地适应各种玩法。

四、国内外体育彩票的发展概况

1. 国外体育彩票发展状况

体育彩票的起源可以追溯到古罗马时期。当时,古罗马有一种风俗习惯,即在马戏表演完后,由皇帝向观众抛陶瓷物品,每个物品代表价值不同的奖品。抢到物品的人可以获得相应的奖品。这个传统逐渐发展为把陶瓷物品分发给所有观众,使每个观众都能得到奖品。罗马帝国第一代皇帝奥古斯都(公元前63—公元14)是第一个把这种游戏作为集资方式的人。他把用公共彩票筹集的资金用于兴建和修饰罗马。后来,在尼禄皇帝(37—68)时期,彩票的奖品发展到人(男女奴隶)和财产。在这个时期,商人们发现了彩票的货币价值,通过彩票比直接销售商品的方式更有利于推销高价值的商品。

现代意义上的彩票迄今已有400多年的发展历史。第一张彩票出现的确切时间和地点尚不能确定,一般认为是1528年意大利佛罗伦萨市发行了第一枚公众性彩票。体育彩票是伴随着体育运动在西欧的复兴而诞生的。现代意义上的体育彩票,一般公认为诞生于18世纪的英国。随着大英帝国的崛起,18世纪的英国贵族热衷于赛马,每逢星期五,英国的王公贵族就到伦敦郊外的原野上举行赛马活动。1870年,巴黎实业家奥莱正式发明了赛马彩票,从此,以猜比赛胜负为内容的体育博彩活动开始逐步在全球风行。其后,随着资本主义经济的发展,彩票在欧洲大陆风行起来。以后又逐渐传入美洲、亚洲及世界各地。20世纪中叶,欧洲国家的体育设施普遍在第二次世界大战中受损,很多国家为重建体育设施,开始由政府出面或授权体育组织发行大规模的体育彩票,从而推动了体育彩票业的发展。迄今为止,世界上大约有120多个国家和地区发行各式彩票,其中大部分为体育彩票。2014年世界彩票销售(不包括视频型彩票)为2 843.28亿美元(资料来源:《2015年世界体育彩票年鉴》,http://www.199it.com/archives/353598.html),被称为世界第六大产业。体育彩票已经具有完整的理论、规则、市场营销研究与设计制作方法,有专门的产品设计、生产销售、广告合同机构,有相应的销售网络、宣传手段和合作伙伴,并且还有健全的国际性体育彩票组织(国家彩票组织国际协会和国际足球和乐透型彩票组织协会),每两年举行一次代表大会,四年进行一次换届选举。

目前,世界各国发行了种类繁多的体育彩票,有足球彩票、自行车彩票、棒球彩票、篮球彩票、赛马彩票等,其中以足球彩票、赛马彩票最为普遍。体育彩票的集资不仅成为各国体育事业经费的重要来源和举办奥运会等体育赛事的主要集资手段,也成为一些国家财政收入的一部分。

[相关链接]

各国彩票的发行和管理模式

一、彩票的发行模式

1. 政府直营模式

政府设立专职部门直接主管彩票发行,或者成立专门的国营彩票公司负责发行。例如:法国政府成立专门的彩票发行公司——法国国家游戏集团负责政府彩票的发行工作;意大利财政部直接发行彩票;美国则是在各州的州政府下设立彩票委员会。

2. 企业承包模式

即政府授权企业承包发行。例如,英国就是通过招标的形式选择凯美乐(Camelot)公司负责发行国家彩票,期限为七年。

3. 发照经营模式

欧洲很多国家的政府根据本国需要,颁发经营牌照,获得彩票发行牌照的既有国营企业,也有私人企业。政府通过特殊的征税办法从这些彩票公司获得收益。

二、彩票的管理模式

1. 美国模式

即以州为单位划分彩票的发行区。由于美国各州的彩票收益归政府财政预算,因此每州只有一个彩票发行单位,即州政府属下的彩票委员会。

2. 欧洲模式

以国家为界发行彩票,但在一国内允许多个不同彩票发行单位并存。除法国和一些小国家外,欧洲各主要彩票发行国家,例如英国、德国、意大利、西班牙、希腊、瑞士等,大多允许多个不同部门发行彩票,并且在发行地区上可以相互交叉、重叠。例如:意大利就有国家财政部和奥林匹克委员会同时、同地区发行体育彩票;希腊分为国家体育部下属的足球彩票和乐透彩票组织,以及国家经济部下属的即开型彩票和传统型彩票组织。由于各国的税法不同,所以对彩票纳税的规定也不尽相同。根据已掌握的50多个国家的资料看,多数国家对彩票净收益不纳税;少数国家对彩票净收益征税,但采取低税政策。

(资料来源:国家体育总局《我国体育彩票业发展的可行性研究》,http://www.sport.gov.cn/n16/n1152/n2463/127176.html)

2. 我国体育彩票的产生与发展

体育彩票在中国的诞生已有百年的历史。早在1850年中国就有了赛马会。旧中国的赛马会就是伴随着西式的赛马而产生的。那时的赛马主要集中在上海、天津、武汉等几个大城市里进行。1850年,英国人在上海开设了"上海跑马总会(上海跑马场)";1893年,英国人开始在天津进行赛马,1901年,建立了"天津英商赛马会";1904年,建立了"汉口西商赛会"。稍后,华人自营的跑马场也开始出现。在所有这些赛马场中,数上海跑马场规模最大、生意最红火,它是旧中国赛马业的一个缩影。上海跑马场最初主要搞竞技赛马,博彩只在外籍人员小范围内进行。1909年以后,赛马场开始出售马票,出现了大规模的赛马博彩活动。由于赛马具有以少博多的特点,因此吸引了大量市民不惜血本前往一博。新中国成立后,赛马和马票都被废止,彩票在中国沉寂了半世纪之久。

在我国传统的计划经济体制下,体育彩票一直被视为"禁区",是一道不可逾越的"墙"。在一些文件和讲话中,把彩票看成是赌博的"变种","引导"人们滋长"投机心理",甚至在一些工具书里也载明"彩票是旧社会奖券的通称"。党的十一届三中全会以后,我国实行改革开放政策,长期被禁锢的思想得到了解放,彩票的"禁区"逐步被打破,体育彩票在风靡世界400多年后,才小心谨慎而从容坚定地走进了中国人的生活。1984年10月10日,北京为举办第4届北京国际马拉松比赛发行的"发展体育运动奖券",是新中国发行的第一张体育彩票。当时轰动极大却购者寥寥。过了一年,1985年广东省发行"第六届全国运动会体育基金奖券",成功地集资6 000万元,近五倍于原定计划,收益多了,非议却小了。之后,1989年5月,国务院总理办公会议批准了亚运会奖券的发售计划,这是新中国第一次为大型国际运动会筹集资金而发行的体育彩票。"第十一届亚运会奖券"在全国掀起了购买热潮,彩票销售近4亿元人民币(纯收入1.2亿元人民币),可谓收益多多且影响巨大。

经过亚运会集资的熏陶,为体育运动集资而发行体育彩票已逐渐被人们所认可并接受。随后,有为大型运动会筹资而发行的体育彩票(如全运会、城运会、冬运会、农运会、第43届世界乒乓球锦标赛等彩票),有为地方体育设施改造建设筹资而发行的体育建设彩票(如黑龙江、广州、河北均发行过此类彩票),还有专门的竞猜型体育彩票(如东亚四强足球赛彩票)。1984—1994年,全国共有20多个省、市、自治区曾发行过各种体育彩票。体育彩票的发行为我国体育经费的来源开辟了一条重要途径,也为我国体育事业的发展起到了积极的推动作用。

鉴于各省市体育彩票发行的热情及不规范状况,为了使其更好地适应我国体育事业发展的需要,国家体委1990年4月在北京召开了体育彩票工作座谈会。会议对我国体育彩票的发行工作作了肯定,并就如何建立适应我国国情的体育彩票经营管理制度进行了广泛的讨论。1991年,国务院颁布《关于加强管理彩票市场的通知》,1993年又颁布《关于进一步加强彩票市场的通知》,1994年,中共中央办公厅、国务院办公厅颁布《关于严格彩票市场管理,禁止擅自发行彩票的通知》,对规范我国体育彩票的健康发展起到了重要作用。

为了进一步规范我国体育彩票的发行工作,1994年初,国家体委向国务院办公厅报告发行体育彩票的理由以及统一发行、销售体育彩票的管理办法。即由原来的"一事一批"制度改为统一下达年度计划,由国家体委及体育彩票管理中心根据国际及全国性大型体育运动会举办资金的需要来组织发行体育彩票。此报告得到了国务院的认同,获准在1994—1995年两年内发行10亿元额度的体育彩票。为了做好首次体育彩票发行工作,国家体委对体育彩票工作进行了统一部署,明确了统一发行、统一印刷和统一销售的管理原则。全国统一的体育彩票制度的初步形成,开创了我国体育彩票业发展的新局面。

为落实国务院对体育彩票管理的要求,加强全国体育彩票工作的统一规划和宏观管理,经中央机构编制委员会批准,国家体委于1994年4月5日正式成立了体育彩票管理中心,使体育彩票的统一发行和管理在组织上得到了有力的保障。体育奖券也正式更名为体育彩票,由国家统一发行,其特点是全国的体育彩票实行"三统一",即由国家体委"统一印制、统一发行、统一管理",发行收益仍然用于各级体育部门发展体育事业。体育彩票管理中心成立后,立即会同国家体委有关部门起草了《1994—1995年度体育彩票发行管理办法》,经中国人民银行批准,于7月18日以国家体委第20号令公布实施。这是我国第一个专门的体育彩票管理法规,它标志着我国体育彩票开始走上了法制化、规范化的发展轨道。

各地、各级体育行政机构对体育彩票工作给予了高度重视,先后有30个省、市、自治区设立了体育彩票管理中心和机构,培养和建立了一支体育彩票管理和营销队伍,初步形成了一定规模的市场分级管理网络,体育彩票的市场覆盖面不断扩展,管理力度不断加大,体育彩票销售工作的市场运行环境初步形成。体育彩票的销售量迅速增长,销售方式不断更新。从1994年12月起,广东、福建、江苏等6省(市)先后开始试点发行电脑彩票。

2000年以后,中国体育彩票进入了快速发展期。体育彩票管理体制更加完善,体育彩票销量迅速增长,社会影响日益扩大。国家体育总局在试点成功的基础上,将电脑型体育彩票拓展到全国。这种发行方式不仅安全、快捷、方便、公正,而且趣味性强,极受公众喜爱。2001年10月,中国足球彩票正式上市。2003年,国家体育总局体育彩票管理中心在上海开始了热线销售系统的试点工作。2004年5月,全国热线体育彩票销售系统基本建成。2006年,面对新的发展形势,为满足体育彩票事业健康稳定发展的需要,贯彻科学发展观的要求,按照《2006—2010年体育彩票发展规划》确立的总目标,国家体育总局体育彩票管理中心开展了全国性的体育彩票发展战略研究,制定了《2007—2009年体育彩票发展实施纲要》。至此,全国体育彩票工作全面改善,玩法格局逐渐优化,技术水平不断提高,管理手段日趋科学,市场获得了巨大的发展。我国体育彩票业已初具规模,并成为我国体育产业的重要组成部分。

你知道吗?

近5年我国体育彩票销售概况

年份	年销售总量(亿元)	筹集公益金(亿元)	公益金占销量的比重(%)
2011年	937	253	27.00
2012年	1 063	282	26.53
2013年	1 328	351	26.43
2014年	1 764	454	25.74
2015年	1 664	415	24.94
合计	6 756	1 755	25.98

(资料来源:作者根据中国证券网及相关报刊资料整理)

第二节 体育彩票的经营策划与经营管理

体育彩票是具有计划性和市场性双重身份的特殊产品,它的发行在注重经济效益的同时,也必须注重社会效益。因此,体育彩票的发行过程是市场营销与管理并重的过程。

一、体育彩票的经营策划

1. 体育彩票的玩法策划

不同的彩民对体育彩票的偏好不同,某种玩法即使在某一时期深受彩民喜爱,但经过若干时间后,彩民可能会因为其他更富吸引力的玩法的冲击而逐渐冷落它。因此,必须重视体育彩票旧玩法的改进和更新以及新玩法的设计与开发。

体育彩票玩法的策划应遵循适应彩民需要的原则,以彩民的需要为最基本的出发点。在设计玩法时,应事先对市场进行充分的调查和分析,了解彩民到底喜欢什么样的玩法,然后组织有关专家对新玩法进行论证。

电脑型体育彩票玩法的设计应按照人群划分,因为不同人群有着不同的消费需求。就不同年龄的人而言,老年人由于其丰富生活、心态平和的心理而喜欢娱乐性强、中奖面大的玩法,青年人由于其追求刺激、希望改变现状的心理而喜欢奖金高的玩法;就知识结构而言,收入、文化水平较低的人群渴望暴富的心理比较强烈,他们喜欢奖金高、规则相对简单的玩法;收入、文化水平较高的人群,则一般喜欢奖金高、参与的主动性强的玩法。因此,体育彩票玩法的设计要立足于增加其趣味性和吸引力,如中奖率、大奖额度、抽奖规则、辅助游戏等,在满足彩民想博取大奖的心理的同时,也满足他们想娱乐的需求。

目前我国发行的体育彩票种类主要有:14场胜负、4场进球、6场半全场胜负等足球彩票,顶呱刮即开型体育彩票,超级大乐透体育彩票,排列3、排列5体育彩票,全国联网电脑体育彩票"7星彩"、竞彩足球、竞彩篮球体育彩票等。其中,足球彩票、竞彩足球、竞彩篮球等是真正具有体育内涵的竞猜型体育彩票,它以其主动性和知识性的玩法、严格的管理制度、良好的形象包装吸引了广大彩民,尤其是高收入阶层的参与。

[相关链接]

体彩顶呱刮"我爱中国"系列玩法介绍

亿颗中国心,共筑中国梦。喜迎国庆,体彩顶呱刮推出爱国系列套票"我爱中国",面值包含2元、5元、10元。"我爱中国"票面大红颜色,中间一颗爱心衬托出"我爱中国"字样,瞬间激发国人爱国热情。

"我爱中国"系列套票,是情感祝福类游戏主题套票,票面以红色为主

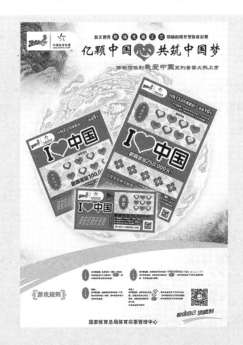

色调,首次使用收缩光油工艺,更具质感和触感,时尚、流行、有激情,瞬间激发国人爱国热情。现将各面值游戏玩法逐一介绍:

2元面值/游戏玩法:九宫格形式。刮开覆盖膜,如果在任一横线、竖线或对角线刮出3个"中国"标志,即中得刮开区内所示的金额。1次中奖机会,奖金最高1.5万元,重点奖级10、20、50元奖级。

5元面值票/游戏玩法:刮开覆盖膜,如果你的号码中任意一个号码与中奖号码之一相同,即中得该号码下方所示的金额;如果出现"中国"标志,即中得该标志下方所示金额的两倍。中奖奖金兼中兼得!8次中奖机会,奖金最高10万元。重点奖级50、100元奖级。

10元面值票/游戏玩法:刮开覆盖膜,如果你的号码中任意一个号码与中奖号码之一相同,即中得该号码下方所示的金额。如果出现"心"标志,即中得该标志下方所示的金额;如果出现"双心"标志,即中得该标志下方所示金额的两倍;如果出现"中国"标志,即中得该标志下方所示金额的10倍。中奖奖金兼中兼得!13次中奖机会,奖金最高25万元。

(资料来源:《体彩顶呱刮推出新票"我爱中国"系列喜迎国庆》,作者:国家体育总局体育彩票管理中心,《中国体彩报》,2016年9月29日)

2. 体育彩票的宣传促销策划

宣传在体育彩票营销中的作用很大。有力的宣传不仅可以提高销量,而且可以树立体育彩票的良好的形象。体育彩票宣传的重点在于其公益性、玩法、规则和销售业绩等。宣传的形式可分为日常宣传和重点宣传。

日常宣传指利用体育彩票的事件进行不定期的宣传,它的目的在于保持社会公众对体育彩票的认知,不断向公众介绍体育彩票的玩法、新订立的规则、发生的具有新闻价值的故事等,使公众不断加深对体育彩票的认识,吸引越来越多的彩民购买体育彩票。

重点宣传是利用一些影响较大的事件进行较大规模的宣传,如销量达到某一水平、发行几周年、规模即开型彩票销售等。以这些事件为载体进行宣传,有利于吸引社会注意力,可有效地扩大宣传效果。如在规模即开型体育彩票销售中,宣传工作起着非常重要的作用,它对炒热市场、激发人们的购买热情有很大作用。在规模即开型体育彩票宣传中,首先要进行详细的市场分析,以确定宣传方案。市场分析的内容有销售的时间、当地的经济水平、当地的消费习惯、当地以前体育彩票的销售情况等。宣传的内容有设奖方案、游戏规则、组织情况、社会的关注情况、销售情况、中奖人的情况等。通过实行有针对性、集中式的宣传,可迅速提高本次销售的社会知名度,扩大知晓人群。

体育彩票的经营管理部门要制订相应的体育彩票整体宣传促销计划,要广为宣传体育彩票的社会公益性和文化娱乐性,要提倡彩民的社会公德和奉献精神,从而唤起每一个公民的社会责任感,激励每一个公民自觉地为国家体育事业的发展作出微薄的贡献。

体育彩票的宣传媒介有电视、报刊、广播、网络、户外广告、宣传单片等,采用的广告形式有软性文章和付费广告等。每一种宣传媒介在体育彩票宣传中起的作用不同,在具体的体育彩票宣传中,所采用的宣传媒介应有侧重。如果战线太长,可能会因为资金问题而影响宣传效果或收益。体育彩票的宣传媒介应根据目标受众的不同而有所区别。

[相关链接]

体彩宣传促销注重人性化,让彩民得到了实惠

目前彩市热点除了超级大乐透奖池超10亿元外,还有顶呱刮"1分钱

可中 25 万大奖,体彩顶呱刮献爱心活动"以及竞彩推出单场固定奖金。如何让更多人知道这些活动,各地体彩机构都在通过不同形式进行宣传,其中重庆体彩注重人性化促销的做法形式新颖,效果不错,让彩民得到了实惠。

快闪,是新近在国际流行的一种嬉皮行为,在中国很多城市,都可以见到快闪族的身影,快闪已经成为都市时尚文化的一种。近日,在重庆解放碑商圈、南坪、观音桥、沙坪坝等地,出现一群"快闪族",他们在步行街上边唱边跳,吸引了众多市民驻足观看。这是重庆体彩推出的一场"公益秀",希望通过快闪这一时下流行的方式,邀请市民参与"1分钱可中25万大奖,体彩顶呱刮献爱心活动"。不少人当场拿出手机扫二维码,参与活动。

与此同时,重庆体彩借单场固定奖上市之际,推出"买竞彩,享美食"活动,预计共派送 180 万元免费餐食。仅 10 月 28 日中午,就有百余人享受了免费午餐。

不管是宣传公益活动,还是宣传体彩游戏玩法,想达到好的宣传效果,还需要在宣传手段上下功夫。一方面要吸引受众的注意,另一方面还不能让受众感到厌烦,参与方式也是越简便越好。在这方面,重庆体彩一直在做着尝试。比如他们在全国首创了"你点我送"活动,让基层单位自选项目开展体彩杯赛事。活动开展 4 年来,报名踊跃,广受好评。

如今,各地体彩机构的促销回馈活动常年不断。每到年底,此类活动更是集中开展。如何利用有限的宣传经费取得更好的宣传效果,给参与者带来便利,让体育彩票的"促销人性化"和"公益人性化"都发挥到极致,这其中的学问挺大。

(资料来源:《体彩宣传促销注重人性化,让彩民得到了实惠》,作者:于彤,《中国体彩报》,2014 年 11 月 4 日)

3. 体育彩票的销售方式策划

体育彩票的销售方式按照不同的分类标准有不同的种类:按彩票发行的载体可分为电脑销售和人工销售;按规模大小可分为规模销售和分散销售。不同的销售方式各有其特点。具体采用哪种方式,关键要看销售的性质和要求。

电脑型体育彩票具有科学、统一、稳定、安全和高效的特点,是目前世界销售彩票的最主要方式。电脑型体育彩票适应的玩法有很多,如即开型、乐透型、竞猜型等。电脑型体育彩票可以有效分散购买人群,避免社会不稳定现象的发生。我国1994年在广东、吉林首先开始了销售电脑型体育彩票的尝试,并取得了成功,以后逐步在全国推广,现在已开始规模发展。到目前为止,我国已完成了包括国家体育总局体彩中心的数据中心(主中心)、省(自治区、直辖市)地方分中心和销售网点终端的三级全热线电脑型体育彩票网络建设。全国体育彩票统一使用国家体育总局开发的电脑型彩票管理软件,采取"统一管理、统一游戏规则、统一技术标准、统一印制"的管理模式。各省、市、自治区电脑型体育彩票游戏规则由国家体育总局报财政部批准,网点规模由国家体育总局批准。另外,主机设备、终端机选型由国家体育总局体彩中心审定,并负责安装与调试工作。目前,我国大部分省市都已建立了电脑型体育彩票销售系统。

人工销售方式主要出现在即开型体育彩票的销售中。人工销售的组织工作较难,成本较高,控制难度较大,不是一种常用的销售方式。但它曾在我国体育彩票发展初期,电脑销售系统未建立前发挥了重要作用。近年来它的地位虽然有所下降,但它的作用依然很大,尤其是在规模即开型体育彩票销售中。在一些地方组织的分散性设摊销售中,人工销售也是重要的销售方式。

规模销售是即开型体育彩票销售的主流形式。它的特点是时间集中、人员集中,采用大奖组、高奖额、低中奖率的促销方法,有一定的规模效应。这种方式以其巨大的规模和强大的宣传,给人以很强的视觉冲击,容易调动人们的购买欲望,既能满足人们喜欢聚集、爱凑热闹的心理,又可以给参与者带来娱乐和机遇。但这种销售方式的弊端也是很明显的,它的组织成本较高,如果组织不当容易造成社会事故。因此,开展规模即开型体育彩票销售,必须进行严密的策划和组织,理顺各个环节之间的关系,以降低发行成本,减少发行风险,增加发行效益。

分散销售是指以特许经营的形式,通过广泛分布的体育彩票销售网点常年、定点销售即开型体育彩票的一种形式。相对于规模销售形式而言,它具有覆盖面广、销售网络稳定和便于购买等特点。构成分散销售的网点有三种形式:闹市区设摊、电脑型体育彩票网点兼营和经营性商业企业兼营。这种销售方式可以避开规模销售的风险,降低销售组织成本,是即开型体育彩票销售方式的新路。

4. 体育彩票的销售网络策划

建立健全销售网络对保障体育彩票市场的稳健发展有重要作用。加强体育彩票销售网络的管理有三个方面的内容:一是销售点布局;二是销售点管理;三是管理机构完善。

（1）销售点布局。体育彩票管理和销售机构在审批电脑型体育彩票销售点时,必须对销售点负责人的资格进行严格的审查,确认其具备一定的经济能力和能承担相应的法律责任。在确认其资格后,要与其签订内容详尽的合同书,以规范双方的权利和义务。应加强对销售点布局的宏观管理,销售点的布局要遵循经济、安全的原则,依照不同地区的经济发展状况和人口合理配置,严格限制同行业的恶性竞争,对私自移动销售点的人员或单位要及时予以处理,从而提高行业的整体效益。即开型体育彩票销售点的选择,要在保障安全的前提下,选择交通方便、地势开阔、人口稠密的区域。

（2）销售点管理。应完善相应的规章制度,对销售点的各种行为进行规范。加强销售点管理的内容包括：营业时间、服务态度、财务结算、知识技能、票务管理、操作规则等方面,使销售点的操作合乎整个系统健康运行的要求。在销售点管理中的一个重要方面是安全防范管理,维护财务、票务安全,保障销售秩序正常。

（3）管理机构完善。目前,我国体育彩票管理系统已基本形成了一套完整的管理体系和遍布全国的销售网络,建立了国家、省市、地方三级管理机构。随着我国体育彩票市场的深入发展,我国现有的计划性和市场性相结合的管理体制将面临更严峻的市场考验。体育彩票的管理体制必须更多地倾向于市场,以开发市场、服务社会公益事业为出发点,目前应以建立健全地方体育彩票管理体制为重点,充分发挥地方在体育彩票管理中的作用。完善体育彩票管理体制有利于保障体彩市场的良性发展。

[相关链接]

上海市体育彩票销售网点设立条件

一、竞彩店设立条件

1. 竞彩店旗舰店设立条件

（1）所处位置人流量集中,交通便利。

（2）面积在50平方米以上(特指室内销售大厅)；市中心或区县繁华地段在体彩机构确认认可后,面积要求可以适度下降。

（3）不得经营非市体彩中心批准的其他彩票品种。

(4) 设备要求电视不少于 4 台,电脑不少于 8 台,销售客服人员不少于 4 名。

2. 竞彩店标准店设立条件

(1) 所处位置人流量集中,交通便利。

(2) 面积在 20 平方米以上(特指室内销售大厅);市中心或区县繁华地段在体彩机构确认认可后,面积要求可以适度下降。

(3) 不得经营非市体彩中心批准的其他彩票品种。

(4) 电视不少于 2 台,电脑不少于 4 台,销售客服人员不少于 2 名。

符合上述条件,可以获得报名资格。各区县体彩机构根据申请地点所在区域的实际市场情况,决定是否在该处增设新的网点。

二、传统型体彩销售点(含专营店、兼营店、店中店等经营模式)

1. 要求室内经营,用于经营的面积不低于 6 平方米。

2. 不得经营非市体彩中心批准的其他彩票品种。

3. 申请地址附近有体彩销售点的,区县体彩机构将具体分析该区域的实际市场情况和现有销售点优劣,再决定是否增设新的网点。

三、纸质即开型体育彩票社会(行业)渠道设立条件

1. 法人可申请即开型体育彩票社会渠道,法人申请者是指在本市具有法人资格的企业、事业、社会团体等单位。

2. 该行业现有或一年内拟扩展的门店数不少于 30 家。

3. 该行业各门店具有一定的经营场所,包括但不限于邮政系统书报亭、加油站、连锁超市、大卖场、便利店、电器连锁店、餐饮连锁店、交通枢纽站、网吧、娱乐场所等。

4. 该行业不得经营非市体彩中心批准的其他彩票品种。

(资料来源:上海市体育彩票管理中心《2016 年上海市体育彩票销售网点征召启事》,http://www.shlottery.gov.cn/ShSportsWeb/html/tycp/lottery_tztg/2016-05-23/Detail_145697.htm)

二、体育彩票的经营管理

体育彩票的经营活动,涉及国家、部门、单位和群众等各方面的利益。为了使我国体育彩票市场尽快走上健康、稳定的发展道路,必须加强对体育彩票市场的管理。

1. 严格执行体育彩票的监督管理制度

由于我国目前体育彩票的发行完全是一种政府行为,国务院只特许发行福利彩票和体育彩票。未经国务院特许,禁止发行其他彩票,也禁止在中华人民共和国境内发行、销售境外彩票。

根据《彩票管理条例》的规定,国务院财政部门负责全国的彩票监督管理工作。国家体育总局作为体育行政部门按照自己的职责负责全国体育彩票管理工作。省、自治区、直辖市人民政府财政部门负责本行政区域的体育彩票监督管理工作。省、自治区、直辖市体育局作为体育行政部门按照自己的职责负责本行政区域的体育彩票管理工作。县级以上各级人民政府公安机关和县级以上工商行政管理机关,在各自的职责范围内,依法查处非法彩票,维护彩票市场秩序。

2. 强化体育彩票发行销售的管理流程

根据《彩票管理条例》的规定,国务院体育行政部门可以依法设立体育彩票发行机构,负责全国体育彩票发行和组织销售工作。省、自治区、直辖市体育行政部门可以依法设立体育彩票销售机构,负责本行政区域的体育彩票销售工作。

体育彩票发行机构申请开设、停止体育彩票的具体品种或者申请变更体育彩票品种审批事项的,应当依照《彩票管理条例》规定的程序报国务院财政部门批准。国务院财政部门应当根据体育彩票市场健康发展的需要,按照合理规划体育彩票市场和体育彩票品种结构、严格控制体育彩票风险的原则,对体育彩票发行机构的申请进行审查。

体育彩票发行机构申请变更体育彩票品种的规则、发行方式、发行范围等审批事项的,应当经国务院体育行政部门审核同意,向国务院财政部门提出申请并提交与变更事项有关的材料。国务院财政部门应当自受理申请之日起45个工作日内,对申请进行审查并作出书面决定。

体育彩票发行机构申请停止体育彩票品种的,应当经国务院体育行政部门审核同意,向国务院财政部门提出书面申请并提交与停止体育彩票品种有关的材料。国务院财政部门应当自受理申请之日起10个工作日内,对申请进行审查并作出书面决定。

经批准开设、停止体育彩票品种或者变更体育彩票品种审批事项的,体育彩票发行机构应当在开设、变更、停止的10个自然日前,将有关信息向社会公告。

因维护社会公共利益的需要,在紧急情况下,国务院财政部门可以采取必要措施,决定变更体育彩票品种审批事项或者停止体育彩票品种。

3. 规范体育彩票销售收入的管理

体育彩票销售收入管理的原则是:既要实现政府特许发行体育彩票筹集资

金发展体育事业的宗旨,也要为体育彩票机构开展业务提供经费保障;既要满足社会公众对体育彩票的文化娱乐需求,保护体育彩票购买者的积极性,也要合理控制体育彩票游戏的刺激性,彰显国家彩票的社会责任。

体育彩票的销售收入分为奖金、发行费和公益金三部分。我国体育彩票发行初期,国家有关部门规定体育彩票销售收入分配的具体比例为:总收入的50%以上作为中奖者的奖金,总收入的15%是发行费,总收入的35%是公益金。

随着体育彩票品种的增加和玩法的创新,国家有关部门对体育彩票销售收入的分配比例进行了调整。2015年11月财政部颁发的《关于进一步规范和加强彩票资金构成比例政策管理的通知》中明确指出:可以根据体育彩票发行销售需求状况及不同体育彩票品种的特征,确定具体体育彩票游戏的资金构成比例,但不能超过总收入的75%作为中奖者的奖金。体育彩票发行机构、体育彩票销售机构的业务费提取比例,由体育彩票发行机构、体育彩票销售机构根据体育彩票发展需要提出方案,报同级体育行政部门商同级财政部门核定后执行。该《通知》强调要切实保障彩票公益金的比例,体育彩票发行机构应当根据体育彩票需求状况及体育彩票品种的特性,在体育彩票游戏规则中合理拟定体育彩票公益金比例,体育彩票公益金比例最低不得低于20%(资料来源:《财政部关于进一步规范和加强彩票资金构成比例政策管理的通知》(财综〔2015〕94号),http://zhs.mof.gov.cn/zhengwuxinxi/zhengcefabu/201511/t20151113_1560814.html)。

4. 建立健全体育彩票的财务会计制度

体育彩票发行后所募集的资金,必须按规定使用,严禁挪作他用。发行单位必须建立和健全各项财务、会计制度,接受财政、审计部门的检查。同时,要定期向社会公布公益金使用情况,接受社会监督,对违反财经纪律、营私舞弊、贪污私分的,要依法从严处理。

5. 完善体育彩票的安全保卫工作

体育彩票也是一种变相的"有价证券",因此要制定体育彩票的监印、计数、运输及保管制度并严格执行。目前,我国体育彩票的印制工作由中国人民银行核准的彩票印制厂统一设计及印刷。各地不得擅自印制各种体育彩票。体育彩票的接收人员要认真清点数量、检查系列号、编组号是否相符,外包装是否完好无损。押运人员要认真负责、忠于职守,在押运过程中要做到人不离票,以保证安全抵达。彩票出入库要建立一套完整的手续,账目要清楚,交接双方人员要在彩票交接协议书上签字。

三、体育彩票的营销策略

目前,体育彩票在我国社会和经济生活中的作用越来越大,体育彩票已成为我国体育产业的主导产业,其发展前景良好。但体育彩票要切实实现更好的发展,就必须注意研究市场,创造出更适宜的市场环境。

1. 增加体育彩票的科技、体育和文化含量

具有高科技、体育和文化含量的体育彩票才会具有较强的市场竞争力和生命力。我们目前处于一个科技高速发展的时代,体育彩票作为市场经济的产物,必须不断加大科技含量以适应社会和经济形势的发展,吸引购买者的兴趣。另外,体育彩票作为一种具有娱乐性的产品,应突出其文化价值,增加其体育含量。应争取发行具有体育特色的彩票,使体育和彩票很好地结合起来,使体育彩票真正名副其实,并能引起广大体育爱好者的兴趣。

2. 优化销售点布局,建立科学的销售渠道

由于种种原因,体育彩票销售点的布局不尽合理。有的销售点设在人口流动大的马路边,对马路交通造成隐患。设在连锁店等固定场所内的销售点不多,相当一部分是依附于某个店面之外,还有一部分销售点设施简陋,甚至露天营业,这对销售员和彩民都不利。虽然有的地方出现了体育彩票专营店之类的新生事物,为彩民提供更为全面、周到的服务,但这种营销方式还未普及。体育彩票管理部门应加强对体育彩票销售网络的宏观调控,以提高体育彩票的整体效益。

[相关链接]

美国马萨诸塞州彩票售点布局

美国马萨诸塞州的彩票事业比较发达,主要销售选号型和即开型彩票,并有无人售票机提供自助服务(一般安装在超级市场里,由购买者自己操作),其彩票销售点的布点比较广泛。

地点	便利店	餐馆、酒吧	饮料店	乡村俱乐部和老兵俱乐部舞厅	杂货店	小卖部	报亭与烟摊
百分比(%)	38	24	13	9	8	5	3

(资料来源:《对我国现阶段体育彩票市场的分析研究》,作者:蔡有志等,http://jty.cq.gov.cn/ShowNews.asp?cid=NTM3)

3. 树立品牌意识,确立健康的体彩形象

品牌是一个产品区别于其他产品的标志,好的品牌不仅应具有怡人的名称、鲜明的标志,更应具有良好的口碑。好的品牌对消费者具有很强的吸引力,它以鲜明的商品个性,在消费者中树立起富有品位的形象,并能满足消费者的精神需求,利于消费者形成对这种产品的消费偏好,进而形成该产品的大量的忠诚顾客。

健康品牌的建设是一个系统过程,它体现在体育彩票的形象设计、体育彩票的宣传工作、体彩管理部门的工作环境、开奖方式的公正与公开、体彩管理人员的素质与作风、体彩管理部门与销售员及彩民的沟通程度、公益金使用的透明度、体育彩票的文化建设等各个方面,其中与彩民的沟通显得尤为重要,因为体育彩票的形象最终由彩民来评定。

与此同时,我国体育彩票管理中心应尽快导入CIS,尽快建立自己的MI(理念)、BI(行为)以及VI(视觉)识别系统,使所有体育彩票的销售点统一造型、统一色彩、统一标志,以提升体育彩票在彩民心目中的整体形象。这样才能引起更多的彩民的注意,也只有这样,才能吸引更多的公民加入体育彩民的行列。

[相关链接]

店面升级建设效果好,体彩投注站点为统一形象忙

投注站是体彩的窗口,投注站的形象也代表着体彩的形象。2011年,国家体育总局体彩中心下发了《关于体育彩票销售网点建设工作有关事宜的通知》,制定了《体育彩票销售网点评级管理实施方案》。通知强调按照《中国体育彩票销售网点店面形象手册》及《中国体育彩票销售网点店面形象建设实施方案》的要求,积极推进本省(区、市)销售网点形象统一建设工作,填补城乡空白区,提高网点质量。

以往,人们对体彩投注站的印象是:门脸不显眼,不仔细看会很容易错过,里面则是烟雾缭绕,杂乱无章。如今,体彩投注站以崭新统一的形象示人,即使在晚间,明亮的发光字更加显眼,投注站内也是整齐有加,液晶屏随时开着,走势图及时更新,还有饮水机等便民设施。体彩站已经成为彩民舒适温馨的家。

一、销量随店面升级,快

江苏、山东、广东、浙江是体彩销量排名全国前四的省份,目前,江苏、山东、浙江的体彩网点形象改造工作已经完成,效果不错。

记者近日去山东青岛、威海、济南等地旅游,让记者印象深刻的是,不管是在大街上、小巷里,还是居民区中的体彩投注站,都有着统一整齐的店面形象。不管是白天还是夜晚,醒目的标志都能让人很方便地找到投注站。店内则是区域划分有序,设施齐全。山东体彩于2011年启动体彩网点升级改造工作,并制定了五个统一的方针,即统一门头形象、统一安装门头LED显示屏、统一店内设施、统一销售人员服装、统一服务用语。

在济南02663体彩投注站,液晶电视一直开着,显示着11选5投注和开奖信息,各种玩法的走势图排列有序,即使是10分钟开奖一次的高频彩,销售员也能做到及时填写开奖信息。站长还拿出印有体彩标志的一次性纸杯,请客人喝茶。

山东体彩近年来发展迅猛,2006年销量为15亿元,2007年为19亿元,2008年为23亿元,2009年为45亿元,2010年超过53亿元,2011年店面经过统一升级改造后,全年销量更是突破95亿元。虽然销量的增长不能完全归功于店面的升级改造,但统一的店面形象无疑提升了体彩在公众中的形象,也增加了进店客人在此停留的时间。

二、花大钱装修网点,值

目前,广州市正在开展店面升级工作。广州市体彩中心今年计划投入2 200万元资金,按店招门头、形象墙、销售柜、走势图与奖池牌"四统一"要求对投注站进行形象升级改造。据统计,广州市参加形象建设的网点共有2 257个,其中旗舰店143个、形象店470个、达标专营店465个、达标兼营店373个、普通店806个。如此算下来,平均每个店面的改造费用接近万元。

花这么多钱装修"脸面"是不是值得呢?东莞已经给出答案。东莞在广东率先启动升级试点工程,个午内完成70%的网点升级工作,明午午中全部完成。17146形象店投注站老板介绍,这次形象升级除了投注站变得整齐干净,改变最大的还有招牌。以往他的招牌不是很抢眼,常常隐藏在夜晚的漆黑中。自改造后,灯光一开就在整条街里脱颖而出了,相当醒目,吸引了不少新彩民进店,生意比以前好。店面升级不光是建设统一的门头,还对投注站内进行重新的合理布局,投注站环境大大改善,干净整齐的环境,不仅让销售人员舒心,客人也愿意多停留一会儿。

2012年初,天津03822网点被列入了首批改造对象,8月该网点完成了店面形象的重新建设。该站的老彩民刘先生说:"以前的黑墙不见了,现在一进屋就是白墙、亮顶;以前的杂乱也不再有了,每个玩法的分区清晰、有序,再也不会出现排列3彩民挡住高频玩家视线的情况了。"

如今,很多人出门旅行会选择7天、如家这样的连锁酒店,因为它们的设施、服务和价格基本上是全国统一的,住着放心。目前,体彩店面升级改造工作正在全国陆续展开,待这项工作完成后,体彩店将成为真正的全国连锁店,彩民不管到了哪座城市,都能根据统一的门头方便地找到体彩投注站。这对于体彩的形象建设来说,是一件大事,一件事喜。

(资料来源:《店面升级建设效果好,体彩投注站点为统一形象忙》,作者:于彤,《中国体育报》,2012年10月22日)

4. 细分彩票市场,实行多元化的产品策略

消费者对大部分产品的需求是多元的,是具有不同质的需求的。需求本身的异质性是市场细分的理论基础。市场细分是指经济组织按照消费者的一定特性,将原有市场分割成两个或两个以上的子市场,以用来确定目标市场的过程。市场细分有利于更有效地满足市场需求,并制定具有针对性的市场策略。

体育彩票管理部门在设置彩种时,应事先进行翔实的市场调查,给该彩种以明确的市场定位。我们认为,针对老年人的彩种应是奖额小、奖面大的彩种,以满足老年人消遣娱乐的心理,并不断维持他们的兴趣;针对青年人、文化层次高的人的应是奖额大、趣味性强、科技含量高的彩种,以满足这部分人既想中大奖,又想娱乐的心理。

5. 强化宣传意识,建立畅通的沟通渠道

在现代市场环境中,性能良好的产品并不一定能有好的市场销路,这取决于消费者对这一产品的认可态度,也就是说,应该通过某些形式的沟通,使消费者形成对这一产品的信任。畅通的沟通渠道的建立,有利于为经济组织及其产品确立知名度、印象度和名誉度,从而形成强大的市场购买欲望。

体育彩票的沟通对象主要有彩民、公众、销售员、政府等,其中彩民是主要的沟通对象。沟通的最终目的是为体育彩票创造良好的生存及发展环境,培养大量的相对稳定的忠诚顾客。沟通分为正式沟通和非正式沟通。正式沟通指为特

定的目的而选择某种渠道对特定的群体进行信息传递,以使该群体形成对某种产品或组织的期望形象的公关过程。非正式沟通指在日常工作或社会活动中,以良好的工作规范和健康的形象来潜移默化地影响沟通对象,使沟通对象产生对某产品或组织的良好印象。正式沟通一般需要精心策划,制定出有效的沟通策略,并在策略实行过程中注意实施效果,以便及时作出必要的修正。非正式沟通的形式则比较灵活,一般不需要精心策划和组织。

6. 加强对体育彩票市场的调查研究

体育彩票是一项经济活动,有一定的规律可循,因此要注重体育彩票市场的群众心理调查,研究体育彩票的发行方式,掌握发行的节奏和时机,利用各地不同的风俗习惯和城乡经济活动规律,积极寻找市场,捕捉时机,扩大体育彩票的发行规模。同时,还要不断研究、开发彩票的新玩法,设计、印刷精致美观的彩票新品种,使群众有新鲜感。还应加强研究,探索国外彩票的发展规律和经验。因此,加强体育彩票的研究,对促进体育彩票的发展有重要意义。

7. 完善运行机制,加强从业队伍建设

应进一步充实省、地级体育彩票管理机构,锻炼和培养一支具有较高业务素质的体育彩票销售与管理队伍,以形成覆盖全国并具相当规模的体育彩票市场分级管理网络。同时,要完善体育彩票运行机制,加强内部控制制度,提高体育彩票各个环节的透明度,理顺各方面关系,提高工作效率。应建立起符合市场经济要求的用人制度,不断促进从业人员整体业务素质的提高。

[本章思考题]

1. 概述体育彩票的种类及玩法。
2. 简述体育彩票经营策划的基本理念。

[本章练习题]

请你做一份销售额为 5 000 万元的中等规模即开型体育彩票的营销方案,特别注意设奖方案、宣传方案的制订及体育彩票新玩法设计的项目开发策划书。

[本章案例]

让彩票为足球插上翅膀

又是一个周六,阿伟按惯例来到小区外的体育彩票投注站,根据各种资讯参考和他自己的判断,打了10注足彩。接下来的等待,是一个充满期待、惊喜或失落的过程。阿伟自己也不知道有多少个周末是这样度过的,满怀着对大奖的希望与憧憬,但收获的却只是一声叹息,但他乐此不疲。在像阿伟这样的彩民眼里,那一连串的"3、1、0"数字搭配,充满了神奇的魔力,是业余生活不可或缺的精神追求。

然而,中国足彩,竞猜的却是欧洲的职业足球联赛,已经开展了20余年的中国足球职业联赛,一直是中国足球彩票的"弃儿"。不过这种局面,很可能就要发生改变。

去年3月发布的《中国足球改革发展总体方案》,其中第四十一条专门针对足球与彩票,明确指出加大彩票公益金支持足球发展的力度,积极研究推进发行以中国足球职业联赛为竞猜对象的足球彩票。今年4月公布的中国足球中长期发展规划(2016—2050年),再次提到了这一条。中国足彩的"破冰",很可能就在眼前了。

一、数百亿的"大蛋糕"

也许很多人都记得,2001的10月22日,米卢带领他那支创造了历史的中国男足中的马明宇、祁宏一起助阵了中国足球彩票的首发仪式。15年后,中国足球仍在奋斗,而中国足球彩票已然从一个年销量10亿元的"板凳球员"成为年销售量上百亿元的"核心人物"。只不过,这与中国足球无关。

去年10月底,中超未来5年转播权以80亿元的大价成交,标志着中国职业足球联赛即将迈入产业大发展、大升级的新时代。中超俱乐部在转会市场上的疯狂投入,广州恒大、江苏苏宁、上海申花、河北华夏等俱乐部千万欧元级别外援的到来,大大提升了中超的竞技水平和观赏性,也带来社会各界对中国足球职业联赛的空前关注,这也成为了中国足球产业升级的重要推动力。

5年80亿元的转播权打响了中国足球产业升级的第一枪,让各大俱乐部看到了从足球中盈利的美好愿景。接下来,人们把目光投向了足球竞猜,期待着有关部门制定相关政策,将中国足球联赛纳入中国竞彩彩票发行行列,为中国足球产业升级"推波助澜"。

这是一个多大的"蛋糕"?不妨来看一下数字。据统计,2014年,中国彩票总销量是3 823.68亿元,其中中国体育彩票的销售额是1 764亿元,而竞猜型彩票(包括竞彩足球、竞彩篮球和传统足球)全年销售615亿元,同比增幅超过81%,单单一个巴西世界杯,竞彩共销售129亿元,比4年前的南非世界杯销量增长460%。

这是一个多么庞大又诱人的数据,又是一个多么大的商机!

其实,这还只是正规彩票销售的数字。中国彩民通过各种手段参与境外博彩与地下博彩的数字,更是数倍于此。观看英超直播的中国球迷,几乎每场比赛都能在场边看到博彩公司的广告牌,不少球队的胸前赞助商也是博彩公司。比如西汉姆的Betway博彩,水晶宫和伯恩茅斯的明升博彩,桑德兰的Dafabet博彩,斯托克的Bet365博彩,沃特福德的申博138博彩,西布朗的同乐城。很多博彩公司的广告甚至直接被翻译成中文,以此来吸引中国彩民。如果这些流向境外的资金能够回到中国的足彩,那将是一个令人瞠目的大盘。

目前,中超和中甲全年各有30场比赛,从3月份贯穿至11月份,是时间跨度最长的中国体育职业联赛。作为中国最受欢迎、影响力最大、球迷参与人数最多的联赛,有专家预计,中超中甲一旦纳入竞彩范围,中国彩民的参与热情将空前高涨,其每年竞彩销售额至少数百亿元。如此大的蛋糕,完全可以为足改方案中所提到的"推动足球运动普及"和"推动社会足球与职业足球互促共进"做出巨大的贡献,为真正解决中国足球"人"与"财"的问题提供强大的资金支持。

二、互联网巨头提前布局

纵观欧洲五大联赛,足球彩票的开发,对本国足球产业的贡献之大,不言而喻。将中国职业联赛纳入中国足球彩票,也是中国足球接轨国际足球、融入国际足球产业开发大潮的必经途径。

去年,财政部、民政部、国家体育总局出台了一个关于开展擅自利用互联网销售彩票行为自查自纠工作有关问题的通知,国内所有互联网在线彩票销售均因此停摆。但今年3月初,在这3家政府部门联合发布的互联网违规售彩的查处通报中也明确表示,有关部门将放管有序,开展互联网和手机客户端销售彩票试点。这一表态当时被业内认为,上管部门对于互联网彩票业务,本意并不愿意叫停,而是规范互联网售彩行为,希望互联网彩票市场能得到积极稳妥发展。

两年半前,借着巴西世界怀足球赛的热潮,国内网络售彩平台成为最受关注的行业之一,多家上市公司捧金入场,互联网彩票概念一时成为市场热门。现在互联网售彩重启有望,对于行业而言将是一针兴奋剂。

有人说,现在已经是中国足彩爆发黎明前最后的黑暗。彩民人数会极速扩大,足彩网站也会快速增长。对互联网售彩开放的预期和对中国足球彩票的看好,已经让不少互联网巨头提前开始在互联网彩票市场布局,把目标瞄向了这个未来的红海。

今年恰逢体育大年,各大足球俱乐部惊人的投入使得中超更受关注,加之欧洲怀、奥运会两大赛事,还有迎来100周年庆典的美洲怀,将对以体育彩票销售为主的互联网彩票销售形成巨大刺激。机构认为,以发达国家无纸化彩票渗透率为20%—40%估算,我国网络彩票销售额在2016年有望达到130亿元。体彩相关人士在1月召开的2016年全国体育彩票工作会议上预计今年网络彩票销售额甚至有望达到2 000亿—3 000亿元。

今年3月,马云旗下的阿里巴巴及其关联公司蚂蚁金服以23.88亿港元,约合20亿元人民币认购港股创业板公司亚博科技的新股及可换股债券,持股最多达59.45%。交易完成后,亚博将成为阿里巴巴及蚂蚁金服独家彩票业务平台。

而就在此前的2月25日,乐视体育也宣布以1 000万美元领投中国竞彩服务运营商章鱼彩票B轮融资,后者估值近1亿美元。此外,A股上市企业鸿博股份、香港金融公司实德环球等都在积极布局中国彩票市场。

2016年伊始,乐视体育开始"猛投"中国足球,动作频频:冠名北京国安乐视队、控股体育数据公司搜达足球、3亿元并购体育直播平台章鱼TV、27亿元包揽中超未来两个赛季新媒体独播版权。此前,乐视体育还签约了国内100多块足球场地运营权。

此次1 000万美元领投章鱼彩票,被视为乐视体育生态商业化的重要拼图。乐视体育认为,入股章鱼彩票后,将形成完整的足球产业链条,涵盖线上线下足球的所有场景,不仅能满足互联网时代用户对中超观赛、评论、互动等娱乐化需求,还将促进中国足球产业与足球彩票、游戏的良性互动发展。

去年9月份,国家体育总局官方网站发布了文章《竞猜中超有望撬动亿万体育产业大盘》,文章透露,从目前掌握的情况来看,竞猜中超近期有望实现,本着"从易至难""稳步推进"的原则,竞猜中超将首先推出14场玩法,之后再陆续推出单场竞猜等玩法。业内人士分析,中超相关产品的彩票年销售额至少将达100亿元。

竞猜中超的推出对乐视而言无疑将是一大利好,乐视体育花了27亿元购买的中超版权,也将在竞猜中超推出后转化成为其最重要的盈利渠道。互联网售彩+竞猜中超,在这场硝烟弥漫的"互联网彩票"大战中,拥有赛事,拥有用户,拥有互联网售彩平台的乐视毫无疑问将成为互联网彩票市场上的大赢家。

三、为职业联赛输血

几乎每个国家的足球彩票都是以竞猜本国联赛为主体,唯独中国的足彩只能竞猜国外联赛。去年国内615亿元竞猜型体育彩票销量,有71%是由竞彩贡献的。如果中国的足彩竞猜中超、中甲联赛,那么彩民的参与程度会更好,彩票的发行量会更大,同时各家俱乐部的日子也会更好过。这无疑是相当于给了各个俱乐部一个"钱袋子"。

其实,足彩并不是没有竞猜过中超,在韦迪刚执掌中国足协的时候,足彩曾经一度竞猜过中超,尽管只是在几个大城市,而且宣传力度也不大,但效果依然很好,可惜最终没能坚持,确实让人可惜。

去年的全国两会上,辽足老板、宏运集团董事长王宝军就提出让足彩竞猜中超。他说:"我建议中国联赛开彩,中国足彩创造的收益不会低于体育彩票,改革方案从体育彩票公益金支出一部分支持足球发展,这是一个很有利的具体举措,如果真正联赛开彩,中国足球的经济基础有望彻底解决,联赛可以实现自身造血的良性循环。"

目前的中超、中甲每轮共有16场比赛,完全可以满足14场的竞猜场次。而且单场竞猜若是开放,将会吸引更多的资金。足彩方面届时要给中超、中甲各俱乐部返点,这将是很大的收入,甚至可以解决很多俱乐部的生存问题。

有专业人士撰文指出,欧洲国家发达的职业足球联赛发展模式所需要的巨大的经济资源是我国当前人民消费水平无法支持的。在我国社会大众收入水平达到或者接近欧美发达国家的人民的平均水平之前,运用足球彩票收益资金扶助职业足球联赛产业的发展是不可或缺的一环。我国的足球产业需要获得足球彩票经济收益资金的支持,需要依靠这一比较可观的经济资源支持,聚集并且培养规模比较庞大的有天赋的足球人才驰骋在我国的职业足球联赛产业之中,使我国足球产业在不断的发展中真正实现质量上的提高。

对于中国职业足球联赛产业来说,实现足球彩票对国内职业联赛的竞猜不仅可以为足球俱乐部带来直接的经济收益,而且还可以进一步大幅度地提高职业联赛的电视媒体转播的商业广告价值。

也有足球业内人士提出,要以制度规定的形式使职业联赛的每一支球队都能够从国家彩票管理部门的足球彩票收益中获得一定比率的分红,球队每一次成为足球彩票的竞猜对象的机会就是获得相应份额的足球彩票分红收益的依据。这样可以促使球队格外珍惜宝贵的被足球彩票作为竞猜对象的机会,拼尽全力打好每一场比赛,尽力吸引每一位观众和媒体的关注。因为此时获得足球彩票的竞猜机会是提高球队社会影响力及其商业广告价值的基础,足球彩票竞猜也就因此成为球队获得最大经济收益的可靠途径。

四、有利遏制"假赌黑"

在看球的同时买一张彩票是亿万球迷的在享受精彩的足球比赛外可以享受的另外的乐趣。从有了足彩的第一天开始,快乐就成为关键词。然而,足球场上的"假赌黑"给彩民带来的伤害却是巨大的。

2015年,中国体彩竞彩足球竞猜场次达到了1.3万场,竞猜的比赛范围除了英超、意甲、西甲等欧洲五大联赛外,还涉及亚洲、美洲、非洲等国的联赛,但却没有中国自己的足球联赛。竞猜中国足球联赛的呼声已经有十多年了,但最终未能正式进行的原因,最普遍的理由认为:中国足球环境恶劣、假球黑哨盛行,一旦纳入竞猜范围,后果不堪设想。

不过此次竞猜中国足球已经被纳入中国足球改革发展的总体部署中,相信上层已经看到了竞猜中国足球对中国足球产业发展的积极推动作用,其中包括对于球场"假赌黑"遏制手段的增强。

实际上,足球竞猜的一大正面作用,就是可以借助全社会的力量来监督足球比赛,遏制比赛中的不轨行为。一旦中国足球纳入竞彩范围,形成全民关注比赛,那么,球场内外,每一位球员的一举一动都会被放大。在全民监督之下,无论是黑哨还是打假球者,其代价都将是巨大的、终身的。况且,一旦中国足球纳入竞彩系统,势必会司法介入,对假球黑哨做出更加严厉的惩罚。如此一来,又改善了中国足球的环境,可谓一举多得。

通过足球彩票竞猜国内职业足球联赛的方法来构建克服和扼制"假赌黑"现象发生的约束机制,是应用"疏""堵"结合的原则构想的应对措施。其中"疏"就是通过足球彩票的竞猜为职业足球联赛提供一定程度经济资源的支持,使得没有参与"假赌黑"案件的俱乐部获得可靠的经济收益的能力。而"堵"就是通过足球彩票的经济利益的约束力有效地约束俱乐部和球员的行为,从经济利益的角度遏制"假赌黑"现象的发生和蔓延。

通过建立足球彩票的竞猜机制,从职业足球联赛的经济收益能力的角度构建形成克服和扼制我国足坛"假赌黑"现象发生的经济约束机制是科学合理的,如果同时配合国家法律法规的制度约束机制的形成,则借助足球彩票的经济支持,实现我国足球产业的腾飞,是非常值得期待的结果。

(资料来源:《让彩票为足球插上翅膀》,作者:刘朝晖,《新民周刊》,2016第18期)

[案例思考题]
1. 为什么说中国足球彩票市场拥有数百亿元的"大蛋糕"?
2. 互联网巨头是如何提前布局足球彩票市场的?
3. 中国足球彩票竞猜本国联赛会衍生哪些效益?
4. 你认为中国足球彩票以本国联赛作为竞猜对象需要解决哪些问题?

第八章

体育旅游经营管理

本章学习要点

- 体育旅游的含义及发展概况
- 开展体育旅游经营活动的必备要素
- 体育旅游市场的经营开发
- 体育旅游的经营策划
- 体育旅游服务的经营模式与经营管理

第八章 体育旅游经营管理

体育旅游是体育产业的重要组成部分。随着社会经济、文化、体育的发展,体育旅游消费需求不断增加,我国体育旅游正处于方兴未艾的发展阶段,体育旅游业已成为体育市场营销的关注重点之一。学习研究体育旅游的经营管理,对于开发我国的体育旅游市场、满足日益增长的体育旅游消费需求、促进体育旅游业的加速发展等均具有重要意义。

第一节 体育旅游概述

一、体育旅游的含义及发展概况

1. 旅游的基本含义及发展概况

旅游是旅行与游览的结合,其中,游览是旅游的目的,旅行则是实现旅游目的的辅助手段。而游览又包括游乐与博览两大类。过去,人们在旅游活动中,比较重视风景旅游的观赏价值;近年来,正逐步转向重视旅游给人们带来的娱乐价值。度假旅游的盛行,就是这一趋势的体现。

旅游活动有广义与狭义之分。广义的旅游活动是包含游览内容在内的各种目的的旅行,如商业旅游、会议旅游、宗教旅游及各种专业旅游等。它们的目的虽然各异,但都不同程度地包含了游览与娱乐的内容,因而都属于旅游的范畴。狭义的旅游活动,是指以游乐为主要目的的旅行。它包括参观、游览、娱乐、消遣、探险等游乐旅行活动。从世界范围看,国内、国际旅游者总人数中,这类旅游者居多数。

旅游业是通过为游客提供膳宿、交通、活动及购物等服务来开展旅游活动的。旅游业提供的是人与人面对面的服务产品,其服务过程是旅游企业员工与游客之间的互动过程。旅游企业员工的服务质量会直接反映到旅游的质量上,因此旅游的经营管理是决定旅游业发展的重要因素。

旅游是社会经济发展到一定阶段的产物。有研究表明:当人均国内生产总值达到 800—1 000 美元时,人们将普遍产生国内旅游的动机;当人均国内生产总值达到 4 000—10 000 美元时,人们将产生国际旅游动机(资料来源:《对我国休闲经济发展战略的思考》,作者:王琪延,http://travel.people.com.cn/GB/12158326.html)。据世界旅游组织统计,2015 年全球国际旅游人数达到 11.84 亿人次,较 2014 年增长 4.4%。2015 年全球国际旅游总收入为 1.4 万亿美元,较 2014 年上升了 3.6%(资料来源:《2015 年中国国际旅游收入 1 140 亿美元世界第二》,作者:齐中熙,刘慧,《河北经济日报》,2016年5月11日)。

随着旅游业的高速发展,中国已经成为世界旅游业最重要的新兴市场,并已与美国并列成为世界第三大旅游目的地国。2015年中国全年接待国内外旅游人数超过41亿人次,旅游总收入突破4万亿元,同比2014年分别增长10%和12%。数据显示,2015年我国接待入境旅游1.33亿人次,较2014年增长4%,入境旅游外汇收入1175.7亿美元,同比增长0.6%(资料来源:《2015年中国接待国内外旅游人数超41亿人次》,作者:赵珊,《人民日报海外版》,2016年1月19日)。中国国内旅游、出境旅游人次和国内旅游消费、境外旅游消费均列世界第一。国家旅游数据中心测算数据则显示,我国旅游就业人数占总就业人数的10.2%(资料来源:《2015年我国居民旅游逾41亿人次》,作者:薛玉斌,http://www.sc.xinhuanet.com/content/2016-01/05/c_1117669017.htm)。

2. 体育旅游的基本含义及发展概况

所谓体育旅游,就是指以观看、欣赏和参与各种体育活动为目的的旅行游览活动。体育旅游业是国家旅游业的一个组成部分,它是以体育资源和一定的体育设施为条件,以体育旅游商品的形式,为体育旅游消费者在旅行游览过程中提供各种服务的经济部门。

体育旅游是体育与旅游交叉融合而产生的新型体育服务业。体育旅游服务业的发展历史可以上溯到19世纪50年代的英国。1857年英国人成立的登山俱乐部向登山爱好者和旅游者提供各种服务,是体育旅游服务业的最初运作形式。20世纪60年代以来,随着社会经济的发展、人们收入水平的提高、余暇时间的增多以及旅游业的超速扩张和体育运动的普及,以体育运动为特色的旅游服务在欧美国家得以迅速发展。体育旅游运作的主要是人们所喜爱的高山滑雪、徒步登山、海滨沐浴、帆船、冲浪、攀岩、漂流、探险等体育运动与旅游相结合的参与性项目。随着人们对奥运会、世界杯足球赛等大型国际体育赛事与日俱增的热情,观赏性体育旅游也蓬勃发展起来。利用大型体育赛事开发体育旅游服务资源,已成为大赛主办国与主办城市极为重要的经济收入来源,旅游服务业本身也从大型赛事的旅游服务中受益匪浅。

我国的体育旅游服务业是在党的十一届三中全会以后,伴随着我国社会经济的发展、人民生活水平的提高、我国旅游业的发展以及全民健身活动的推广而逐步发展起来的。它以登山旅游为先导,逐步扩展到探险寻秘、健身休闲、竞赛表演等其他运动项目及组织观看国内外大型体育比赛的体育旅游活动。自20世纪90年代初以来,我国的体育旅游服务收入以年均30%—40%的速度持续增长。

你知道吗？

近9届奥运会吸引游客概况

1984年洛杉矶奥运会的入境旅游者人数为22.5万,直接带动旅游收入30多亿美元。

1988年汉城奥运会的入境旅游者人数为22万,与旅游相关的收入超过14亿美元。

1992年巴塞罗那奥运会吸引了30多万外国游客,旅游收入30亿美元。

1996年亚特兰大奥运会入境游客达35万,佐治亚州的旅游收入达到35亿美元。

2000年悉尼奥运会比赛期间共接待国外游客50万人次,旅游外汇收入达到42.70亿美元。

2004年雅典奥运会期间入境游客达到1 100万,旅游收入高达85亿美元。

2008年北京奥运会期间接待中外游客652万人次,其中接待入境游客38.2万人次,旅游景区实现营业收入16 270.3万元。

2012年伦敦奥运会期间,英国接待的海外游客总数达300万人次,海外游客带来的旅游收入同比上涨了9%。数据显示,专程买票来观看伦敦奥运赛事的游客在英国平均消费1 290英镑(2 067美元),而其他类型游客的平均消费为650英镑。

2016年里约奥运期间共接待游客117万,其中41万为外国游客,旅馆入住率达到94%。平均每名外国游客每天消费424.62雷亚尔(约合131.32美元),在巴西本国游客中43%来自圣保罗州,平均每人每天消费310.42雷亚尔(约合96美元)。

(资料来源:作者根据相关报刊及网站资料整理)

2015年我国体育旅游市场规模将近2 065亿元,体育旅游占旅游总体的5%左右,因此我国体育旅游市场开发的潜力较大(资料来源:中国产业信息网《2016年我国旅游和体育行业发展概况分析》,http://www.chyxx.com/industry/201608/436954.html)。

目前,我国体育旅游服务业提供的体育旅游服务产品主要有:登山、攀岩、溜索、蹦极、徒步、拓展、滑雪、滑草、滑水、潜水、冲浪、拖曳伞、摩托艇、垂钓、狩猎、拳击、舞蹈、武术、骑马、骑骆驼、独轮车、自行车、马拉松、健美操、江河漂流、沙漠探险、高尔夫、帆船、帆板、游艇、动力伞、滑翔伞、热气球飘飞、观赛拉拉队、赛事观摩团,以及标志性体育场馆、体育博物馆、体育名人堂、体育雕塑的观赏、游览活动等。

[相关链接]

携程提供的体育旅游产品

携程将体育旅游分为四类,其中包括户外活动、体育观赛、体育竞技、体育培训并推出系列产品。户外活动包括徒步、骑行、潜水、滑雪、高空项目等,如台湾环岛骑行、马尔代夫潜水等;而体育观赛指的是奥运、欧洲杯等赛事现场观赛产品;体育竞技产品指的是客人亲自参与竞技的产品,目前的代表产品有马拉松;而体育培训指的是击剑课程、游泳课程、潜水考证等学习类旅游产品。

携程旅游订单数据显示,户外活动是最热门的体育旅游类别,占到整体的71%;其次是体育观赛,占到14%;而如报考潜水执照以及针对儿童的击剑、篮球课程的"体育培训"占到12%;马拉松比赛等体育竞技类项目的报名人数最少,仅占3%。在户外活动产品的9个大类中,人气从高到低依次是徒步、骑行、潜水、滑雪、水上运动、垂钓、高尔夫、帆船游艇、高空项目,其中徒步、骑行等门槛较低的户外项目最受消费者欢迎。

(资料来源:中国经营网《携程发布〈体育旅游报告〉:市场份额不足5%》,http://www.cnoutdoor.com/? action-viewnews-itemid-273139)

二、开展体育旅游经营活动的必备要素

开展体育旅游必须具备三大要素,即体育旅游资源、体育旅游设施和体育旅游服务。其中,体育旅游资源与设施为硬件,体育旅游服务为软件。体育旅游资源是体育旅游者旅行游览的目的物;体育旅游设施是接待体育旅游者观赏、参与体育活动的物质设备条件;体育旅游服务主要是指为体育旅游者的食、住、行、游、购提供的服务活动。体育旅游资源和体育旅游设施是物质因素,体育旅游服务是人的因素,只有这两种因素相结合,体育旅游业的经营活动才能存在和发展。

1. 体育旅游资源

体育旅游资源是指能激发体育旅游消费者的体育旅游动机,为体育旅游业的经营活动所利用,并由此产生经济价值的各种因素和条件。具体地说,就是为旅游者提供的观赏、健身、娱乐、休闲、比赛、探险及研究等体育活动。体育旅游资源是体育旅游业存在和发展的基本条件。我国体育旅游资源十分丰富,归纳起来有以下几种:

(1) 自然体育旅游资源。自然体育旅游资源是指非人工形成的可供体育旅游活动利用的生态资源。如天然的山川、江河、湖海、森林、戈壁、沙漠等。我国地大物博,自然体育旅游资源非常丰富,仅一级山脉就有4条,二级山脉16条,长度均在500公里以上。世界最高峰珠穆朗玛峰就在我国境内。由于我国山川资源丰富,每年都要接待大量的国内外登山爱好者进行登山旅游活动,已成为体育旅游的主要产业之一。近年来,攀岩运动风靡全国,使得更多的山川被用于体育旅游活动。国际上流行的亲近大自然的体育旅游活动,如地质地貌游(亲土类,如登山、探险等)、气象气候游(亲空类,如滑翔、热气球等)、植物生物游(亲绿类,如森林探宝、森林浴等)、水上水文游(亲水类,如滑水、游泳等)均十分受欢迎。

(2) 人文体育旅游资源。人文体育旅游资源就是指非天然赋予的,而是经过加工开发创建起来的体育旅游资源。包括文物古迹、古建筑工程、革命历史纪念地以及各地的风土民情和传统习惯,也包括体育的古建筑、以往大型体育赛事的承办地等体育的文物古迹(如雅典的古奥林匹克竞技场遗址等)。利用人文资源开展体育旅游经营活动,是把体育旅游活动与其他旅游活动相结合的产物。主要是在旅游形式上和运动有关,如徒步旅游、自行车旅游、摩托车越野、汽车拉力赛等。利用我国丰富的人文资源开展体育旅游经营活动是我国体育旅游服务业的一个发展方向。

(3) 可开发的体育旅游资源。可开发的体育旅游资源就是指结合不同的体育活动项目来开展体育旅游服务业的经营活动。从当代体育运动发展的现状来看,可开发的体育旅游资源可分为以下六类:一是竞技性的体育旅游资源,如汽车、摩托车越野赛、拉力赛等;二是休闲娱乐健身型的体育旅游资源,如滑雪、骑马、骑骆驼等;三是具有民族、民间特色的体育旅游资源,如龙舟、风筝、武术气功等;四是探险性的体育旅游资源,如定向运动、野外生存、户外运动等;五是以观看某一特色鲜明的体育演艺活动为目的的体育演艺观赏旅游,如观看《禅宗少林·音乐大典》《太极传奇》《功夫传奇》等;六是利用大型运动竞赛开发的体育旅游资源,这是指在大型运动竞赛举办期间,一方面组织各国各地区的观赏型体育旅游消费者来观看体育比赛盛况,另一方面开发与运动竞赛有关的其他旅游项目,来吸引这些观赏型体育旅游消费者,如体育邮票展览、体育健身健美器材博览会等。

2. 体育旅游设施

体育旅游设施是指为接待体育旅游消费者而建设和提供的各项物资设备的总和。体育旅游设施可分为两类:一类是由为体育旅游消费者的食、住、行、购等活动提供服务的交通、宾馆、饭店及各种旅游用品商店等部门所构成;另一类是为适应体育旅游消费者不同目的及爱好而准备的各种旅游设备。例如:登山活动需要提供相应的高山营地、服装、专用的食品及饮料和急救、通讯设备;水上运动需要提供相应的划艇、赛艇、浴场、赛场水域、游泳池、医院和急救车辆等设备;滑雪活动需要提供滑雪场、滑雪板、缆车、场地、咖啡厅、小吃店、休息间、医疗急救等设备;自行车运动则需要提供赛车、跑车、救护车辆、开道车、医疗急救等设备。其他各种体育旅游活动均需要提供相应的设备条件。基本的体育旅游设施的具备,是开展体育旅游服务经营活动的重要前提。体育旅游设施、设备的完善与否,不仅影响体育旅游服务的质量,也是影响体育旅游服务水平提高的重要因素。

3. 体育旅游服务

体育旅游服务是指体育旅游服务经营单位为使体育旅游活动顺利进行而提供的各种服务活动的总称,可分为旅行服务与游览服务两大类。旅行服务包括交通、住宿、餐饮、购物等服务内容;游览服务主要是为体育旅游消费者在参与体育旅游过程中提供的技术指导、安全保障及其他相关的服务。

旅游业的特点之一,就是向旅游者提供各种服务产品和服务性劳动。一个体育旅游消费者来到异地,在整个旅行游览过程中,要和众多的部门、单位发生直接和间接的联系。体育旅游服务的经营单位和其他有关的部门及单位,都应该做好每一项服务工作,努力提高体育旅游服务质量,使每一位体育旅游消费者都受到热情、周到的服务,使之高兴而来、满意而归。

体育旅游服务由核心服务和外围服务组成。核心服务是体育旅游消费者追求的主要目的,也是体育旅游服务产品中最重要的部分,所有其他服务(外围服务)都是对它的补充。例如,在组织球迷外出观看体育比赛的体育旅游服务中,观看体育比赛就是核心服务工作,而住宿、交通等则是外围服务。努力做好核心服务,才能使体育旅游消费者获得最大程度的满足感。外围服务对提升体育旅游消费者对核心服务和服务组合的价值可起到重要的辅助作用,因此也不能轻视。

第二节 体育旅游的经营管理

一、体育旅游市场的经营开发

体育旅游服务作为旅游市场的新产品,具有巨大的发展潜力。体育旅游服务产品目前已成为现代旅游服务产品体系中的一个重要分支。在世界、在中国,都已有了日益丰富和成熟的体育旅游服务产品,每年都能吸引大量的体育旅游爱好者。

1. 体育旅游市场概述

随着社会经济的发展、人们生活水平的提高、余暇时间的增加、体育意识的增强,社会对体育的消费需求也不断增加,体育健身、运动休闲将越来越受重视,并逐渐成为人们的基本生活方式。因此,一些大众化的体育旅游项目,如骑车、骑马、登山、钓鱼、水上运动、马拉松等受到了普遍的欢迎;一些极限体育项目,如铁人挑战赛、漂流、热气球、攀岩、滑翔、蹦极、山地车等也受到人们的关注和年轻人的喜爱。此外,我国体育赛事资源也是相当丰富的,每年在我国举办的国际比赛及全国性体育赛事有近千项,再加上在我国举办的F1中国大奖赛、网球大师赛、国际田径黄金大奖赛、国际马拉松赛、国际高尔夫冠军赛、世界斯诺克大师赛、国际桥牌锦标赛等重大国际体育赛事,都是提供观战体育旅游服务产品的极好资源,也是吸引更多的体育旅游消费者来我国进行体育旅游的重要资源,这必将进一步推动我国体育旅游服务业的发展壮大。

尽管我国体育旅游资源丰富,市场增长迅速,但由于各种原因,我国体育旅游市场份额所占比例较低,体育旅游的市场营销比较薄弱,市场经营和管理的体制、法制、机制都不够完善,须进一步研究、改革、开发,促进我国体育旅游业的健康发展。

2. 体育旅游市场细分

由于体育旅游消费者的经济、文化、背景不同和兴趣、个性等方面的差异,使他们的旅游消费需求也有较大的区别,因此有必要对体育旅游市场进行细分,以适应更多的体育旅游消费需求。

体育旅游消费者的需求是多种多样的,因此对体育旅游市场的细分也有多种选择。如可按年龄、性别等人口学特征进行细分,也可按生活方式、兴趣爱好等行为心理学特征进行细分,也可按体育目的的内容特征进行项群细分。目前,我国体育旅游市场较多采用项群细分的方法,将其分为体育健身、休闲度假、体育观战、体育探险、体育竞技、民俗体育、体育演艺观赏、体育景观观赏等(参见

表8-1)。进行体育旅游市场细分时,应注意选择好细分基础,只有准确地确定细分市场,体育旅游消费者才会对特定的营销组合产生反应。而在研究体育旅游消费者基本特征的同时,也必须分析竞争者对细分市场的影响,以便选择适宜的目标市场和营销方法。

表8-1 按项群分类的体育旅游细分市场

体育旅游细分市场	体育旅游产品
体育健身旅游	登山、冲浪、越野、有氧运动、健美、游泳等
休闲度假旅游	钓鱼、海水浴、森林浴、高尔夫球、网球、保龄球、骑马、划船等
体育观战旅游	奥运会、亚运会、世界杯、世锦赛、F1大奖赛等大型赛事
体育探险旅游	高山探险、森林探险、戈壁旅游、攀岩、漂流、潜水、蹦极等
体育竞技旅游	水上运动、球类运动、冰雪运动、航空运动等
民俗体育旅游	武术、气功、风筝、龙舟、那达慕等
体育演艺观赏旅游	《禅宗少林·音乐大典》《太极传奇》《功夫传奇》等
体育景观观赏旅游	标志性体育场(馆)、体育博物馆、体育名人堂、体育雕塑等

二、体育旅游的经营策划

体育旅游作为体育市场的一个有机组成部分,它的发展在一定程度上取决于整个体育市场的发展状况。开展体育旅游经营活动,要从国情出发,从体育产业部门的实际出发,才能使体育旅游的经营活动得以拓展。根据我国的国情和体育旅游业的发展现状,体育旅游的经营策划活动应注重研究以下几个方面的问题:

1. 体育旅游经营的时间策划

体育旅游经营的时间策划,是开展体育旅游经营活动的重要前提。根据不同的季节安排和提供不同的体育旅游产品,是开展体育旅游经营活动的重要原则。滑雪、水上和登山运动有明显的季节性。如果时间选择不当,就不可能吸引众多的体育旅游爱好者。一般地说,登山运动要选择夏季,而滑雪运动则以选择冬季最为适宜。时间的选择还有另一层意思,即不要错失良机。体育旅游业务很多出现在重大国际、国内比赛期间。各种类型的重大国际、国内体育比赛是开展体育旅游经营活动的良好机会,时间一旦错过或滞后,体育旅游市场将随之消失。利用赛事所提供的体育旅游产品而大发其财的国外旅游公司已经为我们提供了许多可以学习的经验。由此可见,抓住有利时机,及时开展体育旅游经营活动是十分重要的。

[相关链接]

增加座位增开航班增设旅馆,光州盯上中国球迷腰包

虽然中国队进军世界杯的第一战将在韩国光州打响,但由于种种原因,中国队的大本营还是放在了西归浦,此举令光州市政府颇感遗憾。

据悉,从光州到西归浦只要坐30分钟的飞机。而中国队计划在6月4日上午从西归浦飞到光州,下午3时20分与哥斯达黎加队进行首场比赛。结束后马上飞回西归浦,继续训练。于是,光州市政府只能把眼光盯住大批的中国球迷。据估计,前来光州观看中哥之战的中国球迷将达到4万多人,而整个光州世界杯赛场的观众席只有43 121个。赛场管理署长张相根说,他们已经给国际足联打了紧急申请报告,要在东、西看台再增设500个临时座位,以满足更多中国球迷的需求。

光州与上海已开通了每周两次的航班,这显然是不够的。光州市政府与大韩航空的谈判进展十分顺利,如果不出意外的话,世界杯赛期间,光州与上海的航班将达到每周4次,而光州与北京、广州以及沈阳的航班开通筹备工作也在紧张地进行着。

此外,光州市政府还为中国球迷准备了20 000间宾馆酒店的客房,增设了500个家庭旅馆,指定了8家中式餐馆和2条美食街。

在大掏中国球迷腰包的同时,有着法学博士头衔的高在维市长还要求中国球迷要冷静看待比赛的胜负,并表示愿意为中国球迷团体免费提供协调办公室,为世界杯赛期间的安全共同努力。

(资料来源:《增加座位增开航班增设旅馆,光州盯上中国球迷腰包》,作者:阿音,《浙江日报》,2002年3月6日)

2. 体育旅游经营的空间策划

适当选择空间是开展体育旅游经营活动的又一重要策划工作。一般来说,海滨浴场、滑雪地的选择等要因地制宜。国际体育旅游者,特别是欧、美、日等国的体育旅游者,大多是怕热不怕冷。所以,除了滑雪等冬季运动必须安排在北方之外,其他体育项目也以北方为宜。因为在当今科学技术发展的基础上,御寒已

经是容易做到的,而面对酷热似乎仍无能为力。而体育旅游活动绝大部分是在室外进行的,所以体育旅游的空间确定应尽量以北方为宜。

空间的选择还包含另一层含义,即体育旅游所在地的自然和生态环境不要遭到污染和破坏。另外,体育旅游空间的确定要尽量避开工业区和城市中心,体育旅游爱好者,除了他们所喜爱的体育旅游项目外,一般对其他事物都淡然处之。所以,嘈杂、污染严重的工业区和喧哗的城市中心会影响他们的情绪。

3. 体育旅游经营的产品策划

旅游产品是一切旅游活动的基础,旅游产品策划是体育旅游经营的核心部分,它影响着其他经营活动策略。体育旅游产品是指以体育游览为主要目的的旅游活动。它与一般旅游产品的区别主要表现为:旅游活动的核心是体育活动(或观战),一切活动及服务须围绕体育活动来安排;体育旅游产品根据体育旅游消费者参与方式的不同,可分为参与性和非参与性两种;体育旅游产品具有较强的专业性。

体育旅游产品是一种综合产品,组合形式很多,其基本组合形式有以下几种:一是内容组合型:主要根据体育活动的主题,选择其组成部分。一般可分为专业型组合产品与综合型组合产品。如少数民族体育文化游、少林武术精髓游等。二是时间组合型:主要根据季节变化组合不同的旅游产品。如吉林冬季的冰雪体育游、夏季的登长白山、秋季的狩猎游等。三是空间组合型:主要通过差异性较大的地域空间转移,丰富旅游内容。如足球两地竞赛游等。体育旅游产品的不同组合,不仅丰富了体育旅游的结构,也可增强体育旅游的吸引力。在体育旅游产品组合过程中,应注意体育旅游产品策划的完整性、针对性、多样性及优惠性。

不断开发体育旅游新产品是发展体育旅游业的重要举措,也是体育旅游经营单位生存能力的标志。所谓体育旅游新产品,是指体育旅游产品中任何部分的改革与创新。无论是革新体育旅游产品还是创新体育旅游产品,都必须比原有体育旅游产品更优秀,更符合体育旅游市场需求。无论是参与型的体育旅游者还是观赏型的体育旅游者,从其旅游消费心理来说,都是为了达到某种"新奇""刺激"的消费满足。所以,越具备"新奇""刺激"特色的体育旅游项目,就越能吸引体育旅游爱好者。因此,除了一般的体育旅游项目外,那些本国、本地区独一无二的体育旅游资源和具有民族、民间特色的体育旅游项目(如高山探险、江河漂流、沙漠徒步及武术、气功等),就更具有吸引力。体育旅游经营单位要注意各具特色的体育旅游业务的开发与拓展。这样才能以奇制胜、以特制胜,争取到更多的体育旅游爱好者。

4. 体育旅游经营的促销策划

体育旅游在我国发展时间不长,我国众多的体育旅游资源还没有被开发和利用。因此,体育旅游的经营单位要广泛宣传我国的体育旅游资源、体育旅游设施和体育旅游服务,不断拓展体育旅游的经营业务,注重国内体育旅游市场和国际体育旅游市场的开发。这不仅是指积极地组织国外体育旅游爱好者到我国境内来从事体育旅游活动,而且也包括组织国内体育旅游爱好者到国内乃至国外去从事体育旅游活动。只有这样,我国的体育旅游市场才能不断扩大,体育旅游经营单位的效益才能不断提高。

体育旅游促销的主要方法有广告、宣传品、促销活动、公共关系等。要使促销方法对目标市场起作用,必须分析体育旅游消费者的特征、体育旅游产品的特征等因素,以便选择正确的促销策略。

广告是一种高效的体育旅游促销方法,它可以在极短的时间内将体育旅游信息传达给众多的体育旅游消费者,但因广告价格昂贵,且结果较难评估,应谨慎采用。广告促销主要用于建立体育旅游产品意识,因此强调体育旅游产品的独特性是广告促销的主要方式。广告媒体包括电视、出版物、影音制品、海报、报纸、杂志、网络等。不同媒体有不同的特征和受众群,应根据实际需要,合理选择。

体育旅游宣传品通常是指体育旅游经营单位用来宣传其体育旅游产品和体育旅游服务的宣传册、纪念品等。通过提供或散发体育旅游宣传品,可以向目标市场传递体育旅游产品与体育旅游服务信息,鼓励目标体育旅游消费者购买体育旅游产品和服务,并通过体育旅游消费者的传播扩大宣传。

促销活动是指专门组织的以吸引体育旅游消费者和推动营销为目的的特别活动。促销活动包括新闻发布会、商品展示会、娱乐与游戏、制造事件等。通过组织各种的促销活动,可以加速扩大体育旅游服务信息的传播,以便吸引更多的体育旅游消费者的关注。

公共关系是指为了建立和维持体育旅游经营单位与公众间的良好关系,建立、维护、改善体育旅游经营单位和体育旅游产品形象而设计的一系列沟通手段。有效的公共关系可以影响很大范围的人群,鼓励其购买体育旅游产品和服务。公关活动的重点是将精心选择的消息导向主要目标群体,而公关部门的主要工作任务是:与新闻界建立良好关系,并通过其宣传报道吸引人们注意,进行体育旅游产品公众宣传,在各种印刷品和媒体上获得报道机会;对目标体育旅游消费者群体开展咨询服务,也向体育旅游经营单位的管理者提供咨询建议,向政府部门或立法机关进行游说,使政策法规有利于体育旅游经营单位的发展。

三、体育旅游服务的经营模式与经营管理

1. 体育旅游服务的经营模式

体育旅游服务的经营模式主要有两大类：一类是提供组织和接待团体包价体育旅游服务；另一类是提供接待和安排散客体育旅游服务。

（1）包价体育旅游服务。所谓包价体育旅游服务，就是指体育旅游服务经营单位经过事先计划、组织和编排体育旅游活动项目，向体育旅游消费者推出的包揽一切有关体育旅游服务工作的体育旅游服务产品。其中包含体育旅游的日程、目的地以及行、宿、游的具体地点、服务等级和各处体育旅游活动的内容安排等，并以总价格的形式一次性地收取费用。

自 20 世纪 60 年代中期大众体育旅游兴起以来，包价体育旅游服务迅速普及并发展。目前，我国体育旅游服务业经营单位接待入境国际体育旅游消费者以及组织我国居民出境体育旅游，大部分是这种团体包价体育旅游服务。即使在提供国内体育旅游服务时，一般也采取了包价的服务方式。提供包价体育旅游服务的优点是：第一，包价体育旅游服务所提供的全程活动安排使体育旅游消费者感到方便易行，可免除体育旅游消费者的后顾之忧。第二，由于提供这种体育旅游服务的经营单位是成批购买旅馆床位、交通客票及其他和体育旅游服务相关的产品，因而在价格上享有优惠折扣。另外，从供给方面来看，包价体育旅游服务产品便于实行批量生产，从而有利于体育旅游服务业的经营单位扩大服务范围。

包价体育旅游通常以团体为主。按照国际惯例，所谓团体，是指人数至少在 15 人以上的体育旅游团队。随着体育旅游服务理念的提升和体育旅游市场需求的变化，包价体育旅游服务的概念和体育旅游服务业经营单位提供包价体育旅游服务的做法也有了新的发展。目前在包价内容方面，实际上并非所有的包价体育旅游都将体育旅游全程的食、宿、行、游等全部包括在内。有的只包交通和食宿，有的在每天餐食中只包其中的一餐，也有的只包交通。这种运作方式在业内被称为小包价体育旅游服务产品。目前，这种小包价体育旅游服务产品提供的主要服务项目是：从国内出发地到目的地的交通；在目的地的住宿；在目的地期间的早餐等。总之，根据市场需求及包价体育旅游服务产品对市场的吸引力，包价体育旅游服务产品的内容可以灵活设计或组合。

（2）散客体育旅游服务。体育旅游服务业的经营单位在提供包价体育旅游服务产品的同时，也可以根据市场的需要提供接待和安排散客体育旅游服务。所谓散客是相对于团体而言的，主要是指个人、家庭及 15 人以下自行结伴出行的体育旅游消费者。散客体育旅游消费者通常只委托体育旅游服务业的经营单

位提供单项体育旅游服务产品或体育旅游服务产品中的部分服务内容。也有的散客体育旅游消费者会委托体育旅游服务业的经营单位专门为其提供一套综合性的全程体育旅游服务产品,或根据自己的意愿和兴趣提出自己的体育旅游线路、体育旅游项目及食宿交通的方式和等级,要求体育旅游服务业的经营单位为其提供度身定做的体育旅游服务产品。还有的体育旅游消费者只需要体育旅游服务业的经营单位提供交通、食宿等部分服务。所以,在一定意义上,散客体育旅游消费者所购买的也是一种包价体育旅游服务产品。和一般的包价体育旅游服务产品的区别在于:散客要求体育旅游经营单位所包的是体育旅游服务产品内容的安排,而不是总体价格。因而对于具体的项目安排,体育旅游经营单位需要根据各个项目分别计算收费。所以,散客体育旅游的费用要比同样内容的团队包价体育旅游服务昂贵。

2. 体育旅游服务的经营管理

体育旅游业是一个新兴的体育服务产业,强化体育旅游服务的运营管理是其健康发展的重要保障。

(1) 开展体育旅游经营活动要在国家旅游局统一领导下进行。体育旅游是以国家的体育旅游资源为基础的,同时体育旅游业也是国家旅游业的重要组成部分。因此,要把体育旅游发展规划纳入国家旅游业的发展规划乃至整个国民经济的发展规划之中,从而使体育旅游业的发展对国家旅游业的发展起到积极的推动作用,以促进整个国民经济的发展。

(2) 开展体育旅游经营活动要同有关单位部门相结合,严防各种国有资源流失。由于某些体育旅游爱好者,特别是来华的登山旅游团队会附带一些科学考察和测绘、收集资料、标本的任务。这些体育旅游团队人员在办理体育旅游申请的同时,要申报科学考察和测绘的计划,由有关部门分别转国家科委或国家测绘局及其他有关部门审核批准后方可接待。科学考察和测绘计划未经批准,任何国外的体育旅游团队人员不得对所经地区的动物、植物、岩石、矿物、冰雪、水样和土样进行系统观测和采集标本、样品等,也不得进行测绘活动。经批准同意可进行科学考察和测绘的体育旅游团队人员,也必须通过中方签约单位向国家科委和国家测绘局提供所收集资料的样品或副本,以防止重要国有资源的外流。

(3) 不组织有害的体育旅游项目。目前世界上体育旅游项目层出不穷。特别是一些极其危险和刺激的体育旅游项目,虽能吸引众多的体育旅游爱好者,然而我国体育旅游经营单位也不宜引进。另外,在体育旅游经营活动中也要严防并杜绝赌博和色情活动。在国外的旅游业经营活动中,赌博和色情活动是旅游业的衍生产品,两者是不能分割的。我国作为社会主义国家,赌博和色情活动是我们的制度所不允许的。因此在开展体育旅游经营活动中,要加强管理,严禁和杜绝各种类型的赌博和色情活动在体育旅游业的存在,以维护我国体育旅游业的良好形象。

(4) 完善体育旅游设施,重视安全保障。体育旅游是一项集体育运动和旅游活动为一体的外出游憩方式,参与度较高,人们在出游过程中就伴有不同程度的运动量和运动强度,而有些运动项目本身就带有一定的刺激性和挑战性,具有一定的风险性,如攀岩、蹦极、探险等,加上体育旅游是动态的,存在诸多不确定因素,难免会对身体造成一定程度的伤害。此外,基本的体育旅游设施是否具备,安全保障是否到位,是开发体育旅游产业的重要前提。因此,在体育旅游服务的经营上应把"安全第一"放在首位,否则将影响我国体育旅游市场的可持续发展。

[本章思考题]
1. 简述体育旅游的基本含义及开展体育旅游经营活动的必备要素。
2. 概述体育旅游经营策划的基本理念。

[本章练习题]
请你围绕 F1 中国大奖赛制定一个体育旅游产品的营销策划。

[本章案例]

谁能在体育旅游这片万亿级蓝海中率先起航?

在 2016 中国旅游产业投融资促进大会上,国家体育总局与国家旅游局签署的《关于推进体育旅游融合发展的合作协议》,将会共同促进体旅互动融合。据华奥星空提供的有关专业机构的数据显示,2016 年 1—4 月举办的 311 场各类大型体育赛事中,观赛和参赛人数共计 338 万人,由赛事产生的旅游、交通、住宿、餐饮等关联消费达 119 亿元,对举办地的经济拉动超过 300 亿元。

据中信建投证券在 2016 年 3 月发布的一份研究报告中指出,目前我国体育旅游仅占旅游行业总规模的 5%,为 1 700 亿元,远低于发达国家 25% 的比例,其中国内市场占比 45%。若未来体育旅游占比达到 25%,旅游产业总值达到4万亿元,则未来我国体育旅游的规模可达1万亿元。

其实,除了铁杆体育、炎尔体育等扎根垂直市场的公司之外,阿里、万达、腾讯等多家巨头,都在体育旅游等方向进行着积极的布局,毕竟体育旅游迎来黄金时代,今年又逢体育大年,这片万亿前景的诱人蓝海谁都想要争渡一番。今天我们就来简单盘点下,看看巨头们在体育旅游领域都是如何布局的。

一、阿里

阿里以2016年两大体育赛事奥运会、欧洲杯票务代理IP为切入点,对接阿里体育和阿里旅行等自有平台,在今年的体育旅游界占得先机。

1. 联合华奥星空,推动奥运观赛

阿里巴巴旗下聚划算联合华奥星空在国家体育总局启动"全民助奥、聚在里约",全面布局奥运冠军产业链。除了多位奥运冠军助阵,安踏、特步等多家冠军代言的品牌上线聚划算之外,奥运旅游包也成了这样一场发布会的亮点。

据悉,5月15—17日,聚划算将首发319张里约奥运会门票。这里边的游览行程和门票提供方凯撒旅游系里约奥运会中国奥委会指定门票代理商。319张门票包括了男子马拉松、中国男篮预赛、乒乓球、跳水、游泳、羽毛球等90个项目,而"瓜分"门票的消费者可以前往里约观看奥运会,并加入游泳队、跳水队、女排队等三个不同的助威团中。

巴西里约热内卢奥运会将在今年夏天打响,一份来自阿里妈妈的统计数据称,预计2016年奥运会相关的搜索量将比2012年翻一番。此次阿里联手华奥星空推出旅游包,正是迎合了体育迷们对奥运比赛的相关需求。

2. 联手盛开高端观赛,推欧洲杯产品

而早在今年2月25日,阿里体育就与盛开体育达成战略合作意向,就基于体育票务开发的高端体育观赛展开深度合作。

盛开体育是中国第一家获得国际体育赛事票务官方授权的公司,在中国及国际市场运营多年,曾独家代理和运营了世界杯、欧洲杯中国区的官方赛事款待计划的他们,还是2016法国欧洲杯和2018年俄罗斯世界杯的中国区的独家代理合作伙伴。

手握多项重点顶级赛事票务资源的盛开体育通过与阿里体育的联手,希望把重要的国际体育资源嫁接到阿里的平台,围绕票务和赛事款待进行深入挖掘和融合,让消费者方便、舒适、安全地享受到优质的体育旅游高端服务,这无疑是体育旅游领域布局的一步好棋。

他们推出的第一个产品,是阿里体育和阿里旅游联袂打造的体育旅游专属频道"体育爱旅行",这是一款基于票务规范化和机票酒店标准化的跨界旅游产品。第一批主打产品包括欧洲杯、法网等,随着四年一度的欧洲杯日益临近,这一足球系列的产品更受追捧。

3. 总结

联手华奥星空和盛开体育是两步妙棋,分别为阿里提供了今年两项大赛奥运和欧洲杯的旅游资源,阿里以票务代理IP为切入点,对接阿里旅行等自身的电商等平台,阿里在体育旅游领域已经占得了先机,未来值得畅想。

二、万达

今年早些时候,在接受采访时王健林就表示,中国最大的机会在现代服务业,尤其是娱乐产业、体育产业和旅游产业。万达董事长王健林表示:"把旅游和体育捆绑发展很有前途。"体育旅游作为结合了体育和旅游两大产业的项目,自然也得到了万达体育的高度重视和全面布局。

2015年万达集团合并WTC、盈方体育成立万达体育,并列出三个核心业务:观赏性体育(媒体&营销)、参与性体育(休闲运动)以及服务(制作、数字和服务),这三个核心业务,都闪现着体育旅游的影子。

万达体育对接万达旅游,围绕着体育产业大IP,进行体育旅游生态圈的再打造。对万达集团来说,是产业布局的进一步完善,也是其产业板块的跨界扩张。

1. 战略投资同程旅游

2015年7月,万达文化集团宣布战略投资同程旅游,领投金额达35.8亿元。这样两家公司,一个是世界最大文化体育旅游综合体发展运营商,一个是中国最大在线景区OTA供应商,万达投资同程进军"互联网+",共同打造文化体育旅游O2O,几乎是一拍即合。

据王健林介绍,选择投资一家现有的线上旅游企业更具竞争优势,线上和线下结合起来,其实就是旅游产业的"互联网+"。他还表示,万达文化集团未来除了旅游之外,还能够向体育及儿童娱乐等行业延伸。

2. 控股国际铁人,带动旅游消费

2015年8月27日,万达集团宣布以6.5亿美元并购世界铁人公司(WTC)

100%的股权,不到3个月后的11月19日,双方即完成了交割。

2016年3月25日,万达集团旗下世界铁人公司(WTC)首席营销官克里斯托弗·斯坦德勒在北京宣布,国际顶级的铁人品牌"铁人三项"已经落户中国,将先后于10月16日及11月13日在合肥、厦门举行。同时,世界铁人公司刚刚推出的亚洲俱乐部冠军联赛,也将选择在中国举行的赛事作为首站比赛。

在国际范围内,铁人比赛与旅游的联系非常紧密,其比赛地往往选在旅游城市的风景区,例如美国夏威夷、中国台湾垦丁、日本北海道。而通过铁人三项赛的举办,也能大大拉动比赛地的旅游消费。

3. 入股盈方,布局冰雪项目

早在2015年2月10日,万达集团宣布与三家知名机构及瑞士盈方管理层合作,收购瑞士盈方体育传媒集团100%股权。7月7日完成了交割,万达集团以10.5亿欧元(约71亿人民币)获得了瑞士盈方68.2%的股权,王健林所看重的就是盈方在冰雪项目上拥有的丰富营销资源和出色表现,在冬奥会项目所归属的7个国际体育协会中,盈方代理了其中6个体育协会的商业运营。

随着2022年冬奥会的主办权花落北京,拿下盈方之后的万达已在全国开始布局冬奥主题业态,将冰雪体育旅游作为产业龙头在全国进行了推广。

目前万达有六个冰雪项目确定落地,其中长白山冰雪已经正式经营,其他五个主题文化体育旅游区分别是广州万达主题乐园、哈尔滨万达城、青岛东方影都、无锡万达茂,都将在2017—2018年正式开业。

4. 为了旅游,万达联手阿里?

2016年5月12日,万达旅业与阿里旅行战略合作签约仪式在第十三届环球旅游论坛上举行,开启了万达旅业与阿里旅行在智慧旅游领域的全面合作。

双方将针对"万达馆"项目开展合作,致力打造一个基于优质数据源以及信用体系之上的新型在线旅游服务平台。双方的合作标志着传统旅游与互联网的深度融合,是"互联网+旅游"模式的全新尝试。

在论坛上万达与阿里冲破常规,签约组CP。在全域旅游的大背景下,两大集团深度合作,利用双方的资源与平台优势,现实双向互惠共赢,将会是今年旅游行业中的"大动作",同时也预示着未来的旅行一定是多元素、多领域、多业态的融合,线上线下携手发展才是立足行业的王道。

5. 总结

相对于阿里的各种旅游观赛服务,万达的体育旅游则更加侧重体验,无论是冰雪项目,还是铁人三项,都是体验型的旅游项目,具有很高的增值性。

除了上述铁人三项、冰雪项目等体育旅游布局外,万达自身下属的万达旅业还介绍了希望继续开发的马拉松、足球夏令营、欧洲足球观赛等体育旅游产品的意愿。2016年3月,万达旅业成立了体育旅游委员会,负责与体育控股等公司进行对接,并将定期进行沟通,意在打开"体育+旅游"的新局面。

此外,也不要忘记,目前万达已经成为国际足联8大Top赞助商之一,通过跟FIFA进行进一步深度合作,下一届世界杯万达会在体育观赛旅游玩出怎样的花样,还是让人非常期待的。

三、腾讯

1. 布局旅游,景区跑Tour Run首当其冲

在全民马拉松的背景下,腾讯体育围绕"带上跑鞋去旅行"的主题,首次清晰地定义和提出了"景区跑"的概念,与成都双遗马拉松赛事管理有限公司联合推出了腾讯体育景区马拉松系列赛,即"Tour Run",也就是景区跑。

该系列赛遴选出了南京江宁、福建武夷山、长沙橘子洲、乌鲁木齐天山、石林、敦煌丝绸之路、黄山水墨徽州、成都、嘉峪关和深圳观澜湖等全国10个优质的人文景区,将跑步与旅行完美融合,为跑者与旅行爱好者创造便利与机会,使他们既可在运动中感受美景带来的视觉满足,又能在旅行中享受一场奔跑的酣畅。

这是腾讯体育对跑步赛事IP的一个新尝试,结合景区覆盖旅游人群,这显示了极大的野心,对旅游爱好者、家庭人群也都有不小的吸引力。不过,新浪也表示会在今年举办100场线下赛事,而乐视体育的Shake Run也在进行中,如何将跑步与旅游更好地结合,释放出更大的附加价值,也是需要考虑的。

2. 微票儿估计过百亿,涉足体育赛事票务

作为腾讯众创空间"双百计划"项目中的一个,移动票务平台"微票儿"确认完成C轮融资,融资金额15亿元人民币。融资后,微票儿的市场估值已近100亿元人民币。基于微信6.5亿用户、QQ 8.6亿用户,微票儿在电

影、演出、体育等票务方面的用户覆盖率越来越高。

早在去年6月,微票儿作为拜仁和瓦伦西亚友谊赛的票务总代理,突破传统售票方式,开创了线下体育赛事全新的O2O购票模式。通过登陆微信—我—钱包—电影票—演出赛事界面,完成从选座到支付的所有流程,降低了购票成本,提升了球迷们的购票体验。

在此之后,微票儿又与体育之窗联手,发布了"体育+移动互联网"战略。在合作之后,微票儿及腾讯全面对接国内外多项大型体育赛事的票务业务,为球迷提供现场+移动应用最佳体验。在体育旅游产业中,最核心的竞争力就是稀缺的票务资源,微票儿在此方面的战略,毫无疑问为腾讯布局体育旅游打通了供应链中最关键的一个环节。

3. 总结

腾讯官网近日刚刚上线了旅游板块,此外,腾讯还投资或战略合作了艺龙、同程、我趣旅行、面包旅行和QQ旅游,再加上他们强大的社交能力,腾讯在旅游领域的布局不可谓不扎实。不过,在体育旅游这个分支里,除了Tour Run和微票这样一个稳健的票务平台外,腾讯或许还需要再丰富一些打法。

除了这些巨头之外,还有很多公司都在进行着积极的布局,其中不乏地产公司、互联网公司、旅行社和户外或服装企业,他们有的像探路者这样扎根户外,有的从票务或是体育旅游真人秀入手,更有众信旅游、炎尔体育、铁杆体育、唯喔足球这样在体育旅游细分领域里稳扎稳打的公司,大家打法不同,各有侧重,在这片未来价值万亿的蓝海里,呈现出了百舸争流的姿态。

当然,体育旅游的发展,同样也离不开政府的支持和引导。多地体育局与政府合作打造了体育旅游节、体育旅游博览会、露营基地、体育小镇等,以"体育旅游"作为体育产业转型发展的切入点,吸引了众多游客,为体育旅游项目的招商引资提供了极佳的平台。

国家体育总局体育科学研究所研究员鲍明晓博士称:"体育旅游是体育产业最大的蛋糕,中国目前正处在体育旅游被全面激活的前夜。"从众多巨头和企业争先恐后的布局来看,这爆发前夜的黑暗里,必然孕育着一片光明的未来。

(资料来源:体育产业生态圈《谁能在体育旅游这片万亿级蓝海中率先起航?》,http://industry.sports.cn/news/others/2016/0516/169046.html)

[案例思考题]

1. 阿里、万达、腾讯等巨头们在体育旅游领域是如何布局的?
2. 为什么说"中国目前正处在体育旅游被全面激活的前夜"?
3. 你认为中国的体育旅游市场应该如何开发?

第九章
体育经纪人经营管理

本章学习要点

- 体育经纪人的概念与分类
- 体育经纪人的特征
- 体育经纪人的必备素质
- 体育经纪人的主要经纪活动
- 体育经纪人的管理制度
- 体育经纪人的行为规范与法律责任
- 有关体育经纪人和体育经纪活动的管理规定

经纪人是市场经济发展的必然产物。随着改革开放的不断深入和社会主义市场经济的发展，经纪活动已经开始进入我国体育领域。体育经纪人的出现，对于活跃我国体育市场、加速我国体育产业化发展，都将起到十分积极的作用。

第一节 体育经纪人概述

一、体育经纪人的概念与分类

1. 体育经纪人的概念

《中国经济大辞典》对经纪人作了如下定义："中间商人，旧时称掮客，处于独立地位，作为买卖双方的媒介，促成交易以赚取佣金的中间商人。"

国家工商行政管理总局根据我国经纪业发展的实践颁布的《经纪人管理办法》中规定：经纪人，是指"在经济活动中，以收取佣金为目的，为促成他人交易而从事居间、行纪或者代理等经纪业务的公民、法人和其他经济组织"。

由此可看出，经纪人的概念包括四个层次：

第一，经纪人在经济活动中以收取佣金为目的；

第二，经纪人为促成他人交易而进行服务活动；

第三，经纪人的活动形式主要包括居间、行纪、代理等；

第四，经济活动主体分别为公民、法人和其他经济组织。

经纪人以收取佣金为目的，反映出其经营的性质；经纪人为促成他人交易进行服务活动，反映出其经营的特点。在这个意义上说，上述概念也反映了经纪人最根本的性质。

体育经纪人是指取得合法资格、专门从事体育经纪活动的个体工商户、法人或其他经济组织。

体育经纪活动是指围绕体育活动、体育人才和体育资产开发等，为促成体育组织或个人在体育运动过程中实现其商业目的而从事的居间、行纪或代理，并收取佣金的活动。

体育经纪人作为促成或承办体育比赛、介绍运动员转会并从其所赚取利润中分割一部分作为佣金的公民、法人或其他经济组织，其中介服务主要是在体育组织、运动员与体育消费者之间，中介活动主要是筹集资金，举办非正式的体育比赛或体育组织授权的正式比赛，以及作为运动员转会的中介。体育经纪人的存在，使得体育比赛更具普及性、权威性和规范性，并使体育明星、运动员及体育俱乐部和其他体育组织从日常的烦琐的事务中解脱出来，同时也给体育运动的发展带来巨大的推动力。当今世界上许多著名的体育明星、体育俱乐部和体育组织均拥有自己的体育经纪人。同样，许多国际体育组织也规定，凡是组织它们认可并授权的正式体育比赛或职业比赛，或介绍运动员转会，必须经过拥有它们颁发的国际体育经纪人执照者方可。

2. 体育经纪人的分类

随着体育职业化和商业化的发展，体育经纪人已成为一个新的社会职业，有着明确的分类标准和从业方式。体育经纪人的类别可以从各种角度和标准进行划分。

（1）按照体育经纪活动的方式划分。按照体育经纪活动的方式划分，可分为居间体育经纪人、行纪体育经纪人和代理体育经纪人。

居间体育经纪人是指在体育商务活动中以自己的名义为交易双方提供信息及条件，撮合双方交易成功。这是体育经纪行为中广泛采用的一种初级形式。居间体育经纪人的服务对象广泛，但服务的程度比较浅，而且经纪人和委托人之间缺乏长期固定的合作关系。

行纪体育经纪人是指体育经纪人受委托人的委托，以自己的名义与第三方进行交易，并承担规定的法律责任。在形式上行纪与自营很相似，但经纪人并未获得交易商品的所有权，只是为委托人的利益进行商业活动，作为经纪人只能得到委托人给的佣金。行纪体育经纪人的服务程度较深，拥有的权利和承担的责任也较重。在通常情况下，经纪人与委托人之间有长期固定的合作关系。

代理体育经纪人是指经纪人在受托权限内，以委托人的名义与第三方进行交易，并由委托人直接承担相应的法律责任。代理经纪人与委托人之间有较长期稳定的合作关系，经纪人只能以委托人的名义开展活动，活动中产生的权利和责任归委托人，经纪人只收取委托人的佣金。

（2）按照体育经纪活动的内容划分。按照体育经纪活动的内容划分，可分为运动员经纪人、体育赛事经纪人和体育组织经纪人。

运动员经纪人是指接受运动员委托，专门从事运动员的转会、参加比赛、无形资产开发、日常事务管理、代理运动员投资和代理运动员解决纠纷等的个人或组织。

体育赛事经纪人是指接受委托或从主办单位买断全部或部分商业活动开发权，进行赛事的策划、宣传、推广等一系列包装活动，以通过转播权开发、广告代理、特许使用权开发、纪念品开发等来谋求最大经济利益的个人或组织。

体育组织经纪人是指接受俱乐部、运动队或体育组织的委托，从事包装和代理运动队,为运动队争取赞助,参与俱乐部资产重组,代理体育组织商务开发和管理、咨询服务的个人或组织。

(3) 按照体育经纪活动的经营主体形式划分。按照体育经纪活动的经营主体形式划分,可分为个体体育经纪人、合伙体育经纪人、体育经纪公司和其他经济组织。

个体体育经纪人是指经工商行政管理部门登记注册,以个人的名义从事体育经纪活动,并以个人全部财产承担无限责任的体育经纪人组织形式。

合伙体育经纪人是指持有体育经纪资格证书的两人以上合伙,订立合伙协议,共同出资、合伙经营、共享收益、共担风险,并对合伙企业的债务承担无限连带责任的营利性组织。

体育经纪公司是指依照我国《公司法》成立的,在登记机关核准的经营范围内从事体育经纪活动,负有限责任的企业法人。

其他经济组织是指符合《体育经纪人管理办法》的要求,依法登记注册的既从事其他经营活动又从事体育经纪活动的各类经济组织,如广告公司、策划公司、公关公司等。

(4) 按照体育经纪活动的业务范围划分。按照体育经纪活动的业务范围划分,可分为专职体育经纪人和兼职体育经纪人。

专职体育经纪人是指专门从事体育经纪业务的个人或组织。

兼职体育经纪人是指除体育经纪活动之外,还有其他主营业务的个人或组织。

二、体育经纪人的产生与发展

1. 国外体育经纪人的产生与发展

现代意义上的体育经纪人源于西方,历史不过百年左右。从形成背景上看,它是业余体育向职业体育过渡的产物。19 世纪末 20 世纪初,职业体育开始在英美兴起。随着体育职业化和商业化进程的加速,体育组织,如职业联盟、职业俱乐部等日益成为资本产出率很高的现代企业,积聚了大量财富,职业运动员的收入也随之迅速攀升,高出普通人数倍以上。与此同时,浮现在体育组织和职业运动员面前的商业机会也越来越多。于是,出于进一步扩大财富的欲望或寻求财产保值和增值的需要,他们就有了寻找专业人士代理自身商务活动或其他活动的实际需求。在市场经济条件下,有支付能力的需求是创造供给的原动力,体育经纪人就是在满足体育组织和职业球员、教练员的有支付能力的专业化需求中应运而生的。

真正意义的现代体育经纪人在20世纪初期的英国最早出现。随着职业足球比赛的发展，职业球员希望自己的薪酬能够不断地提高，更希望能够到好的俱乐部发展，以提高自身的价值；而职业俱乐部则希望能够以更低廉的价格获得最好的职业球员，提高比赛的成绩，使俱乐部能够得到更高的声望以获取更多的收入。于是，职业俱乐部与职业球员之间的各种咨询、转会等需求应运而生，而由这些需求则产生了相应的机构和个人来安排相关的活动，策划和组织相关比赛，解决出现的上述问题。这就是现代体育经纪人最初形成的历史背景。

由于欧洲大多数国家都已经建立了完整的职业足球体制，形成了完全以市场为依托的职业足球联赛体系，从而使足球成为职业化程度最高的体育项目。庞大的职业足球市场和职业球员队伍以及巨大的市场收益，给足球经纪人提供了从事足球经纪活动的巨大空间。在整个欧洲的体育经纪人队伍中，职业足球经纪人所占的数量最多，造成的影响力也最大。

体育经纪人的服务领域、功能和作用随着职业体育项目的发展而变化。体育经纪人的个人利益和职业球员的利益紧紧地结合起来，经纪人不仅要为运动员代理谈判雇佣及转会合同，更扩大到为体育明星们代理法律、财务、商业投资、医疗保险等各方面的事务，甚至包括运动员的日常生活起居等。体育经纪人的功能和作用得到了进一步的扩大。

随着社会文明的进一步发展，职业体育活动从职业足球项目扩大到田径、网球、高尔夫球、排球、自行车等领域，突出表现在20世纪八九十年代之后。体育项目的职业化程度的加强和水平的提高，要求配套的体育经纪人特别是能够代理运动员的个体体育经纪人的出现。体育经纪人开始涉足组织商业性的体育比赛领域。这些体育经纪人通过举办各种名目的体育赛事吸取其他职业体育的经验，为参加这些项目的运动员提供代理服务。

体育商业化促进体育经纪人业务迅速繁荣。现代广播电视业、通讯业和国际互联网的迅速发展使得观看比赛的人数大大增加，利用这些传媒手段给体育比赛带来了巨大的商机，电视转播权、广告收入已经成为举办商业体育比赛的主要收入来源，并为职业运动员和体育经纪人带来了更多的利益。体育经纪人在承担传统的代理谈判等任务以外，更要负责获取更多的商业利益。他们在获得更多利益的同时，也为推动体育比赛的发展，为体育的社会化、规范化、国际化和产业化，为体育人才的培养和成长作出了重要的贡献。体育经纪人已经成为体育产业发展中不可缺少的角色。

相比欧洲和世界其他国家，美国的体育商业气氛更浓，职业体育发展更为完善，体育经纪活动最为发达，从而体育经纪人也最为活跃。

20世纪六七十年代,球员自由转会制度首先陆续在美国的四大职业联赛——全国职业篮球联赛(NBA)、橄榄球联赛(NFL)、冰球联赛(NHL)和职业棒球大联盟(MLB)——实行,职业球员有权自行商定薪金额度并可决定在职业俱乐部之间自由流动。职业球员具备的这些新的权力使得俱乐部之间为了争夺最优秀球员以及获得最大利益而进行更加激烈的竞争,给体育经纪人提供了更多的发挥空间,体育经纪领域迅速扩大,他们全权代理球员进行商业转会和雇佣的合同谈判。

进入20世纪80年代,体育经纪人的领域扩大到拳击、田径、花样滑冰等项目,较为完善的体育经纪人制度、机制和法律保障体系日趋形成。体育经纪人服务的范畴已经不仅仅是为了帮助运动员获得更多的利益,而且起到了改善职业运动环境条件、促进体育运动自身发展的作用。体育经纪人帮助运动员减少因过度延长运动生涯而导致伤病的可能,提高运动员的职业素质和责任感,提升其公众形象,有利于其在职业运动方面的发展,也有利于提高职业运动的整体形象。

和欧洲体育经纪人的发展相类似,经济因素也是促进美国体育经纪人发展的一个十分重要的原因。特别是随着传媒业在美国的大力发展,体育比赛节目的电视转播权收益大幅上升。广告商不仅仅满足于赛事广告,更将目光聚焦到著名体育明星身上,花巨额广告费用聘请体育明星成为某种产品的形象代言人,或直接出资赞助俱乐部和赛事以获得冠名权。这些都为体育经纪人带来了更多的商业机会。这些体育经纪人促进了美国职业体育运动的发展,对繁荣美国体育产业起到了不可忽略的作用,同时也更为职业运动员和其本身获得了巨大的财富。通过几十年发展过程中的竞争和淘汰,美国目前形成了一批成功的有代表性的体育经纪人和体育经纪公司,最著名的有总部位于美国俄亥俄州克利夫兰市的国际管理集团(IMG)、在美国上市的总部位于伦敦的奥克塔根体育经纪公司(OCTAGON)、普罗舍夫(PROSERV)、D&F集团(D&F GROUP)等。

美国的体育经纪人在市场眼光和营销技巧上有其独到之处。宏观上,刺激了体育的生产和消费,实现了体育竞技价值和商业价值的转换,体育产业空前发达;微观上,全方位国际化的体育经纪活动使运动员既保持了较高的运动水平,更获得了可观的经济收入,体育赛事的组织者也获得足够的经费和收入用以组织更多的职业比赛,并且有条件开发能够吸引更多消费者和投资者的比赛活动,获得的收益反过来又刺激运动员进一步提高自身的运动水平,并且汇集了国际上最高水平的运动员加盟美国的职业比赛俱乐部。美国很多的职业运动水平甚至成了该项运动全球最高水平的代名词。

2. 我国体育经纪人的产生和发展

经纪人的概念在中国古代历史上很早就出现了,如西周的"质人",唐代的"牙人",一直到清代的"买办"。新中国成立后,计划经济体制的实行使经纪人和经纪活动被错认为资本主义的东西,发展遭到限制。改革开放以来,随着社会主义市场经济体制的建立和完善,经纪人和经纪活动重新在中国大陆的各个经济领域活动起来。

现代意义上的体育经纪人开始在我国出现是在 20 世纪 80 年代中期和 90 年代初。虽然当时并没有健全的体育经纪人制度,尚没有拥有正式执照的体育经纪人,但体育中介活动和从事这类活动的个人已经出现。

中国职业足球联赛在 1994 年启动,成为体育经纪人发展的新起点。国内各俱乐部球员及国际职业球员的流转、赛事的举办、赞助等需要专业的体育经纪人为其服务,中国的体育经纪活动开始活跃。但是,最早在国内体育中介市场上从事体育经纪活动的并非国内专业化的经纪公司,而是境外的一些体育经纪公司和国内的一些广告公司、公关公司、咨询公司、投资公司和文化传播公司等。如作为足球甲 A 联赛和篮球甲 A 联赛赛事推广商的国际管理集团(IMG),作为足球"中国之队"和 CBA 联赛及国家队推广商的北京盈方体育咨询公司(Infront Sport & Media),作为 CBA 篮球联赛商务咨询公司、公关公司和执行公司的前锐公司、实力媒体和拓亚公司,作为北京国安与阿森纳队的比赛、中英、中巴(巴拉圭)、中韩、中美、中伊等足球对抗赛、西班牙皇家马德里足球俱乐部来华进行商业比赛以及运作范志毅、孙继海转会英国水晶宫队的经纪公司的北京高德体育文化中心(高德公司)等。与此同时,国内专业化的体育经纪公司也开始起步。1997 年,我国著名跳高运动员朱建华在上海注册成立"希望国际体育经纪有限公司",成为国内第一家专业化的体育经纪公司。此后,广州成立了"鸿天体育经纪有限公司",北京成立了"中体产业体育经纪公司"等。

体育经纪活动在中国的发展也使得体育经纪活动管理制度的建立被提到日程上来。1999 年,我国体育经纪人规范化管理正式启动。国家体育总局联合国家工商行政管理总局共同制定了《体育经纪人管理办法》(草案);北京市体育运动委员会与北京市工商行政管理局于 1999 年 8 月 25 日联合发布了《关于加强我市体育经纪人管理的通知》;上海市体育局和上海市工商行政管理局于 2000 年 1 月发布了《上海市体育经纪人管理试行办法》;中国足球协会与中国篮球协会分别于 1999 年 10 月和 2000 年 4 月发布了《足球经纪人管理办法》和《篮球经纪人管理办法》等一系列政策文件。这些制度和法规都为规范我国体育经纪人行为和体育市场创造了良好的条件和环境。与此同时,北京、上海、江苏、广东等地先后开展了体育经纪人培训和资格认定的试点工作,并邀请美国、德国、荷兰等国著名的体育经纪人来我国举办体育经纪人研讨会,引进国外体育经纪人的先进经验。

2006 年 4 月,原国家劳动和社会保障部将体育经纪人作为我国劳动和社会保障部发布的第六批新职业纳入国家职业大典。同年 6 月,经原劳动和社会保障部批准,体育经纪人被纳入体育行业职业范围。2008 年,原劳动和社会保障部颁发了《体育经纪人职业标准》,体育中介和体育经纪人正式成为国家劳动职业。2008 年,国家体育总局公布了体育经纪人职业培训考试大纲并在全国设立了体育职业技能鉴定站,从 2010 年起在全国展开培训、考试和发证的试点工作。2008 年 6 月,国家体育总局和国家统计局联合印发了《体育及相关产业分类(试行)》的通知,将体育中介业纳入国家体育产业统计体系。经过十多年的发展,我国体育中介企业开始逐步走上了规范化发展的轨道。

三、体育经纪人的特征

和一般中间商相比较,体育经纪人的经纪活动具有以下一些基本特征:

1. 体育经纪人不拥有"商品"

体育经纪人不拥有"商品",即体育经纪人没有自己的球队或球星。体育经纪人既不是球队或球星的所有者,也不是球队或球星的购买者,更不是体育活动的主管部门。体育经纪人的特点在于知道何处可提供"体育商品",而何处又需要这些"体育商品"。因此,体育经纪人主要是利用其信息优势,为供需双方提供服务。除特殊情况外,经纪活动一般并不需要多少流动资金,个人或合伙企业就能解决注册资金的最低额。所以,从事体育经纪活动的很多是个体或合伙经济组织。

2. 与客户有一定的连续性关系

一般经纪活动不同于代理或信托活动,后者与委托人一般有较固定、长期的业务关系。大多数经纪人的经纪活动是一次性来往:该项经纪业务完成,委托关系即告终止。但体育经纪人的服务对象主要是运动员及各类体育组织,一般仅限于某些特定的客户,因此著名体育明星均聘用较固定的经纪人。

3. 独立的中介活动

体育经纪人以自己的名义从事体育经纪活动,却可以独立表达委托者的意愿,自己不必承担后果,如签订合同等。体育经纪人既不代表供方也不代表需方,而是以第三方身份独立签约。除非一方另有委托,它的责任也只是提醒双方应注意的条款,不搞反客为主。有时体育经纪人也可以受托为供需双方草拟合同,但最后定稿必须经过双方的确认。

4. 获取佣金

体育经纪活动提供服务,这种服务也同其他服务一样,具有商品属性,具有一定的使用价值和价值。因此,这与那些义务咨询、免费联系或某些无偿的代理活动是有区别的。经纪交易,牵线搭桥,本身就是高层次的复杂劳动,完全有权取得合理的报酬,这种报酬在经纪活动中通常被称为佣金。佣金是体育经纪人从事体育经纪活动的基本动力,如果没有佣金,则经纪活动是很难存在和发展下去的,并且作为一种经商的职业,如果是无偿的也就没有价值。因此,必须承认经纪佣金的合法性和积极性。当然,佣金的收取也要合理。

综上所述,体育经纪人是特殊意义上的中间商,它作为体育市场上供需双方交易的中介或媒介,主要职能是搜集、分析和传播有关体育市场供需信息,以独立身份公正、合理地促成体育商品交易。

你知道吗?

足球经纪人佣金的比例

按照国际惯例,经纪人的佣金一般是转会费的5%—10%。在现实的操作中,基本上都会按照10%的高限支付。占转会费10%的佣金,是从转会中扣除还是新俱乐部支付?通常情况下,10%是经纪人和新俱乐部谈判,然后由球员所属的新东家支付。

不管由谁支付,经纪人都会赚得盆满钵满。

2014年,英超经纪人共获取了1.15亿英镑的"佣金(经纪费)",吸金能力让世界瞠目结舌。

2015赛季,中超联赛冬季和夏季两次转会的转会费总支出金额为10.2亿元人民币左右,按照经纪人佣金为转会费的10%的惯例,中超经纪人在2015赛季的"佣金"超过1亿元,可谓天价。

(资料来源:《中超经纪人佣金1亿,成体育产业中最赚钱行业》,http://sports.qq.com/a/20151008/018348.htm)

四、体育经纪人的必备素质

体育经纪人的素质是由体育经纪业务的特点决定的。体育经纪人员除了应具备一般经纪人所应具备的知识结构、较强的信息意识、市场机会的把握能力及

良好的心理素质之外,还要具备以下几方面的素质:

1. 较全面的体育知识

体育经纪人所从事的经纪活动,是和各种各样的体育活动、体育运动、体育比赛以及运动员、教练员等体育市场的要素和主体分不开的。体育经纪人如果不了解体育运动的基本规律,不知道体育运动的发展现状,不懂得体育运动的专业知识,不精通体育中介活动的运行方式,那么体育经纪活动就无从做起。

2. 较强的明星意识

体育经纪活动不同于其他经纪活动,体育经纪人推销给消费者的是一场实力相互较量的竞技体育比赛或体育表演,体育消费者需要的是一场能体现最高水准的竞技体育比赛或体育表演,而体育明星是最能满足这种体育市场需要的。因此,体育经纪人应具有强烈的明星意识,要善于为体育明星的比赛牵线搭桥,要注重发挥体育明星的效应,从而获得良好的社会效益和经济效益。国外的体育经纪人非常强调著名运动员的明星效应,体坛明星永远是各种各样体育经纪人的"猎物",体育明星争夺战时有发生。中国体育界众多著名的运动员加入"海外兵团",其中也不乏国外体育经纪人的介入。

3. 对社会体育消费热点敏锐的洞察力和感染力

社会上体育消费时尚和体育消费热点是经常发生变化的,这就要求体育经纪人必须具备敏锐的洞察力,努力把握社会上体育消费的热点和体育消费者的消费需要。体育经纪人只有善于捕捉能及时反映体育市场需求的信息和市场机会来开展经纪活动,才能取得较好的社会效益和经济效益,否则,不从体育市场需要出发,尽管竭尽全力,也将会无功而返。

4. 较强的经营管理能力

体育经纪人的经纪活动就是经营活动。对于体育经纪人来说,体育经纪活动的效益是体育经纪人自己能否获得社会承认的重要标志,也是体育经纪人本身能否继续生存的关键。因此,体育经纪人必须善于评估和提高体育经纪活动的经济效益,并在组织体育比赛的过程中不断降低经纪活动的成本,减少各项不必要的开支。成功的体育经纪人同样也应该是一名出色的经营管理人才。

5. 很强的风险意识

经纪活动本身具有的风险性要求体育经纪人要有很强的心理承受力。组织体育比赛是一项风险很大的活动,它的成功与否不仅取决于经纪人的努力,还取决于许多体育经纪人所无法把握的客观条件是否有利,如体育市场需求的变化、国家政策的调整、气候条件、交通状况等都可能使整个活动功败垂成。因此,缺乏风险意识的人是很难当此重任的。风险意识越强的人越敢挑战那种风险很大,而收益也相应丰厚的活动。同时,体育经纪活动风险的客观存在,也要求体育经纪人在决策时要谨慎周密,既要敢于冒风险,又要善于冒风险,时刻保持清醒的头脑,力求把体育经纪风险降低到最低限度。

6. 很强的公关能力

由于体育活动的巨大社会效应,现代竞技体育活动已成为工商企业界塑造形象、提高知名度、促进产品销售的重要途径,体育促销已成为工商企业界的热点;同时,一次成功的体育比赛的举办,也需要工商企业、社会团体及体育消费者的积极参与、友好合作及鼎力相助。为此,体育经纪人不仅要为人随和、待人宽厚、谈吐幽默,善于与不同层次的人广交朋友,具备较强的社会交际能力,而且要善于与工商企业打交道,善于发掘市场的需要,为撮合体育部门与工商企业的联姻开辟道路。

7. 坚韧不拔的毅力

由于体育经纪活动在申请、组织和安排策划等过程中,需要得到各级主管部门的批准和许可以及社会各界的帮助和支持,有时还需要邀请一些社会名流出场助兴,甚至有时还需要到机关团体、工商企业、部队、学校等单位去推销门票,这一切都需要体育经纪人多方奔走、百般游说。为此,体育经纪人必须具备坚韧不拔的毅力,要能够始终坚持不懈,才能最后取得成功。

8. 高度的法律意识

社会主义市场经济也是法制经济。体育经纪人参与体育市场的经纪活动,必然会涉及许多法律问题。特别是随着我国体育产业化的不断发展和体育市场体系的逐步建立,体育市场经纪活动中的各种各样的经济纠纷也不断出现。这就要求体育经纪人必须具备高度的法律意识,必须熟悉、了解和掌握和体育经纪活动有关的各项法律、法规及条例,特别是和体育市场中介活动有关的各项法律、条文及规章制度。这样才能做到知法、懂法、守法,依法办事,而且还能熟练地运用法律武器来为自己的委托人排忧解难,并捍卫自己的合法权益。

[相关链接]

体育经纪人应具备的基础知识

一、体育产业与体育市场知识

体育产业的概念、分类与作用;体育产业的形成与发展;体育市场的概念、分类与要素；体育市场的供给与需求等。

二、体育经纪人活动基本知识

体育经纪人的产生与发展、体育经纪人的分类与作用、体育经纪人的权利与义务、体育经纪人的工作内容、体育经纪人的工作程序、体育经纪人的管理制度等。

三、运动项目知识

现代运动项目的特点与分类、现代奥运会的项目设置、现代运动项目的管理机构与制度等。

四、体育管理知识

运动员管理、体育赛事管理、体育组织管理等。

五、体育市场营销知识

体育市场营销的概念与作用、体育目标市场的营销策略、体育市场的营销组合策略等。

六、体育赞助知识

体育赞助的概念分类与作用、体育赞助原则与特点、体育赞助的工作流程等。

七、体育无形资产知识

体育无形资产的概念与特点、体育无形资产的分类与内容、体育无形资产的开发等。

八、信息技术基础知识

计算机基础知识、计算机网络基础知识、电子商务基础知识等。

九、法律法规知识

《中华人民共和国劳动法》相关知识、《中华人民共和国合同法》相关知识、民事基础法律法规相关知识、知识产权法相关知识、税法相关知识、《中华人民共和国反不正当竞争法》相关知识、《中华人民共和国广告法》相关知识、《中华人民共和国公司法》相关知识、《中华人民共和国保险法》相关知识、《中华人民共和国体育法》相关知识、《经纪人管理办法》相关知识等。

(资料来源：《体育经纪人：国家职业标准》，作者：中华人民共和国劳动和社会保障部，中国劳动社会保障出版社2008年5月版)

第二节 体育经纪人的主要经纪活动

从世界各国体育中介业发展的现状看,当前体育经纪活动主要包括运动员经纪、教练员经纪、赛事经纪、体育组织经纪和体育保险经纪等。这里主要介绍运动员经纪和赛事经纪这两种常见的经纪业务的运作过程。

一、运动员经纪

1. 运动员经纪概述

运动员经纪是体育经纪人最初的业务活动内容,它伴随职业体育的兴起而产生,并随着职业体育的发展而发展。职业体育在19世纪末产生于欧美发达国家,球员经纪人于20世纪20年代产生,但其大发展则是在70年代初中期,尤其是随着自由转会制度的确立和竞争性联盟的兴起,各职业俱乐部为留住优秀球员,纷纷放宽政策,给予优秀球员以更大的谈判权和更宽的选择权,竞争性联盟则给出更高的薪金,以吸引在老牌职业联盟中效力的明星球员加盟。这样,一方面球员转会事务的复杂性及专业性不断提高;另一方面,能否签一个好合同对运动员职业生涯的经济收益好坏有更加直接的影响。于是,运动员为追求最大的经济收益就产生了委托的需求,而满足这种需求的球员经纪活动也就随之活跃,并且随着球员转会合约金额的不断攀升,从事这项业务也越来越变得有利可图。运动员经纪就是在这种背景下发展壮大的。

运动员经纪是一个复合概念,其主要内容包括:代理转会签约事务、运动员形象的商务开发、安排委托人的比赛和表演、为委托人提供全方位的个人服务等。

由于运动员经纪是一项专业性很强的经纪活动,因此,要求从事这项业务的人不仅具有一般经纪活动的知识,而且还要求有比较丰富的体育知识,尤其是要熟悉委托人从事的运动项目。这些知识包括委托人从事项目的管理体制、管理制度、竞赛规则、技术和战术特点及各俱乐部的状况和需求等。如果经纪人本身有从事委托人项目的职业经历则最为理想。例如,荷兰著名的体育经纪人赫曼斯,自己就曾经是中长跑项目的世界级优秀运动员,他主要从事田径运动员的代理业务,世界著名的田径运动员,如克拉贝、普里瓦洛娃、格布雷希拉西耶,以及我国的著名田径运动员黄志红、李彤都曾由他代理。所以,了解和熟悉体育是从事运动员经纪活动的必要条件。体育经纪人充当运动员的代理,主要分为运动员个人事务代理与运动员转会事务代理。

2. 运动员经纪的主要内容

（1）运动员个人事务代理。运动员个人事务代理就是体育经纪人根据各运动项目的特点以及发展趋势，从众多的运动员中发现有潜质的、有发展前途的业余运动员（新秀），并使该运动员实现从业余向职业转变，挖掘运动员的运动潜力和商业价值；或是说服那些准备转会寻求服务的无经纪人的职业运动员以及寻找新的经纪人的职业运动员接受代理。在体育经纪人与委托人经过充分协商与谈判，就经纪事务范围与种类、委托价格、报酬方式与比例、合同期限等问题取得一致意见的基础上，正式签订有法律约束力的委托合同。

在签订合同之后，体育经纪人就要代理运动员完成有关事务并提供相应服务，主要有：为运动员寻找合适的运动队或俱乐部，包括帮助业余运动员成为职业运动员，或帮助职业运动员转会，或重新与运动队、俱乐部谈判；为运动员寻找赞助商，或为运动员寻找广告机会；为运动员设计媒体形象，以及提供其他利用运动员的明星效应获取经济收益的机会，如筹办一系列非正式的比赛或是国际体育组织授权同意的正式体育比赛；为运动员管理财务、税收及提供各种投资咨询；根据运动员的需要，安排日常行程起居等事宜，为运动员提供包括饮食在内的各种生活服务；为运动员提供职业生涯设计及退役后安排的咨询等。

体育经纪人一旦受雇于某位运动员，就要为运动员的对外活动全权负责，并与律师、保镖、私人医生等人员形成维护运动员的群体，其中体育经纪人往往是这个群体的首脑人物。因此，体育经纪人要善于维护运动员的合法权益，同时也要爱护运动员的名声，尊重他们的人格，而不能把运动员仅仅当作一棵摇钱树。运动员个人事务代理的一般流程如图9-1所示。

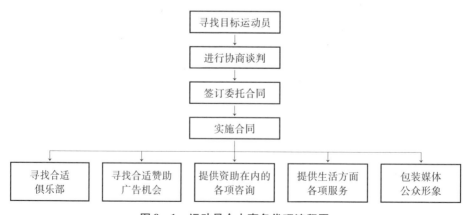

图9-1 运动员个人事务代理流程图

（2）运动员转会事务代理。体育经纪人除了充当运动员的日常事务代理之外，另一个主要业务就是充当运动员的转会代理。凡运动员在两个或两个以上俱乐部之间流动即为转会。已注册的运动员，如变更所属俱乐部或代表其他俱乐部比赛，均需要转会，转会申请必须由运动员本人提出，转会申报由俱乐部提出。申报或申请都不得经过中间人或中间单位。

体育经纪人获得一些体育明星要求转会的信息后，就开始同体育明星进行私下接触，对有关问题（如明星转会的要求、经纪人的服务费等）进行商讨，双方同意后，就可达成一定的协议，明确双方的权利和义务关系。在此基础上，体育经纪人持有该体育明星的委托书，开始为体育明星寻找合适的需要单位，并代表体育明星的利益和需要单位进行谈判，直到双方达到共识并签订转会合同，体育经纪人的代理活动才告结束。此外，当体育经纪人获悉用人单位（如俱乐部）需要某种类型的体育明星或是接受用人单位的委托时，也可根据需求单位的要求及自己所掌握的信息，有目的地为用人单位寻找体育明星。在这个过程中需要注意：运动员的身份、原俱乐部合约期、在原俱乐部未提出转会申报之前不能与其他俱乐部签订合约以及保密等问题。

体育经纪人将外籍运动员引进中国，代表俱乐部参加国内外比赛的操作过程一般如图9-2所示。

图9-2　外籍运动员转会中国流程

第一，要掌握中国单项体育协会的有关政策、规定和要求，如人数的限制、转会日期时间的限制、位置的限制、运动员的身份、运动员的转入及转会的程序等。

第二，要掌握国际单项体育协会制定的运动员转会有关内容，如队员资格、队员类别、队员国际间转换、停止比赛、国际转会证明、队员代表国家队比赛、运动员的转入及转会的程序以及特别条款等。

第三，建立与国外经纪人或经纪公司的联络。要与合法的经纪人或经纪公司合作，向他们介绍国内联赛制度、俱乐部运作现状，同时提出引进球员的位置、年龄、年薪、转会或租借费的要求等。

第四，制作运动员推荐表，表格内容应该包括该球员中、英文的全称姓名、国籍、球员身份及所属俱乐部、出生日期、球员的身高体重及身体状况、球员的位置、球员的经历、曾获过哪些荣誉称号、年薪和租借费或转会费、租借或转会期限、奖金、医疗、生活(住宿、交通)、能否参加试训及试训要求等,同时还要提供录像带的说明。

第五,有针对性地向国内俱乐部推荐。推荐之前,首先要了解俱乐部需要哪些类型的球员,需要哪些位置的球员以及俱乐部的经济实力,然后再介绍外籍运动员的情况及引进的渠道,确认运动员的试训和考察方法。

第六,完成双方的约定、合同签约及转会手续。

二、体育比赛的推广

体育经纪人另一个主要的经纪活动就是体育比赛的赛事代理,赛事代理包括正式体育比赛和商业性体育比赛两种形式。

1. 正式体育比赛的赛事代理

从目前来看,我国境内的正式体育比赛分为两种类型:一类正式比赛是国内比赛,这些比赛主要有国家体育总局某个项目管理中心(或部门)组织的全国性比赛,如"全国花样滑冰大奖赛""全国帆船锦标赛""中国足球超级联赛"等。此类比赛的经营权以及所有事务一般都由各项目中心包揽。另一类正式体育比赛是在我国举办的国际体育比赛,如"环青海湖国际公路自行车赛""亚洲杯乒乓球赛""亚洲赛艇锦标赛"等。此类比赛是定期举办的,一般由国际单项体育联合会和国家体育总局共同主办。

经纪人要代理一场正式的体育比赛,要经过四个步骤(参见图9-3)。

第一步是要取得体育比赛的代理权。体育经纪人要想取得体育比赛的代理权,要主动与有关体育组织接洽,表明承办意向,得到管理与举办赛事的有关体育组织的首肯。在双方具有一定意向的前提下,开始进行有关比赛各种事宜的实质性谈判。谈判的内容包括比赛所需要的经费来源、物质保证、总经费支出、电视转播权、现场广告、比赛组织等。在协商谈判的基础上,将有关体育比赛的事宜、双方的权利与义务、责任与权益,以合同方式规定下来。对于国内的正式体育比赛,体育经纪人必须向国家体育总局某个项目管理中心(或部门)提出承办意向。对于国外的正式体育比赛,则除了要向国际体育单项联合会取得广告经营权,还要向国家体育总局支付承办费。

第二步就是赛前策划。赛前策划的工作主要包括召开比赛策划研讨会,研究比赛内外条件,分析各种各样可能出现的问题,明确运作的目标与要求,具体分工、部署比赛的安排、资金筹措、比赛场馆(场地)的现场设计以及确定电视转播及其他媒体报道的时间、方式等工作;根据比赛的项目、规模及影响,

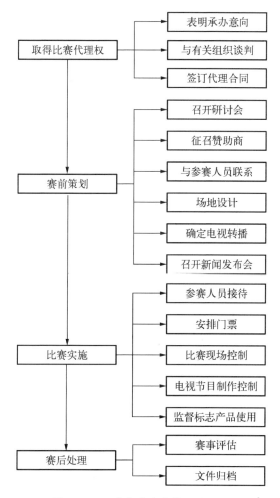

图9-3 正式体育比赛代理流程图

征召合适的企业作为赞助单位;利用比赛的各种资源(媒体报道、比赛场地、比赛器材、比赛服装等)征召客户,扩大财源;经纪人还要与参赛运动员、运动队或俱乐部联系,商谈有关比赛的交通、食宿、出场费、奖金等事宜。最后,根据比赛的规模与影响,召开相应的新闻发布会,向社会发布有关比赛的日期、地点、比赛的参加者、赛制、出场费、比赛获胜者奖金额度等,扩大比赛的影响,提高比赛的知名度。

第三步是比赛实施。这一步主要包括:根据比赛规模,组织接待班子,具体组织好运动员(队)、裁判员、官员的接待工作;根据比赛项目的规模、性质、赞助商的要求以及比赛场馆可供的门票数,合理确定门票销售、赠送的数量与方式;负责比赛现场的控制,保证比赛的正常进行;根据电视转播权的协议,协调电视转播的时间和方式;根据代理权的协议,具体负责标志产品的生产与销售,包括利益分配、对各种广告进行协调和监督等工作。

第四步是赛后处理。主要是比赛结束后,对比赛的全过程进行全面评估,对比赛的经费收支进行认真核算;整理各种账目;将有关比赛各种文件、资料分类归档,便于总结经验以及接受审计。

2. 商业性体育比赛的赛事代理

商业性体育比赛,就是指以营利为目的而组织的各种体育比赛。这类比赛一般不列入有关体育组织的竞赛计划,而是由体育经纪人创造的赛事。此类赛事由体育经纪人一手操办,全部赛事经营权也归体育经纪人所有。目前在我国举办的商业性比赛有国内的也有国际的。如"虎啤杯"上海——广东足球挑战赛、北京国安——阿森纳足球比赛等。商业性体育比赛在我国的迅速崛起,既是当前我国体育竞赛市场的显著特点,同时也培养和造就了我国体育市场的一大批体育经纪人及体育经纪公司。

作为一名体育经纪人,怎样才能成功地代理好一次商业性体育比赛呢?一般地说,商业性体育比赛的操作过程如图9-4所示。

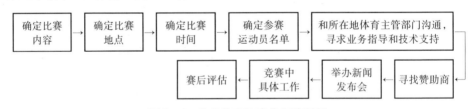

图9-4 商业体育比赛代理流程图

(1)确定商业性体育比赛的内容。这是代理一场商业性体育比赛的首要任务,同时也是至关重要的第一步。比赛内容选择的好坏,将直接影响和决定商业性体育比赛经纪活动的成功与否。因此,要通过体育市场调研,了解体育消费特别是观赏型体育消费者的消费需求情况,来进行商业性体育比赛内容的决策。

(2)决定比赛的地点。作为商业性体育比赛,其目的是为了盈利。要取得盈利就需找到赞助商,而赞助商只对有广告效应的赛事及比赛地点感兴趣,也只对理想中或规划中的目标市场才愿意投入较多的资金。所以,经纪人选择商业性体育比赛地点的首要条件,就是比赛地点必须是一个经济迅速发展、其地位在全国举足轻重,甚至是被世界看好的中心,也是众多厂商一致公认的最有市场潜力的地方。其次,比赛地点的选择要考虑到该地体育消费者对这项运动的喜爱程度、该运动项目的发展水平以及普及程度。体育消费者只有喜爱该项体育活动,才会去观看比赛,这样才能在增加票房收入的同时取得赞助商所企求的广告效应,吸引赞助商的资金投入。再次,商业性体育比赛地点的选择还必须考虑到该地的经济发展水平及体育设施的完善程度。经济发展水平比较高的地区,其体育设施也比较完善,符合体育比赛要求的现代化体育场馆和符合接待运动员要求的宾馆、饭店也就越多。最后,商业性体育比赛地点所在地体育主管部门组织比赛的经验和能力也是应考虑的因素之一。因为商业性体育比赛的准备以及最后的进行还是需要当地体育主管部门的配合与批准,尤其是裁判与比赛场馆的租用,均需要当地体育主管部门的协调和配合。除此之外,比赛地点的选择还必须考虑到该地的交通、气候及风俗习惯等因素。

(3)确定比赛的时间。选择适当的商业性体育比赛时间也是一个很重要的方面。一般地说,商业性体育比赛时间的选择首先应该与国际大赛或有利害冲突的体育比赛的时间相错开。如把商业性体育比赛的时间安排在奥运年的7月份,显然是不妥当的。这是因为:一方面,全世界的优秀运动员要参加奥运会,没有办法邀请他们参加你组织的商业性体育比赛;另一方面,这一时期人们关注的焦点是万众瞩目的世界最高水平的奥运大赛,因而对你所举办的商业性体育比赛会不屑一顾。其次,商业性体育比赛时间的选择应该适合该运动项目的比赛,如果把沙滩排球的比赛时间安排在冬季举办,那肯定是不合适的。再次,商业性体育比赛时间的确定,更应该考虑到观众因素与电视转播的效应。观众是商业性体育比赛的一部分,没有足够的现场观众就没有相应的门票收入。所以,把商业性体育比赛的时间安排在休息日会比安排在工作日能吸引更多的观众。对于电视转播更应该重视,商业性体育比赛应该安排在最佳的直播时间举行,这样才能实现赞助商所期盼的广告效应。

(4)确定商业性体育比赛参赛运动员的名单。商业性体育赛事要想吸引观众观看,吸引赞助商投资,就要有票房号召力强大的运动员。很显然,世界级的运动员比一般的运动员更具有吸引力,这就是体育竞赛的明星效应。一方面,体育明星总是有许多的追随者和崇拜者;另一方面,由于体育明星的上场表演,才会使商业性体育比赛更加精彩、更具魅力。

(5)和所在地体育主管部门沟通,寻求业务指导和技术支持。由社会中介机构举办的商业性体育赛事,赛事主办方应按照"属地管理"原则,根据地方有关规定,自行办理相关手续。地方体育主管部门对社会中介机构举办的商业性体育赛事应在竞赛组织等方面提供业务指导和技术支持。

(6) 寻找赞助商。赞助商的赞助是商业性体育比赛最主要的资金来源之一，也是体育经纪人或体育经纪公司利润的直接来源之一。赞助商是体育经纪人的衣食父母，让赞助商满意是体育经纪人的目标之一。因此，是否能够找到赞助商也是一次商业性体育比赛是否能成功举办的关键。商业性体育比赛为赞助商提供广告宣传的形式很多，其中主要有：赞助商独家广告赞助，即整个商业性体育比赛只出现一个赞助商的名称；冠名广告赞助，即商业性体育比赛冠以厂商或产品的名称；场地广告赞助，即在赛场摆放厂商或产品名称的广告牌；实物广告赞助，即赞助比赛所需的服装、鞋帽、器材、饮料等实物，若再加上一定量的资金，也可获得场地广告牌的摆放。寻找赞助商的具体做法是：第一，寻找一些财大气粗的厂商作为独家赞助商或冠名赞助商。第二，找一些与体育竞赛有关的企业，如从事运动鞋、运动服装、运动器材、饮料、胶卷等生产的厂商作为场地广告或实物广告的赞助商。第三，寻找社会上热心社会公益事业、理解并认识体育促销功能的企业作为场地广告的赞助商。第四，不要忘记寻找一家符合标准的饭店或宾馆作为赛事指定的饭店或宾馆，这样就解决了运动员及其他工作人员的吃、住等问题，也能省去很多麻烦。以上只是寻找赞助商的一般方法。寻找商业性体育比赛赞助商的办法很多，必须针对不同的商业性体育比赛来制定不同的寻找方法，其中体育经纪人的谈判技巧和公关能力是能否寻找到赞助商的关键所在。

(7) 举行新闻发布会，印发宣传画、纪念册等。这是每次商业性体育比赛不可缺少的工作。新闻发布会是制造商业性体育比赛广告效应的重要程序，一般在赛前一个月就应举行，以便让新闻媒体去宣传、"炒作"。宣传画和纪念册的设计制作也是体育经纪人的一项重要任务。张贴宣传画是扩大赛事影响、吸引体育消费者的一种必不可少的手段；印制纪念册（秩序册）则是广告宣传的需要。

(8) 竞赛过程中的具体工作。这部分工作与正式体育比赛类似，同样要做好参赛队员的接待、门票的销售、比赛现场的控制、电视转播的控制以及标志产品的管理等工作。在此过程中，体育经纪人或体育经纪公司要时刻想到赞助商的利益，一定要制造足够的广告效应。因此，在赛前必须按合同布置好场地广告，同时还要事先与电视台谈妥转播方案，使比赛的现场直播顺利进行并达到应有的广告效应。赛后的发奖仪式也是可利用的一个极好的广告媒体，在邀请有关领导发奖的同时，也要留一个奖项给主要赞助商颁发。比赛结束后还有一个新闻发布会，体育经纪人或体育经纪公司要事先布置好场地。

(9) 赛后评估。商业性体育比赛结束后，也要进行全面评估，将有关文件、资料分类归档,同时将评估结果反馈给赞助商。

以上就是体育经纪人或体育经纪公司代理一次商业性体育比赛所需完成的主要工作。体育经纪人经纪活动的效益则取决于商业性体育比赛成本与收入的比率。商业性体育比赛的成本主要包括：支付的主办费、新闻发布会费用、宣传画和纪念册的制作费、运动员(队)的出场费与奖金、竞赛组织费用以及其他各项公关交际费用等。商业性体育比赛的收入主要包括：赞助商的广告赞助收入、观众门票收入及电视转播费的收入等。收入与成本之差即为体育经纪人的利润。由于每场商业性体育比赛成本的差异一般不会太大,因此,对于一场商业性体育比赛来说,赞助商越多、观众越多,体育经纪人的收益也就越大;反之,赞助商越少,观众也不感兴趣,那么这场商业性体育比赛就可能亏本。

三、其他经纪活动

1. 运动队的包装和代理

运动队的包装和代理主要包括为运动队争取赞助和参加俱乐部资产重组等事务。经纪人接受委托之后,通过与赞助商联系,获得运动队的冠名权,使运动队以某个企业的名义参加比赛,或在参赛服装上印有赞助商的名称,这样既提高了企业的知名度,又使球队获得了经费。当俱乐部由于经营管理和运动队的成绩等因素,出现更名易帜、资产重组、资金注入等问题时,经纪人或经纪公司可以参与其中,为其咨询、设计、出谋划策。

2. 体育组织的代理

随着体育商业化程度的日益加深,从国际奥委会到地方体育俱乐部,越来越多的体育组织认识到组织形象的重要性,聘请有信誉的体育经纪公司作为合作伙伴帮助本组织进行形象包装,展开宣传,提高自己的行业地位,同时帮助自己进行市场调查和商业方面的开发,代理日常事务,提供法律、政策、金融等方面的咨询。如在国际组织中,国际田联、国际羽毛球联合会、国际滑冰联合会等与IMG体育经纪公司的合作都取得了较大的成功。

3. 公司企业的代理

对于一些对体育行业缺乏了解的公司,体育经纪人或经纪公司可以帮助它们进行形象设计,开展市场调查,寻求合适的市场定位,制订赞助计划,帮助企业寻找符合企业文化的体育明星代言人,代理企业与其他体育组织的合作等。

4. 体育保险经纪

体育保险是体育保险人收取一定的保险费从而承担体育风险的一种制度。体育保险的险种有责任保险、人身意外伤害保险、重大赛事的保险等。体育保险的业务范围主要有以下几个方面：

（1）体育保险市场调查。体育保险市场调查是经纪人进行保险经纪的首要工作，一般包括体育保险需求调查和体育保险供给调查。体育保险需求调查主要是调查投保人对体育保险的现实需求和潜在需求情况。体育保险供给调查主要是了解体育保险市场上可以提供的体育保险险种，以及各种体育保险人的保险供给能力。通过体育保险市场调查，体育保险经纪人可以扩大自己的业务来源，树立自己良好的业务形象，有利于迅速与恰当的体育保险人商谈承保业务。

（2）体育保险宣传和推销。主要是宣传介绍体育保险各险种的性质、内容和功能，以及体育保险给投保人带来的收益，让投保人明确各个险种的保障范围，增强客户的保险意识，促使其采取投保行为。

（3）体育保险风险评估。由于从事竞技体育的运动员常年进行大运动量、高强度、超负荷的训练以及对抗激烈的比赛，大大增加了发生意外伤害的危险系数，保险公司在承保之前必须对投保标的进行风险评估。体育保险的风险评估必须由既有丰富的实践经验，又精通体育保险方面知识的体育保险经纪人来进行。

（4）体育保险咨询。体育保险人还可以为保险人和被保险人提供咨询服务。咨询的内容主要有保险市场的状况、被保险人的有关情况、保单的填写、协助被保险人索赔、协助投保人办理投保、退保和续保等手续。

5. 体育旅游经纪

体育旅游是以体育资源为条件，以体育活动为商品，旅游者在旅游过程中参与不同种类体育活动的旅游方式。体育旅游一般分为体育文化旅游、体育参赛旅游、自驾车旅行、徒步旅行、体育比赛与大型活动等五种。体育旅游经纪人的业务范围主要有体育旅游策划、体育旅游代理、体育旅游产品贸易中介等。

第三节　体育经纪人的管理

在体育经纪活动中，一方面，从事体育经纪活动的体育经纪人或经纪组织必须具备相应的条件，即必须通过有关部门的资格认定后方可从事体育经纪活动；另一方面，体育经纪人的经纪活动也必须接受有关部门的监督和管理，其中主要是接受国家工商行政管理部门和国家税务行政管理部门的监督和管理，以及政府职能部门的监督和管理。

一、国家有关部门对体育经纪人的管理

1. 国家工商行政管理部门对体育经纪人的管理

（1）对体育经纪人执业资格的管理。由于经纪业是一个非物质产业，经纪业由经纪从业人员的具体居间行为、行纪行为、代理行为等构成，因此经纪业的发展的关键取决于从业人员的素质，经纪业的规范也主要取决于对经纪从业人员素质的把握。根据这一特点，国家工商行政管理部门对体育经纪人的管理主要是从业资格的管理。

体育经纪活动的执业人员必须具有《体育经纪资格证书》。下列人员可申请《体育经纪资格证书》：

第一，有固定的住所；

第二，具有大专以上文化程度；

第三，具有完全民事行为能力；

第四，申请经纪资格前连续3年内没有犯罪和经济违法行为记录；

第五，参加体育经纪资格培训，并经考试合格。

体育经纪资格培训和考试工作由国家工商行政管理总局和体育部门共同组织实施，经培训并考试合格，由国家工商行政管理总局和体育部门联合颁发《体育经纪资格证书》。

根据《体育经纪人国家职业标准》和我国体育经纪人的实际情况，我国体育经纪人培训主要涵盖"体育经纪人职业道德、体育经纪人基础知识、体育经纪业务调研、体育经纪业务权利获取、体育经纪业务谋划、体育经纪业务实施、体育经纪业务总结等理论知识与专业能力"等8个方面的内容。

（2）对体育经纪人经营主体资格的管理。从事体育市场经纪活动的经营主体可以注册登记为个体体育经纪人、合伙体育经纪组织或体育经纪公司。

① 个体体育经纪人设立的条件。

个体体育经纪人以自己的名义从事体育经纪活动，以个人的全部财产承担无限连带责任。

申请登记为个体体育经纪人，应当向经营场所所在地登记机关申请注册登记。申请人应当提交登记申请书、身份证明和经营场所证明。

个体体育经纪人登记事项包括经营者姓名和住所、组成形式、经营范围、经营场所。个体工商户使用名称的，名称作为登记事项。

② 体育经纪人事务所设立的条件。

体育经纪人事务所是由2名以上的合伙人订立合伙协议，共同出资、合伙经营、共享收益，并对该事务所的债务承担无限责任的营利性组织。

申请设立体育经纪人事务所必须具备以下条件:
第一,具有合法名称和固定的营业场所;
第二,具有相应的资本金;
第三,由 2 名以上的合伙人发起成立;
第四,合伙人之间订有书面协议;
第五,有组织章程和服务规范;
第六,法律、法规规定的其他条件。
③ 体育经纪公司设立的条件。
体育经纪公司是专门从事体育经纪活动,负有限责任的企业法人。
设立体育经纪公司必须具备以下条件:
第一,具有合法名称和固定营业场所;
第二,具有相应的注册资本金;
第三,具有与其经营规模相适应的一定数量的专职人员;
第四,具有相应的组织机构;
第五,符合《公司法》及有关法律、法规的规定。
④ 其他公司兼营体育经纪业务设立的条件。
其他公司具备以下条件的可以向工商行政管理部门提出申请兼营体育经纪业务:
第一,具有与经营规模相适应的一定数量的专职人员;
第二,具有固定的组织机构和营业场所;
第三,符合《公司法》和有关法律、法规规定的其他条件。
申请个体体育经纪人、体育经纪人事务所、体育经纪公司、兼营体育经纪业务,按照上述有关规定,持相应材料和证明文件到国家工商行政管理部门进行资格认定、登记注册,领取营业执照后 15 天内须到相关体育部门备案,方可对外开展体育经纪业务。

(3) 对体育经纪人的监督管理。工商行政管理部门要负责对个体体育经纪人、合伙体育经纪企业及各类体育经纪公司日常经营行为的监督管理和年度经营报告的审计。此外,还要负责规范和维护体育经纪市场经营秩序,依法承担消费者权益保护工作;负责体育经纪市场交易(含网络交易)有关服务行为的监督管理;负责处理和体育经纪市场监督管理相关的举报投诉等。

2. 国家税务部门对体育经纪人的管理

国家税务部门及地方税务机关则根据国家的税法对个体体育经纪人、合伙体育经纪企业及各类体育经纪公司进行日常的税金交纳及监督、检查和管理。

有些公益性体育经纪活动需要免税或减税的,需事先向有关部门提出申请并批准后方可。

3. 政府职能部门对体育经纪人的管理

政府职能部门对体育经纪人的管理,主要是指国家体育总局乃至地方各级体育主管部门对体育经纪人的管理。这种管理包括协调管理和指导管理两个方面。也就是说,体育经纪人从事各种体育市场的经纪活动及业务,须事先报国家体育总局及地方各级体育主管部门备案并批准后方可进行。

二、体育经纪人的行为规范与法律责任

1. 体育经纪人的行为规范

根据体育经纪人管理条例的有关规定,体育经纪人的行为必须符合如下规范:

第一,在国家法律、法规许可的范围内从事体育经纪活动。

第二,忠实履行合同条款,不超越合同约定的范围和期限从事体育经纪活动。

第三,建立会计账册,编制财务报表,保存原始人凭证、业务记录、账簿和经纪合同3年以上。

第四,及时、如实向当事人介绍有关情况,提供有关文件,不得隐瞒与经纪有关的重要事项。如委托人提出疑问,应合理地解释或修正方案;如当事人隐瞒事实真相,有权拒绝或终止为其继续提供经纪服务。

第五,维护当事人的利益,为当事人保守商业秘密,未经当事人许可不得泄露代理事务的内容和性质。

第六,收取佣金和费用应当向当事人开具统一发票,并依法纳税,不得向当事人收取佣金和费用以外的酬金和物品。

第七,接受工商行政管理部门和体育主管部门对其日常经纪行为的监督检查,提供检查所需的文件、账册、凭证及其他资料。

第八,体育经纪人歇业或因其他原因终止经纪活动,应当分别向工商行政管理部门和体育主管部门办理注销手续,并按规定的法律程序处理善后事宜。

2. 体育经纪人的法律责任

体育经纪人违反法律、法规等规定,给当事人造成经济损失的,应当承担赔偿责任。未经登记注册,擅自从事体育经纪活动的,由工商行政管理部门依法予以取缔,并依照有关法律、法规予以处罚;对于违反登记注册、广告经营、反不正当竞争、消费者权益保护等法律、法规、规章的行为,按相关法律、法规规定处罚。

有上述违规行为的体育经纪人,主管机关可暂停其经纪资格,责令其限期整改,经检查符合有关法规、规定后,方可重新对外营业。构成犯罪的,由司法机关追究刑事责任。

三、有关体育经纪人和体育经纪活动的管理规定

1. 国际体育组织的有关管理规定

(1)《国际足联注册球员经纪人规则》。该规则于2000年12月10日由国际足联执委会在罗马会议上通过。该规则对从事国家足协内或国家足协间的球员转会活动的球员经纪人进行管理。该规则共有28条,对球员经纪人的性质、申请、考核程序、权利、义务以及换证等问题进行了规定。各国家足协必须根据该规则制定自己的球员经纪人管理规则。

(2)《国际足联比赛经纪人规则》。该规则于1991年6月13日起实施,并于1995年5月31日进行修正,共包括原则、国际足联许可证、国际足联许可证规定的权利和义务、终止活动和最后条款等五部分。该条例对从事安排赛事活动的经纪人的申请、权利与义务等进行了规定。

(3)《国际足联球员身份及转会规则》(含应用规则)。该规则于2001年在苏黎世通过,共包括球员注册、欧盟国家的未成年队员保护、年轻球员的训练补偿、SOLIDARITY 机制、合同的稳定性、赔偿奖励的实施、争端解决的原则和程序、数据注册、最后条款、实施共十章。该规则对年轻球员的训练补偿从训练补偿、计算参数、训练教育费用的计算、赔偿金额的分配、赔偿金付款等五个方面作了详细的规定。

(4)《国际田联运动员经纪人管理规则》。该规则是依据国际田径联合会章程第19条制定的,包括引言、基本原则、国家田径协会规则、运动员经纪人的运作、协会与运动员代理之间的协议、运动员与运动员经纪人的合同、运动员经纪人的责任、处罚—终止合同和资格、争议等九部分组成,并在规则最后附上了国家田径协会与运动员经纪人的合同样本。该规则规定了只有自然人可以申请成为运动员经纪人,经纪人可代理多名运动员,代理的有效期为一年。由国际田径联合会向经纪人颁发为期一年的有效代理资格证书。在申请为运动员代理时,要考虑申请人的教育背景和运动经历、犯罪和破产记录、是否有使用药物或提供药物的前科以及生理和心理健康等。

(5)《国际田联关于国家田协经纪人管理的规定》。该规定于1997年制定,包括授予运动员经纪人资格的权力、选择运动员经纪人的标准、资格授予程序、资格条款、运动员经纪人的责任、运动员义务、资格续签、处罚与终止、争议等九

部分。该规定要求运动员经纪人作为运动员的唯一代理,保证其代理的运动员随时了解为他所做的安排和商业活动,要尽一切努力保证运动员履行合同,参加比赛,要保证运动员所签订的合同是他有能力完成的,不能以运动员的名义签订其不愿参加的比赛或活动,要保证所代理运动员必须参加国际田联和国家田径协会制定的赛事等。同时该规定还要求运动员不可以找未经国家田径协会授予正式资格的经纪人。

2. 我国各运动项目协会有关管理规定

(1)《中国足球协会球员经纪人管理办法》。该管理办法是为了规范足球运动员转会活动中经纪人的经纪行为,保障足球俱乐部和足球运动员的合法权益,根据《国际足联球员经纪人规则》的基本原则和有关法律、法规制定的。该管理办法包括总则、申报批准与注册、球员经纪人及俱乐部和球员的权利和义务、罚则、争议的解决、附则共六章。在此管理办法中规定球员经纪人是一名以获取佣金为目的的自然人,在正常范围内向俱乐部介绍有意签约的球员,或介绍两家俱乐部进行球员转会活动。该管理办法还规定球员经纪人资格考试程序,在资格考试合格且经中国足协审核认为可授予《中国足球协会球员经纪人许可证》后,应在规定时间内将35万元人民币的责任保证金足额汇入中国足协指定银行,并将中国足协财务开具的保证金收据复印件上交中国足协注册办公室。

(2)《中国足球协会运动员身份及转会规定》。该规定是为了促进足球运动发展,规范足球运动员转会,依据《中国足球协会章程》和《国际足联运动员身份及转会规则》制定,适用于中国足球协会管辖范围内的职业运动员和业余运动员的国内及涉外转会活动。该规定共包括总则、运动员类别、国内职业运动员转会、国内业余运动员转会、涉外运动员转会、转会合同的效力和解除、仲裁、附则等八章。在《身份及转会规定》中,中国足协规定国内职业运动员应符合年满十八周岁、在职业俱乐部注册为职业运动员、已与职业俱乐部签订工作合同等条件,并制定了国内职业运动员和业余运动员的转会费标准。同时还详细规定了涉外运动员转入、外籍运动员在国内俱乐部之间的转会、运动员转出等方面的细则。

(3)《中国足球协会注册工作管理暂行规定》。该规定是为了保证注册工作规范而有序地进行,便于国家足球协会掌握本国足球运动基本状况,进行全面管理,根据《中国足球协会章程》制定的。该规定包括总则、会员协会注册、省级会员协会所属会员协会注册、职业俱乐部注册、乙级俱乐部和女足成年俱乐部注册、业余俱乐部注册、足球学校注册、教练员注册、运动员及自由人注册、裁判员注册、俱乐部会员注册、足球经纪人注册、违规处罚、附则等十四章。该规定要求足球经纪人每年直接在中国足协注册,注册费为人民币 3 000 元,截止日期为每年的 12 月 1 日。

(4)《篮球项目体育经纪人管理暂行办法》。该办法是为了规范篮球项目体育经纪活动行为,保障经纪人与当事人的合法权益,促进篮球项目市场健康发展,根据国家有关法律、法规和国家体育总局有关规章制度制定的,适用于中国篮球协会管辖范围内涉及的国内外篮球经纪活动。该办法包括总则、从业资格认定、篮球经纪活动、罚则、争议处理、附则等六章。该办法中规定篮球项目体育经纪活动是指个人或组织在篮球经纪活动中收取佣金、促成篮球活动顺利开展的居间、行纪或代理等经营活动。篮球项目体育经纪人是指依法取得经纪资格、从事篮球经纪活动的法人和自然人。

(5)《篮球运动员涉外转会管理暂行办法》。该办法是为了加强对国内外篮球运动员涉外转会的管理,保障运动员、运动队、俱乐部的合法权益,根据有关法律、法规制定的。该办法规定,国内外球员将代表资格从一个俱乐部(运动队)迁移到另一个俱乐部(运动队)的跨国家(或地区)的转会行为即为涉外转会。国内注册球员转至国(境)外俱乐部须球员本人、球员所在俱乐部(运动队)、球员所在地体育主管部门三方同意,由俱乐部(运动队)和篮球项目体育经纪人向中国篮球协会提出申请,中国篮球协会办理审批手续。涉外转会必须通过篮球项目体育经纪人行纪。

3. 国家和地方有关法规

(1)《经纪人管理办法》。该管理办法于 1995 年 10 月 26 日由国家工商行政管理局发布。该办法是为了确立经纪人的法律地位,保障经纪活动当事人的合法权益,规范经纪行为,促进经纪业的健康发展,根据有关法律、行政法规制定的,共包括总则、资格认定、经纪组织、经纪活动、法律责任、附则等六章。该办法要求经纪人从事经纪活动,应当遵守国家法律、法规,遵循平等、自愿、公平和诚实信用的原则;同时还规定了申请为经纪人、经纪组织的条件,规定了经纪人从事经纪活动所得佣金是合法收入。

(2)北京市《关于加强我市体育经纪人管理的通知》。该通知是由北京市体委、北京市工商局于 1999 年 8 月 25 日联合发布的。在该通知中规定了在北京取得体育经纪资格人员的条件:具有完全民事行为能力;有固定的住所;具有大专(含)以上文化程度;申请体育经纪资格之前连续三年没有犯罪和经济违法行为;掌握国家有关法律、法规和政策,具有从事体育经纪活动所需要的基本技能和一定的体育专业知识。由市工商局和市体委对申请取得体育经纪资格的人员统一进行法律法规知识、体育专业知识的培训和考核,对考核合格者共同颁发《体育经纪资格证书》。

(3)《上海市体育经纪人管理试行办法》。该试行办法包括总则、执业资格、主体经营资格、体育经纪活动规范、法律责任、附则等六章,是为了规范体育经纪行为,保障体育经纪活动当事人的合法权益,促进体育市场健康发展,按照《中华人民共和国体育法》、《经纪人管理办法》、《上海市经纪人管理办法》,结合上海市实际情况制定的,适用于在上海市注册或在上海市行政区域内从事体育经纪活动的体育经纪人及其管理。该办法规定,上海市工商行政管理局和上海市体育运动委员会是本市体育经纪人和体育经纪活动的行政主管部门。各级工商行政管理部门和体育行政管理部门负责辖区内体育经纪活动的管理。

4. 体育经纪人国家职业标准与资格认证

随着体育产业的发展,体育经纪人将发挥着越来越重要的作用,特别是在赛事推广和人才流动等方面,体育经纪人将促进专业分工,优化资源配置,提高市场效率,因此,必须建立一支高素质的体育经纪人队伍。为规范我国体育经纪人从业人员素质,国家体育总局职业技能鉴定指导中心于2006年7月启动了《体育经纪人国家职业标准》的研制工作,2007年8月该《标准》通过专家鉴定并向社会颁布。

《体育经纪人国家职业标准》共分为4章15条,分别对体育经纪人职业概况、基本要求、活动范围、工作内容、能力要求和知识水平等均作出了明确规定。

2011年1月中国开始启动体育经纪人国家资格认证。中国体育经纪人国家职业资格认证由国家体育总局人事司统一负责,国家体育总局职业技能鉴定中心进行组织实施和管理。北京体育学院、中青教育体育发展研究中心、天津体育学院、上海体育学院、华南师范大学、广东体育职业技术学院等为首次确定的培训机构。

推行体育经纪人职业资格认证制度是贯彻落实国务院《关于加快发展体育产业的指导意见》的重要举措,是中国体育事业可持续发展的重要基础性工作,从国家层面出台统一规范的《体育经纪人国家职业标准》,是中国体育中介市场一个巨大的进步。

[本章思考题]

1. 概述体育经纪人的概念和特征。
2. 简述商业性体育比赛的一般运作过程。

[本章练习题]

请你做一份国内职业足球运动员转会的策划书。

[本章案例]

体育经纪人:不仅仅是"拼缝"
——中国体育经纪人群体现状

在中国体育圈,有人戏称他们为"人贩子",也有人把他们看成是"拼缝"的。实际上,在体育正向职业化发展的今天,体育经纪人不仅仅是沟通体育市场供需双方的中介。体育经纪人对加速体育产品的流通,提高交易效率和成功率,改进投资主体的决策,促进生产要素合理流动和资源优化配置都具有积极意义。

徐竞2012年毕业于上海体育学院体育英语专业。上学时,他看了一部电影《甜心先生》。影片讲述了一名事业有成的体育经纪人,因揭露行业黑幕被老板炒鱿鱼后,与一名过气球星携手创业,历尽艰难终获成功的故事。老套的励志情节却深深打动了徐竞,他决定也要成为一名体育经纪人,"我觉得这个行业就该如此,与雇主亲如兄弟、患难与共,而不只是单纯的利益关系"。

毕业后,徐竞如愿入行。目前他的主要工作是"贴身"服务奥运冠军、已经转为职业拳手的邹市明。

一、"让运动员除了训练,不用想任何事"

早上8时,徐竞敲开邹市明的酒店房门,同时为他定好了早餐。待邹市明晨跑、沐浴后,早餐刚好送到房间。这是不久前的寻常一天,彼时邹市明正在澳门备战职业生涯第6场比赛。大多数时间里,徐竞都陪伴邹市明左右:邹市明接受采访,他在旁控制时间、充当翻译、协助答问;邹市明参加商业活动,他帮忙挑选衣服、打理造型;邹市明训练,他递水擦汗、当翻译;直到邹市明休息了,徐竞才能回房间打开电脑——还有一大堆邮件和工作需要处理。

"说白了,经纪人的任务就是让运动员不用操心任何事,把心思全部放在训练上。"徐竞说,邹市明一天的行程,大到几点做什么事、见什么人,小到穿什么、吃什么,都在自己脑子里,"否则可能穿错一件衣服,就会给他的形象减分。"

中国有据可考的体育经纪行为始于20世纪80年代,"体育经纪人"则于2006年成为人力资源和社会保障部认可的新职业。2011年,首次体育经纪人国家职业资格认证考试进行。至今,像徐竞一样的获证人员已达1 169人。

29岁的马特是首个在中国"持证上岗"的外籍体育经纪人,这位来自美国的"中国迷"在华成立了公司,主要运作篮球外援征战中国联赛。本赛季CBA外援中,有8名由他运作成功,其中穆迪埃、拉杜利察都一鸣惊人。

"经纪行业的最大问题就是没有售后服务,很多人促成交易、拿到钱,就什么都不管了。"马特认为,"服务"是体育经纪业务的核心理念。于是,CBA联赛期间,他是"空中飞人",往返于各赛区协助球员与球队沟通,外援的生活琐碎也包在他身上,"去哪儿吃、去哪儿玩、去哪儿买东西……我就像保姆一样。这些不会写在合同里,不过是我应尽的义务。球员生活好、心情好,球才能打得好,才有利于我和球队建立长期合作。"

二、"你原本值100块钱,我要让你值100万"

北京体育大学管理学院副教授、首批体育经纪人国家职业资格培训师郑焱焱认为,优秀体育经纪人必须是高度复合型人才,"其知识领域跨越体育、经济、营销、法律等,且必须具备较强的英语和沟通、谈判能力,还要拥有一定业内资源,了解相关制度、规则……"

徐竞的老板、体育推广公司"盛力世家"首席执行官李胜最看重的,是员工的品牌营销能力。"很多经纪人其实是中介,运动员值100块钱,我有路子把你高于100块钱卖了,挣个差价。而更高层次的经纪人,做的是提升品牌价值工作——我看好你,你信任我,咱们合作,通过运作让你值100万。"

李胜创办盛力世家前,曾是VISA中国区总裁。目前公司旗下运动员包括邹市明、中国F1第一人马青骅、女网未来之星干蕊、男足国青国少的半数小将……公司还与国家体育总局冬季运动管理中心、田径运动管理中心合作,负责给多支国家队拉赞助、做商业推广。

"做经纪人不是有钱就挣。拿代言来说,与运动员发展阶段或品牌规划不符的,除非他本人特别想挣这笔钱,否则我们不接。"相比于每年30个

10万元的赞助,李胜更希望旗下运动员每年签3个100万的合同,"保证运动成绩,维护公众形象,提升社会影响力……这才是品牌价值。"

所以,体育经纪不是简单的中介交易,而是帮助运动员做职业规划,甚至人生规划。赵宏博与盛力世家签约时,已在运动生涯末期,此前他也开冰场当过老板,却因不善此道一度闹出一场纠纷。签约前,李胜跟这位老友聊了好久。"宏博说他最喜欢、最懂的就是花样滑冰,我说,那你就去推广花滑、去当教练,这就是你的价值。"如今,赵宏博已经担任国家队教练,执教的几对新人成绩节节攀升,其参与创办的花滑商业巡演"冰上雅姿"也一年比一年红火。

同时,通过邹市明,通过申雪/赵宏博,中国职业拳击和花滑的受众群也日益壮大。"说到底,体育经纪运作的是项目,是整个产业的价值。只有把市场培育出来,你才有值100万的空间。"李胜说。

三、"我们和体制互为弥补,而不是竞争"

10年前,邹市明不会想到自己需要什么经纪团队。像所有专业队运动员一样,他习惯了一切由"队里"打点。举国体制下,领队、领导担任了部分经纪人的角色。但随着竞技体育无可避免地卷入市场经济大潮,传统管理者在商业开发、法律维权、公关等环节的欠缺逐渐显现。

另一方面,前有田亮私自签约经纪公司、频繁走穴被国家队除名,后有刘翔被质疑过度开发,职业经纪人一味追求商业利益也令管理者不敢"放权"。作为中国最炙手可热的体育明星之一,游泳奥运冠军孙杨目前仍没有专属经纪团队。其教练张亚东曾直言,担心经纪人"只想着渔利,影响运动员的竞技成绩"。

"他可能对我们这个行业有误解。"李胜说,"一名称职的体育经纪人,必须明白运动员是靠成绩说话的,没有成绩就没有品牌价值。如果为了一时商机,违背竞技规律、影响训练,到头来损害的是自己的利益。经纪团队和专业队的诉求实际上很一致,核心资源就是运动员的成绩"。

与管理部门权益交叉、相互干涉,一向是国内经纪人"吐槽"的重点话题。李胜对此却有另一番见解,"从运动员成长的角度说,体制是最大投入方,按照商业行规,它也应该排在我前面。只是,管理者应该理解,我们不是要把你投入培养的人卖了,自己营利,而是要跟你合作,让这个人更有价值。经纪人与管理者应是互补的关系,而不是竞争。"

郑焱焱则将此理论化地总结为：各自做最擅长的事。"管理单位擅长行政管理，熟谙竞技规律，但并不熟悉市场运作、商业开发、财务管理等业务。管理单位与经纪人加强合作，不仅能够为运动员提供更强有力的保障，还能把产业价值这块蛋糕做大，每个人都能多吃一口。中国体育经纪人行业的发展，还需要摸索一条适合我们国情的道路。"

四、"无论做什么，诚信道德都是第一位"

尽管仍被很多管理者误解，初出茅庐的徐竞还是认为，自己所处的时代令人振奋。"各种体育资源商业价值飞涨，市场也越来越规范，经纪人的地位越发得到认可。虽然行业环境还不能与欧美相比，但一直在往好的方向发展。"

不过，由于相关法律法规尚不健全，体育经纪人市场仍处于混乱阶段。从业者素质参差不齐，部分无德经纪人充斥其中，导致近年来行业乱象丛生，纠纷、诈骗不断，严重拖累了体育产业的良性发展。

马特本赛季运作塞尔维亚中锋拉杜利察加盟CBA时，就曾遇到一件"很狗血"的事。"原本已经和山东队谈妥了，却有人突然拿出一份高额合同，吸引拉杜利察的外方团队，但无法提供附盖公章的材料，令团队很纠结。"为求证合同真伪，马特忙得焦头烂额，终于赶在山东队提出的期限前，说服外方团队放弃了那份凭空冒出的合同，"应该是行内人士想从中作梗，搅黄交易，也不知道是针对我、球员还是山东队。"马特叹了口气说。

马特说，在职业化程度较高的篮球市场，这种事自己"天天能碰到"。同时负责公司足球事务的徐竞也说，国内有些经纪人在"砸这块牌子"。但为了避嫌，他们不愿过多举例，甚至不提及涉事人员的姓名，只是不约而同地说："无论从事什么职业，诚信和道德都是第一位的，比任何业务能力都重要。"

一年多的接触下来，徐竞已和邹市明一家成了好朋友。"经纪人与客户绝不仅是雇佣关系，要从心里为他着想、对他好。明哥也很照顾我，时常嘱咐我不要太累，注意休息。"

不过，立志成为一名优秀经纪人的徐竞，依然说不清自己的职业梦想是什么，"每次看到自己带的运动员取胜、获奖，都比谈成一份合同更有成就感。也许我的梦想就是他们的梦想吧，当他们实现自己的职业梦想时，我也就在这段历史中写下我的一笔了。"

（资料来源：《体育经纪人：不仅仅是"拼缝"》，作者：王笑笑，《北京日报》，2014年12月3日）

[**案例思考题**]

1. 徐竞、马特各属于哪一种类型的体育经纪人？他们各自为客户提供哪些经纪业务？
2. 为什么说"体育经纪不是简单的中介交易"？
3. 你认为我国体育经纪市场存在哪些问题，这些问题应该怎么解决？

主要参考书目

1. 钟天朗主编:《体育经济学概论(第三版)》,复旦大学出版社 2016 年 8 月版。
2. 王勇:《体育俱乐部经营管理实践》,中国经济出版社 2015 年 7 月版。
3. 陈元欣:《国外体育场馆运营案例集锦》,华中师范大学出版社 2014 年 4 月版。
4. 柳伯力主编:《体育旅游概论》,人民体育出版社 2013 年 9 月版。
5. 张林主编:《体育产业概论》,高等教育出版社 2013 年 8 月版。
6. 钟天朗等:《体育产业学科发展研究报告(2008—2011)》,复旦大学出版社 2013 年 6 月版。
7. 李海编著:《新编体育博彩概论》,复旦大学出版社 2013 年 5 月版。
8. 曾兰平主编:《体育广告学》,北京体育大学出版社 2012 年 8 月版。
9. 鲍明晓:《财富体育论》,人民体育出版社 2012 年 3 月版。
10. 肖林鹏:《体育经纪人》,高等教育出版社 2010 年 2 月版。
11. 易国庆主编:《体育场馆的经营与管理》,人民体育出版社 2009 年 7 月版。
12. 倪刚编著:《现代体育商务》,华东师范大学出版社 2008 年 9 月版。
13. 周学云等主编:《我国综合性体育赛事资源开发》,人民体育出版社 2008 年 9 月版。
14. 张启明等编著:《休闲体育经营与管理》,厦门大学出版社 2008 年 9 月版。
15. 钟天朗主编:《体育服务业导论》,复旦大学出版社 2008 年 6 月版。
16. 田雨普:《大型体育赛事的经营管理》,人民体育出版社 2007 年 8 月版。
17. 李万来主编:《体育经营管理概论》,人民体育出版社 2006 年 10 月版。
18. 钟秉枢等:《职业体育——理论与实证》,北京体育大学出版社 2006 年 9 月版。
19. 刘清早:《体育赛事运作管理》,人民体育出版社 2006 年 8 月版。
20. 张贵敏主编:《体育市场营销学》,复旦大学出版社 2006 年 6 月版。
21. 张玉峰等主编:《体育经纪实务》,华东理工大学出版社 2006 年 3 月版。
22. 鲍明晓:《中国体育产业发展报告》,人民体育出版社 2006 年 1 月版。

23. 邱招义等：《中国奥委会无形资产营销》，北京体育大学出版社2006年1月版。

24. 陈宏等：《现代体育促销研究》，合肥工业大学出版社2005年12月版。

25. 〔美〕布伦达·G·匹兹主编：《体育营销案例分析》，秦椿林、石春健编译，辽宁科学技术出版社2005年8月版。

26. 〔美〕布伦达·G·匹兹等编著：《体育营销原理与实务》，裴理瑾译，辽宁科学技术出版社2005年8月版。

27. 向洪等：《淘金体育》，经济日报出版社2004年8月版。

28. 〔澳大利亚〕戴维·希伯里等著：《体育营销学》，燕清联合译，清华大学出版社2004年7月版。

29. 〔英〕史蒂芬·多布森等著：《足球经济》，樊小苹等译，机械工业出版社2004年2月版。

30. 〔美〕杰克·K·坂崎：《神奇的体育经纪人》，金建华译，汉语大词典出版社2003年8月版。

31. 杨铁黎：《职业篮球市场论》，北京体育大学出版社2003年5月版。

32. 〔美〕斯特德曼·格雷厄姆等：《体育营销指南》，钟秉枢等译，中信出版社2003年4月版。

33. 〔美〕马修·D·尚克等：《体育营销学》，董进霞译，清华大学出版社2003年3月版。

34. 〔美〕肯·卡瑟等：《体育与娱乐营销》，高远洋译，电子工业出版社2002年7月版。

35. 马铁等主编：《体育经纪人》，中国经济出版社2002年5月版。

36. 张林：《职业体育俱乐部运行机制》，人民体育出版社2001年12月版。

37. 蔡俊五等主编：《体育赞助——双赢之策》，人民体育出版社2001年10月版。

38. 徐坚白等主编：《俱乐部的经营管理》，辽宁科学技术出版社2001年9月版。

编 后 寄 语

《体育经营管理——理论与实务》力求研究和揭示在我国社会主义市场经济条件下，在体育产业化发展过程中体育经营管理活动的规律。由于我国体育产业刚刚起步，对体育经营管理活动的理论和实践研究甚少，加上作者水平有限，故书中缺点和错误在所难免，衷心欢迎读者指正。

本书是在上海体育学院内部自编教材《体育经营管理》的基础上，针对体育经营管理专业教学需要重新编写的。在编写过程中，学习和继承了有关著作的一些观点和材料，吸取了有关专家、学者的最新研究成果，并得到了上海体育学院领导和同志们的大力支持，在此一并致谢。

全书由钟天朗同志撰编完成，其中徐娜同志参与了第五章、第九章的编写工作，刘文董同志参与了第六章、第七章的编写工作，李芳同志参与了第八章的编写工作。

钟天朗
2003 年 5 月于海上东北阁

再 版 后 记

本书自 2004 年 1 月出版以后,承蒙各兄弟院校同行及广大读者的厚爱,纷纷采用本书作为教材,使本书连续印刷 6 次,印数高达 2 万多册。面对如此众多的读者,我深感自己的责任之重大。当我接到复旦大学出版社苏荣刚先生要我重新修改再版本书的信息时,更感自己担子之重。

本次再版的修改工作全部由本人负责。考虑到部分章节和其他相关课程内容的重复,因此本次再版在基本框架不变的前提下,删除了部分章节的内容,并对部分理论或观点进行了修正或发展,对绝大部分案例及资料进行了更新或充实。

随着我国社会主义市场经济体制的建立以及体育产业的不断发展,参与、从事体育经营管理研究的学者、专家在不断增加,研究的领域也在不断拓宽。因此,在本书的修改过程中,学习、参考和继承了有关文献的一些观点和材料,吸取了有关专家、学者的最新研究成果,对此作者已经尽可能地注明了来源或出处。因篇幅有限,还有一些参考文献未能一一注明,在此向有关作者、出版社表示深深的歉意和谢意。

我的学生庄圆、张拥虹参与了部分章节资料的收集工作,上海体育学院以及经济管理学院有关部门的领导和同行提供了大力支持与帮助,在此一并致谢。

最后,衷心感谢复旦大学出版社盛寿云、苏荣刚副编审的鼎力相助以及为本书的再版发行所付出的辛勤劳动。

钟天朗
2010 年 1 月于海上东北星阁

第 三 版 后 记

2010年3月,国务院办公厅发布《关于加快发展体育产业的指导意见》,2014年10月,国务院印发《关于加快发展体育产业促进体育消费的若干意见》,这对于促进我国体育部门体制改革,推动我国体育产业健康发展等方面起到了前所未有的重要作用,也为体育产业经营管理学科的建设、发展与研究拓展了广阔的空间。因此,有必要对本书的相关内容作必要的调整与更新。

考虑到同行使用教材的延续性,因此本次再版在总体框架不变的前提下,对部分理论或观点进行了修正或发展,对绝大部分信息资料进行了更新或充实,并增加了相关案例、案例思考题等内容。在本书第三版的修改过程中,学习、参考、借鉴和继承了有关文献的一些观点和材料,吸取了有关专家、学者的最新研究成果,对此作者已经尽可能地注明了来源或出处。因篇幅有限,还有一些参考文献未能一一注明,在此向有关作者、出版社表示深深的歉意和谢意。

本次再版修改的主要工作由钟天朗负责,我的学生司方琪、陈淼、岳思佳、陶幸周、王雯、顾茜等参与了资料的收集工作,上海体育学院以及经济管理学院有关部门的领导和同行提供了大力的支持与帮助,在此一并致谢。

最后衷心感谢复旦大学出版社宋朝阳、陆俊杰编辑的鼎力相助以及为本书的再版发行所付出的辛勤劳动。

钟天朗
2016年12月于海上东北星阁

图书在版编目(CIP)数据

体育经营管理——理论与实务/钟天朗主编. —3版. —上海:复旦大学出版社,2017.3
(2024.7重印)
(复旦博学·体育经济管理丛书)
ISBN 978-7-309-12798-0

Ⅰ.体… Ⅱ.钟… Ⅲ.体育经济学 Ⅳ.C80-05

中国版本图书馆 CIP 数据核字(2017)第 021980 号

体育经营管理——理论与实务(第三版)
钟天朗　主编
责任编辑/陆俊杰

复旦大学出版社有限公司出版发行
上海市国权路 579 号　邮编:200433
网址: fupnet@ fudanpress.com　http://www.fudanpress.com
门市零售: 86-21-65102580　团体订购: 86-21-65104505
出版部电话: 86-21-65642845
浙江临安曙光印务有限公司

开本 787 毫米×960 毫米　1/16　印张 17.5　字数 298 千字
2017 年 3 月第 3 版
2024 年 7 月第 3 版第 4 次印刷
印数 6 301—7 400

ISBN 978-7-309-12798-0/C·341
定价: 35.00 元

如有印装质量问题,请向复旦大学出版社有限公司出版部调换。
版权所有　　侵权必究